001 af foto. st

REISE KNOW-HOW im Internet

Aktuelle Reisetipps und Neuigkeiten
Ergänzungen nach Redaktionsschluss
Büchershop und Sonderangebote

www.reise-know-how.de
info@reise-know-how.de

Wir freuen uns über Anregung und Kritik.

Weitere KulturSchock-Titel:

Ägypten, Argentinien, Australien, Brasilien, China/Taiwan, Cuba, Ecuador, Finnland, Frankreich, Indien, Iran, Japan, Jemen, Kambodscha, Kaukasus, Kleine Golfstaaten/Oman, Laos, Marokko, Mexiko, Pakistan, Peru, Polen, Rumänien, Russland, Spanien, Thailand, Thailands Bergvölker und Seenomaden, Türkei, Ukraine, Ungarn, USA, Vietnam, Vorderer Orient

KulturSchock – Familienmanagement im Ausland
KulturSchock – Leben in fremden Kulturen

Susanne Thiel
KulturSchock Afghanistan

Drei Dinge sind unwiederbringlich:
Der vom Bogen abgeschossene Pfeil.
Das in Eile gesprochene Wort.
Die verpasste Gelegenheit.

(Ausspruch *Alis,* Kalif des Islam)

002af Foto: ha

Impressum

Susanne Thiel
KulturSchock Afghanistan

erschienen im
REISE KNOW-HOW Verlag Peter Rump GmbH
Osnabrücker Str. 79
33649 Bielefeld

Gestaltung
Umschlag: Günter Pawlak (Layout), Klaus Werner (Realisierung)
Inhalt: Günter Pawlak (Layout), Andrea Buchspieß (Realisierung)
Karte: Anna Medvedev
Abbildungen: siehe Abbildungsverzeichnis S. 252

Lektorat
Dhaara P. Volkmann

Druck und Bindung: Media Print, Paderborn

ISBN 978-3-8317-1594-7
Printed in Germany

Dieses Buch ist erhältlich in jeder Buchhandlung Deutschlands,
der Schweiz, Österreichs, Belgiens und der Niederlande.
Bitte informieren Sie Ihren Buchhändler
über folgende Bezugsadressen:

Deutschland
Prolit GmbH, PF 9, D-35461 Fernwald (Annerod)
sowie alle Barsortimente
Schweiz
AVA-buch 2000, Postfach, CH-8910 Affoltern
Österreich
Mohr Morawa Buchvertrieb GmbH,
Sulzengasse 2, A-1230 Wien
Niederlande, Belgien
Willems Adventure, Postbus 403,
NL-3140 AK Maassluis

Wer im Buchhandel trotzdem kein Glück hat,
bekommt unsere Bücher auch über
unseren **Büchershop im Internet:**
www.reise-know-how.de

Wir freuen uns über Kritik, Kommentare und Verbesserungsvorschläge.

Alle Informationen in diesem Buch sind von der Autorin mit größter Sorgfalt gesammelt und vom Lektorat des Verlages gewissenhaft bearbeitet und überprüft worden.

Da inhaltliche und sachliche Fehler nicht ausgeschlossen werden können, erklärt der Verlag, dass alle Angaben im Sinne der Produkthaftung ohne Garantie erfolgen und dass Verlag wie Autorin keinerlei Verantwortung und Haftung für inhaltliche und sachliche Fehler übernehmen.

Der Verlag sucht Autoren für weitere KulturSchock-Bände.

Susanne Thiel

KulturSchock
Afghanistan

Inhalt

Vorwort

Dieser KulturSchock Afghanistan befasst sich mit einem Land, das nach drei Jahrzehnten Krieg und Bürgerkrieg versucht, zu sich selbst zu finden und die vielfältigen Schwierigkeiten zu überwinden, die auf dem Weg zu Frieden und Wohlstand vor ihm liegen. Noch hat der Wiederaufbau nicht alle Winkel Afghanistans erreicht und große Teile der ländlichen Bevölkerung und der aus den Nachbarländern zurückkehrenden Flüchtlinge sind unterversorgt. Die in Kriegszeiten etablierten Machtstrukturen funktionieren weiterhin; Drogenhandel, Korruption und Sicherheitsprobleme beherrschen das Land und lassen die Bevölkerung nicht zur Ruhe kommen. Alte Kriegswunden sind noch nicht verheilt, viele Menschen leiden an schweren Traumatisierungen. Ein Aussöhnungsprozess, der zur Gesundung der Gesellschaft beitragen könnte, kommt nur langsam in Gang.

Trotz dieser schwierigen Rahmenbedingungen sind viele Afghanen motiviert, ihre Situation zu verbessern und das Land wieder aufzubauen. Rasante Entwicklungen haben im Bildungsbereich stattgefunden, die Gesundheitslage der Bevölkerung hat sich verbessert und die Wirtschaft belebt sich. Sogar in den Künsten und im Unterhaltungsbereich gibt es neue Impulse. Langsam wird aus den Trümmern eine neue Gesellschaft geformt.

Besonders beeindruckend ist der starke Wille der Jugend, ihre Zukunft positiv zu gestalten – und endlich haben auch Mädchen wieder die Möglichkeit, am öffentlichen Leben teilzunehmen. Sie sind neugierig auf die Welt und die Menschen „da draußen", interessieren sich für technische Errungenschaften und die neuen Medien. Die heranwachsende Generation ist die große Hoffnung des Landes auf eine bessere Zukunft. Zu den hervorragenden afghanischen Eigenschaften gehören Großzügigkeit, Höflichkeit und eine großartige Gastfreundschaft, die durch die langen Zeiten der Not und des Elends bewahrt wurden. Besucher Afghanistans können von diesen Charakterzügen profitieren, die auch über viele Schwierigkeiten in diesem nicht immer einfachen Land hinweg helfen werden.

In diesem Buch soll ein Überblick über kulturelle Erscheinungen und Grundzüge der afghanischen Gesellschaft vermittelt werden, um dem Leser dadurch zu einer größeren Sicherheit im Verhalten zu verhelfen – soll ihn aber auch ermuntern, den Blick einmal auf sich selbst und die eigene Kultur zu richten. Es kann hilfreich sein, das eigene Rollenverständnis zu überprüfen, die persönlichen Werte und Normen und die des Gastlandes zu reflektieren. Es werden Unterschiede zwischen der eigenen und der Kultur des Reiselandes aufgezeigt und es wird der Versuch unternommen, afghanische Verhaltensweisen zu erklären. Um den Kontrast zwischen kulturellen Erscheinungen und Verhaltensmustern in Afghanistan und den Ursprungsländern der Besucher deutlicher und lesbarer zu machen, werden den „afghanischen" Phänomenen „westliche" gegenüber gestellt. Der Begriff soll verallgemeinernd den christlich geprägten europäischen Kulturraum mit Fokus auf deutschsprachige Länder bezeichnen. An manchen Stellen ist es für das Verständnis hilfreich, beispielsweise Eigenschaften einer speziellen Volksgruppe in Afghanistan mit denen der Deutschen zu vergleichen.

Eingefahrene Vorstellungen von „dem Fremden" wachsen in Jahrhunderten und werden gespeist von Begegnungen, geschichtlichen Ereignissen, literarischen Erzeugnissen und den Medien. Sie zu ignorieren oder zu leugnen wäre falsch, denn trotz ihrer vereinfachenden Banalität können sie auch Wahrheiten enthalten. Werden diese Ansichten bewusst gemacht, können sie zum gegenseitigen Verstehen beitragen. Dieser Band möchte eine Orientierungshilfe sein und erklären, wie Afghanistan zu dem Land wurde, das es heute ist. Es werden geschichtliche Entwicklungen erläutert, denn heutige Probleme und Konflikte lassen sich oft nur vor diesem Hintergrund verstehen. Die Geschichte hat auch das Selbstverständnis der verschiedenen Volksgruppen in Afghanistan beeinflusst. Das Buch beschreibt den Friedensprozess und Staatsaufbau und auch die vielfältigen Probleme Afghanistans, aber den Mittelpunkt bilden die Menschen mit ihren Denk- und Verhaltensweisen. Die afghanische Kultur soll anhand von einigen Grundmustern und Einzelerscheinungen verständlich gemacht werden und dieses Wissen soll dem Besucher des Landes helfen, sich vorzubereiten und seine Erlebnisse und Wahrnehmungen einordnen und verstehen zu können. Die Schilderungen werden aus einem persönlichen Blickwinkel vorgenommen und müssen bei der Fülle der Themen unvollständig bleiben. Bei dem hier vorliegenden Buch handelt es sich um eine Situationsbeschreibung von Anfang 2007. Da aufgrund der hohen politischen Dynamik die weitere Entwicklung Afghanistans nicht vorhersehbar ist, kann es gerade in Politik und Wirtschaft, aber auch in gesellschaftlichen Bereichen zu Veränderungen kommen. Kapitel, die auf diese Themen oder die Sicherheit („Alltägliche Gefahren") Bezug nehmen, könnten daher in absehbarer Zeit überholt sein.

Afghanistan ist kein einfaches Land und zeigt sich seinen Besuchern manchmal so schroff wie seine raue Gebirgslandschaft. Aber es ist auch ein spannendes Land, und seine Bewohner sind liebenswürdig und gastfreundlich – es ist ein lohnendes Abenteuer, sich auf Afghanistan einzulassen.

Susanne Thiel

VERGANGENHEIT UND GEGENWART

Drehscheibe der Kulturen

Afghanistan, das uns heute als karges Hochgebirgsland mit knappen Ressourcen und einer langen Kette von gewaltsamen Auseinandersetzungen erscheint, hat eine überaus lebhafte und abwechslungsreiche Geschichte zu bieten. In den unterschiedlichen historischen Darstellungen wird es oft als „Wiege vieler Reiche des Altertums", „Kreuzweg der Kulturen" und „Drehscheibe der Völker" bezeichnet. Afghanistans einzigartige Kultur entstand tatsächlich in einem **Schmelztiegel vieler Völker und Religionen** zwischen Hindukusch, Seidenstraße und Wüstenregionen. In den Jahrtausenden seiner Geschichte wurden das Land und seine Bevölkerung von Zarathustra, dem Buddhismus, den Griechen und schließlich is-

In vollem Galopp – Reiter beim Buzkashi

lamischen Einflüssen geprägt. Große Reiche, die weite Teile Persiens und Indiens umfassten, hatten ihr Zentrum in Afghanistan. Gerade auch aufgrund seiner geostrategischen Lage zwischen Mittel-, West- und Südasien hat Afghanistan immer wieder Besucher mit weniger friedlichen Absichten angelockt. Sie fielen gewaltsam in das Land ein, zerstörten Hinterlassenschaften ihrer Vorgänger und drückten der Gesellschaft – bevor sie weiterzogen – ihren eigenen religiösen, kulturellen und sprachlichen Stempel auf.

Der geografische Raum, in dem sich Afghanistan befindet, wurde im Laufe der Geschichte mit **drei verschiedenen Namen** benannt. **Aryana** hieß das Land seit Ankunft der Arier in der zweiten Hälfte des 2. Jahrtausends v. u. Z., in der Herrschaftszeit der persischen *Sassaniden* ab dem dritten Jahrhundert nach christlicher Zeitrechnung wurde es „Land des Ostens", **Khorasan,** genannt. Diese Region umfasste das heutige Afghanistan, Ostiran und die südlichen mittelasiatischen Länder. Erst im 18. Jahrhundert wurde das Gebiet unter dem Namen **Afghanistan** bekannt.

Die **paläolithischen Bewohner** Afghanistans lebten vor 100.000 Jahren auf Flussterrassen, in Höhlen und unter Felsvorsprüngen. Bei Ausgrabungen westlich von Ghazni wurden steinzeitliche Werkzeuge wie Äxte, Klingen und Schaber gefunden, die sich so weit zurückdatieren lassen. Teile Afghanistans wurden von den Neandertalern bewohnt, aber auch Formen des modernen Homo sapiens kamen schon vor. In der Gegend der alten Stadt Balkh, in der Nähe des heutigen Mazar-e Sharif, wurde eine große Anzahl von prähistorischen Steinwerkzeugen gefunden. Das frühe Kunstschaffen wird in einer außerordentlichen Steinschnitzerei aus Aq Kupruk in Nordafghanistan sichtbar: Auf einem kleinen unscheinbaren Stein ist eindeutig das Antlitz eines Menschen zu erkennen. Erstaunlich ist das Alter des Fundes: Er ist auf 20.000 v. u. Z. zurückzudatieren.

Mit dem Ende der letzten Eiszeit um 8000 v. u. Z. begann das **Neolithikum** und der Mensch erlernte die Pflanzenzucht, die Domestizierung von Tieren und erlangte somit die Kontrolle über seine Nahrungsmittelversorgung. Diese Errungenschaften kamen einer Revolution gleich. 7000 v. u. Z. begannen die Menschen von Aq Kupruk Täler zu besiedeln, in denen günstigere Pflanzbedingungen herrschten. Die Landwirtschaft entwickelte sich, Dörfer und Städte entstanden. Said Qala, in der Nähe Kandahars gelegen, konnte schon in der Bronzezeit um 5000 v. u. Z. mehrräumige Gebäude aus Lehmziegeln vorweisen.

Die **Ausgrabungsstätten** Deh Morasi, Mundigak und Said Qala sind voller Beweise für **frühe religiöse Entwicklungen** in Afghanistan. Sie zeugen auch von den Anfängen der Stadtkultur und den frühen wirtschaftlichen Netzwerken im 3. Jahrtausend vor Christus. Deh Morasi, 27 Kilometer südwestlich von dem heutigen Kandahar gelegen, war der erste prähistorische Fundort, der in Afghanistan erforscht wurde. Mundigak, 51 km nördlich von Deh Morasi, kann bereits als Stadt bezeichnet werden; Deh Morasi und Said Quala waren eher halbnomadische Dörfer. In allen drei Orten finden sich große Gebäude, die wahrscheinlich sakralen Zwecken dienten. In Deh Morasi wurden sogar Überreste eines altarähnlichen Gebildes ausgegraben – aus luftgetrockneten Ziegeln erbaut, enthält der Schrein Objekte, die auf religiöse Rituale schließen lassen. Neben Ziegenhörnern, Kupfersiegeln und Alabaster-Bechern wurden auch Tonfiguren gefunden, welche die **Muttergottheit** darstellen sollen. Die Muttergottheit ist von üppiger Gestalt; sie übt Macht über Leben und Fruchtbarkeit, aber auch über die Dunkelheit und den unbekannten, Furcht einflößenden Teil der Welt aus. Deh Morasi wurde 1500 v. u. Z. aufgegeben, vielleicht weil sich der Lauf des Flusses allmählich veränderte. Mundigaks Ende kam nur 500 Jahre später – nachdem es 2000 Jahre bestanden hatte.

Der **Handel** erstreckte sich über weite Regionen: Die Ornamente auf den Waren und naturalistische Darstellungen weisen stilistische Ähnlichkeiten mit den vorherrschenden Richtungen in Mesopotamien, Iran, dem Indus-Tal und Zentral-Asien auf. Die Minen Badakhshans, die zum Teil noch immer in Betrieb sind, lieferten Lapislazuli, einen blauen Halbedelstein und eines der gefragtesten Handelsgüter Afghanistans.

Eine Zeit großer Veränderungen brach an, als **indoarische Nomadenstämme** in das südasiatische Gebiet einfielen. Der *Rigveda* (Aufzeichnungen der vedischen Arier) zufolge, spielte sich dieses Ereignis etwa um 1500 v. u. Z. ab. Das Ursprungsgebiet der Arier ist unbekannt; die Afghanen, welche immer wieder Bezüge zu ihren „arischen Vorfahren" herstellen, siedeln sie gern im nordafghanischen Baktrien an. Die Wahrheit wird unter dem Schleier der vergangenen Jahrtausende verborgen bleiben.

Zarathustra, ein bedeutender religiöser und politischer Führer, lebte zwischen 1000 und 600 v. u. Z. in dieser Gegend. In der *Avesta* sind seine Doktrinen niedergeschrieben und der Leser erfährt über die Unterweisungen des Gottes *Ahura Mazda,* dessen Gebote *Zarathustra* mit „guten Gedanken, guten Worten und guten Taten" beschrieb. Diese Lehre wurde zur Grundlage der späteren Staatsreligion der Perser. Ein wichtiges Element der Religion ist der **Feuerkult.** Trankopfer wurden dem Feuergott und den Göttinnen des Wassers dargebracht und damit den beiden kostbarsten lebenserhaltenden Kräften gehuldigt. Charakteristisch und viel beschrieben sind ihre traditionellen „Türme des Schweigens", auf denen die Toten der Gemeinde aufgebahrt wurden, um die Erde nicht mit dem verfaulenden Fleisch zu verunreinigen. Die Leichen wurden sich selbst und den Aasvögeln überlassen. *Zarathustra* gilt als erster Monotheist in dem

Sinn, dass er einen Gott über die anderen, von seinen iranischen Vorgängern verehrten Göttern erhob.

In dieser Zeit wandten sich die nomadischen Arier der Landwirtschaft zu und die fruchtbaren Ebenen Baktriens erblühten in Wohlstand. Die Region, in der Teile des heutigen Afghanistans liegen, wurde **Aryana** genannt.

Unter *Cyrus dem Großen* (550–529 v. u. Z.) und **Darius I.** (522–486 v. u. Z.) wurde das Gebiet Teil des großen Reiches der Achämeniden, die ihren Einfluss vom Ursprung in Südpersien bis zum Mittelmeer und zum Himalaja ausdehnten. *Darius I.* hatte berühmte Orte wie Susa und Persepolis erbauen lassen. Handelsrouten wurden durch das Land gelegt und Statthalter bestimmt, die Abgaben und Gehorsam leisten mussten. Die achämenidische Kontrolle der afghanischen Region wurde durch **Alexander den Großen,** König von Makedonien, beendet. Von 330 v. u. Z. bis 328 v. u. Z. zog *Alexander* mit seinen Heerscharen durch Afghanistan und errichtete einen Basis-Standpunkt in Bactra. Die Anwohner leisteten Widerstand gegen die vorrückenden Truppen, einige Häuptlinge aber ergaben sich. Der letzte Achämeniden-Herrscher *Darius III.* wurde von baktrischen Verbündeten *Alexanders* ermordet. Der Zug der Makedonier durch das Land war von unzähligen **Kämpfen gegen aufständische Gebietsfürsten** und unberechenbare Bergvölker begleitet. Trotz der Unruhe im eigenen Lager, viele seiner Soldaten waren kriegs- und wandermüde geworden und wollten zurück in ihre Heimat, zwang *Alexander* die Truppen weiter nach Osten – Indien war sein großes Ziel. Er führte schätzungsweise zwischen 27.000 und 30.000 Männer über den Khyber-Pass nach Osten. 326 v. u. Z. gelang es seinen Truppen endlich, die Heimkehr zu erzwingen. *Alexander* gründete mehrere Städte namens **Alexandria** auf afghanischem Gebiet, einige Orte nehmen auch für sich diese Ehre in Anspruch – archäologische Beweise lassen sich in vielen Fällen aber nicht erbringen. Auch Balkh kann in diesem Sinne nicht eindeutig als das historische **Bactra** identifiziert werden. Drei Jahre nachdem *Alexander* aus Indien zurückgekehrt war, starb er 323 v. u. Z. in Babylon. Der große Feldherr und Abenteurer wurde nur 33 Jahre alt. *Alexander der Große* ist im **historischen Gedächtnis** der Afghanen sehr lebendig geblieben. Oftmals wird der Ursprung der blonden und helläugigen Menschen im Land auf eine Vermischung mit seinen Truppen zurückgeführt.

Afghanistan musste viele Invasionen über sich ergehen lassen, aber *Alexander* und der **griechische Einfluss** bewirkten eine tiefe Prägung. Das gräko-baktrische (griechisch-baktrische) Reich stellt eine Besonderheit dar: am Rande der zentralasiatischen Steppe entstanden, von Nomaden umgeben, weit entfernt von den Kulturen des Mittelmeeres, deren

Erbe es in sich aufnahm. Einige der Städte glichen in ihrem Aufbau der hellenistischen Polis, womit ein antiker städtischer Siedlungskern mit dazugehörigem Umland bezeichnet wird. *Alexander* hat diese Form des griechischen Stadtstaates verbreitet. Felsgravierungen aus der Zeit des intensiven griechischen Einflusses, die 1967 in der Nähe von Kandahar gefunden wurden, enthalten zweisprachige Texte, verfasst in der offiziellen Sprache der Achämeniden und in Griechisch. Die Inschriften belegen nicht nur, dass eine griechische Gemeinde in Kandahar gelebt hat, sondern auch, welch großen Einfluss die hellenistische Kultur auf die frühen Bewohner Afghanistans hatte und dass **die Vermischung eine neue Kultur hervorbrachte.**

Griechische und persische Einflüsse wurden durch den **Buddhismus** bereichert, den **Ashoka,** ein Herrscher des altindischen Maurya-Reiches, nach seiner eigenen Bekehrung verbreitete. Er entwickelte sich zum Friedensförderer, unterstützte die soziale Wohlfahrt und lehnte den Krieg ab. Unter *Ashoka* erlebte der Buddhismus in Indien seine Blütezeit. Während seiner Herrschaft von 268 bis 233 v. u. Z. errichtete *Ashoka* Tausende von buddhistischen Stupas (ursprünglich Grabhügel, entwickelten sich Stupas zu Denkmälern für Buddha und zu Symbolen des Buddhismus) und Klöstern und schickte Missionare durch das Land. Sie bereisten die Weiten Asiens und zogen mit Karawanen entlang der Seidenstraße, um die Lehre der neuen Religion bis nach China zu bringen. Afghanistan ist übersät mit Ruinen dieser einstmals großartigen buddhistischen Stätten. In der „buddhistischen Zeit" herrschten Frieden und Wohlstand, doch nach dem Tod des Herrschers zerfiel das Reich.

Das gräko-baktrische Reich hatte sich immer wieder gegen Invasionswellen zentralasiatischer Nomaden zu wehren. Skythen, Hephthaliten, Seltschuken und Yüe-tschi waren Völker, die mit ihrem Eroberungsdrang Afghanistan überrollten. Anfang des ersten Jahrhunderts v. u. Z. konnten die Gräko-Baktrier ihre Herrschaft nicht weiter aufrechterhalten. Mit der Jahrtausendwende hatten die Yüe-tschi das Kabultal erreicht und gründeten das Kushan-Reich. König *Kanishka,* dessen Regentschaft vermutlich um 100 u. Z. begann, dehnte das **Kushan-Imperium** von Nordwest-Indien zum Aralsee und bis Kashgar und Yarkand aus. Sein großer Reichtum, der sich in luxuriösen Gütern und Bauwerken widerspiegelte, wurde durch die tragende Rolle der **Seidenstraße als Handelsroute** zwischen Ost und West begründet. Die Kushan waren vermutlich Anhänger des persischen Religionsstifters *Zarathustra* und huldigten dem Feuerkult, aber sie verehrten auch griechische und hinduistische Gottheiten. Dieser religiösen Vielfalt nicht genug, wurde *Kanishka* zum großen Förderer des Mahayana-Buddhismus.

Aus der Vermischung indischer, persischer und gräko-baktrischer Kultur und Kunst entstand eine dynamische und kreative **Kunstrichtung,** die auch als **Gandhara-Stil** bezeichnet wird. Die reichen Funde dieser Zeit in Form von aussagestarken und lebensnahen Skulpturen und Reliefs beinhalten sowohl östliche als auch westliche Motive. Darstellungen von Gottheiten aus der griechischen Mythologie und aus persischen, hinduistischen und zentralasiatischen Vorstellungswelten tragen zur Vielschichtigkeit der Kunst Gandharas bei. Auch Buddha wurde mit einem Körper versehen und bekam ein menschliches Gesicht. Im zentralafghanischen Bamiyan, am Kreuzweg zweier Handelsrouten gelegen, entstanden große **Buddha-Statuen** und zahlreiche Felsenklöster, die von buddhistischen Mönchen und Pilgern bewohnt wurden.

Die zwei **Hauptstädte des Kushan-Reiches** waren Kapisa, unweit der jetzigen afghanischen Hauptstadt Kabul gelegen, und Peshawar im heutigen Pakistan. Der wirtschaftliche und politische Einfluss der Herrscher verbreitete sich von diesen Städten ausgehend in der ganzen Region. Im 3. Jahrhundert u. Z. begann der Zerfall des Römischen Reiches und zeitgleich der Han-Dynastie in China. Der internationale Handel ging zurück, was direkte Konsequenzen für das Khushan-Reich und seine Einnahmen durch den Handelsweg entlang der Seidenstraße hatte. Bürgerkriege er-

schütterten das Reich nach *Kanishkas* Tod, bis es in kleine Königreiche unter der Herrschaft von einzelnen Kushan-Prinzen auseinander brach.

Die **persische Sassaniden-Dynastie** nutzte die Schwäche, um ihren eigenen Einfluss geltend zu machen. Die *Sassaniden* nahmen Baktrien und das Kabultal ein und drangen weiter nach Süden bis Gandhara vor. Sie nannten ihr Herrschaftsgebiet **Khorasan.** Bis in das 4. Jahrhundert u. Z. konnten sie ihre Regentschaft ausdehnen, dann wurden sie von einer erneuten Invasionswelle aus Zentralasien überrollt und geschwächt.

Befehlshaber der **Hunnen,** die auch als Hephthaliten bezeichnet werden, eroberten in den darauffolgenden Jahrhunderten weite Gebiete Südasiens und herrschten fast 200 Jahre lang. Viel ist nicht über sie überliefert worden, aber buddhistische Bauwerke und Kunsterzeugnisse wurden im großen Stil zerstört. Einige der Herrscher bezeichneten sich wohl als Buddhisten, andere als Hindus. Chinesische Quellen berichten von **Hindu-Reichen** zu dieser Zeit auf afghanischem Gebiet, in Koh Daman und Gardez wurden sowohl Statuen des Elefanten-Gottes *Ganesh* als auch Abbilder *Shivas* und *Dergas* gefunden.

Verbreitung des Islam

Khorasan ist die Auster der Welt und Herat ist die Perle darin.
(Afghanisches Sprichwort)

Eine neue Ära brach an, als **arabische Heere** die Region Khorasan erreichten und ihre Religion, den Islam, verbreiteten. Sie zerschlugen die Streitkräfte der schon durch zahlreiche zentral-asiatische Invasionen geschwächten persischen Sassaniden-Dynastie und setzten ihr somit um 642 u. Z. ein Ende. Die Araber bewegten sich schnell Richtung Nordosten und brachten den Islam nach Samarkand. Die Region südlich des Hindukusch blieb noch einige Hundert Jahre von den Islamisierungsversuchen verschont. Die arabischen Eroberer sahen sich einer großen kulturellen Vielfalt gegenüber, da Afghanistan als Durchzugsgebiet wichtiger Handelsstraßen von jeher ein kultureller Schmelztiegel war. Die dortigen Fürsten wehrten sich gegen die Eindringlinge und blutige Auseinandersetzungen säumten den Weg der Eroberer. Langsam begannen arabische Einflüsse die ganze Region zu prägen, Schrift und Sprache der Invasoren etablierten sich und die **neue monotheistische Religion** griff mit ihren Gesetzen und Regeln in das Leben der Menschen ein. Gleichzeitig wurden aber auch viele Elemente der traditionellen Vorstellungen sowie Teile aus den älteren Religionen beibehalten und in die neue Glaubensrichtung integriert. Der Islam hat – so wie andere große Religionen auch – im Laufe der Jahrhunderte viele **lokale Traditionen und alte religiöse Vorstellungen** aufgenommen und erst durch diese Vermischungen seine heutige Form erhalten. Im neunten Jahrhundert galten große Teile Khorasans als islamisiert, nur einige Hochburgen älterer Religionen konnten ihre vorislamischen Kulturen länger beibehalten. So blieb Bamiyan weitere 300 Jahre als buddhistisches Zentrum bestehen, bis es sich dem Islam in der Zeit der Abbassiden nicht länger widersetzen konnte. Die Lage Bamiyans im unzugänglichen Hochland des jetzigen Zentralafghanistans hat sicherlich zu der späten Islamisierung beigetragen. Die Zoroastrier, Anhänger der Lehre *Zarathustras,* konnten sich bis zum 11. Jahrhundert in Sistan halten und die Kafiren (Ungläubige) in Kafiristan widerstanden der Zwangsbekehrung sogar bis zum Ende des 19. Jahrhunderts. Dieses Grenzgebiet zwischen den Regionen nordöstlich von Kabul und dem heutigen Pakistan wird seit der Islamisierung Nuristan, „Land des Lichts", genannt.

Arabische Kalifen der Omayaden- und Abbassiden-Dynastien lenkten die Geschicke der islamischen Welt von Arabien aus. In den neu eroberten Ländern wurden Statthalter eingesetzt, die meist auf recht selbstständige Weise für Recht und Ordnung sorgten und die **islamische Lebensweise** überwachten. Islamische Dynastien wechselten sich in den kommenden Jahrhunderten in rascher Folge ab; zu ihnen gehörten die Taheriden, Saffariden, Samaniden, Ghaznawiden und die Ghoriden. Während ihrer Herrschaft gewann die Seidenstraße als Handelsroute wieder an Bedeutung und bescherte einzelnen Stationen an dieser Strecke Wohlstand und herausragende Bauwerke. Die Städte Balkh, Herat, Ghazni und Kandahar wurden zu Herrschafts- und Kulturzentren. Ghazni erblühte in der Zeit der Ghaznawiden und besaß nicht nur prächtige Moscheen und Paläste, sondern auch die erste islamische Universität in der Region. Die Samaniden herrschten von Balkh aus über ganz Mittelasien, verlegten ihr Zentrum aber in späteren Jahren nach Bukhara (im heutigen Usbekistan). Das Reich der nachfolgenden Ghaznawiden erstreckte sich von Khorasan bis an den Ganges. Die Ghaznawiden förderten die persische Kultur: Der Dichter *Firdousi* schrieb in dieser Zeit das berühmte „Buch der Könige" und *Al-Biruni* wurde der bekannteste Naturwissenschaftler seiner Zeit. Die Ghoriden regierten ihr Gebiet vom Westen des Landes, der Gegend um Herat, aus. Sie sorgten für die **Verbreitung des Islam in Nordindien.** Ihre Macht schwand zu Beginn des 13. Jahrhunderts und mit ihnen verabschiedete sich die letzte große Dynastie für viele Jahrhunderte.

Die persische Sprache, umgesetzt in arabische Schrift, dominierte den ganzen Raum bis Zentralasien. Es war die Sprache der Dichter und Denker. Arabischer Wortschatz beeinflusste aber zunehmend alle lokale Sprachen und wurde verwendet, um religiöse oder wissenschaftliche Belange auszudrücken. Wissen und Bildung in Afghanistan basierten damals stark auf islamischen Quellen und fanden im religiösen Rahmen statt. Da Arabisch immer eine Fremdsprache blieb und Persisch als Bildungs- und Dichtersprache diente, gab es seit dem Beginn der Islamisierung Verständnisprobleme bezüglich der religiösen Inhalte. Gläubige lernten jahrhundertelang das Lesen und Rezitieren der Koransuren in einer für sie unverständlichen Sprache. Den religiösen Ritualen folgend ist es notwendig, die **Koransuren auf Arabisch** vorzutragen und noch heute werden Übersetzungen des Korans von einigen islamischen Rechtsgelehrten abgelehnt. Vielleicht konnte der mystische Islam in der persischen Region eine so große Bedeutung erlangen, weil die Religionssprache immer fremd geblieben ist und nur die **Sufis, islamische Mystiker,** es verstanden, eine verständliche und volkstümliche Version zu vermitteln. Die *Sufik,* mit ihren Orden, mystischen Dichtern und heiligen Männern ist ebenso alt wie der Islam in Afghanistan. Verbindungen der sufischen Bewegung zu mystischen Elementen anderer traditionell regionaler Glaubensrichtungen halfen den Bekehrten, sich an die neue islamische Religion zu gewöhnen und sie in ihr Weltbild zu integrieren.

Nach dem Zerfall der ghoridischen Dynastie zerbrach das Reich in viele kleine Fürstentümer.

Djingis Khan (gest. 1227) wird als ein Großkhan aller Mongolen bezeichnet, der turko-mongolische Stämme vereinigte und weite Teile Zentralasiens und Nordchinas unter seine Kontrolle brachte. Er zog im 13. Jahrhundert brandschatzend durch das Land und tötete Mensch und Vieh. Auch unter *Timur Leng* (1328–1405) wurden wieder Städte und Bewässerungssysteme, die bedeutenden Bauwerke und viele Zeugnisse aus buddhistischer Zeit zerstört. *Timur Leng,* der seinen Namen aufgrund einer Lähmung am rechten Bein erhielt, galt in seinen jungen Jahren als Räuber und Pferdedieb. Er heiratete in die Familie *Djingis Khans* ein und entwickelte sich zu einem großen Eroberer, der schließlich die Timuriden Dynastie begründete. Ghazni, Herat und Balkh wurden dem Boden gleichgemacht. Die Zerstörungswut der Mongolen schien unerschöpflich zu sein. *Djingis Khan* soll sich selbst als „sengende Sonne Satans" bezeichnet haben und eine berühmt-berüchtigte Überlieferung aus *Timur Lengs* Herrschaftszeit ist die Schädelpyramide aus Köpfen von Menschen, die den Eroberungszügen zum Opfer gefallen waren. Das Gebiet des heutigen Afghanistans brauchte Jahrhunderte, um sich von der Invasion der Mongolen zu regenerieren.

Ursprünge des afghanischen Staates

Im 16. und 17. Jahrhundert wurde das Gebiet des heutigen Afghanistans von der indischen Dynastie der Moghuln, den Safawiden in Persien und von mittelasiatischen Reichen beeinflusst. Afghanistan fungierte als **Pufferstaat** – so wie es sich noch mehrmals im Laufe der Geschichte wiederholen sollte. Der Westen des Landes mit der Stadt Herat wurde von der safawidischen Dynastie beherrscht; in Kabul gründete der **Moghul-Herrscher Babur** ein neues Reich. *Babur* verlagerte sein Zentrum später nach Nordindien, wurde aber in Kabul begraben – seine Bauwerke können noch heute in restaurierter Form in „Baburs Garden" in Kabul bewundert werden. Die Herrschaft der jeweiligen Machthaber erfolgte oft indirekt über Statthalter, die zwar versuchten, auf die Anführer der lokalen Stämme Einfluss zu nehmen und Tribut zu fordern, aber vor Ort nur über eine schwache Machtbasis verfügten. In dem Maß, wie die indischen Moghuln und persischen Safawiden schwächer wurden, gewannen die pashtunischen Stämme an Stärke. Einer der Gründe für den Machtverlust können schwindende Einnahmen gewesen sein, denn die Seidenstraßenroute verlor im Zug des aufstrebenden Seehandels an Bedeutung.

Im Prozess des Aufbegehrens **pashtunischer Stämme** gegen die jeweiligen Herrscher spielten die Führer mystischer Orden eine große Rolle. In der zweiten Hälfte des 16. Jahrhunderts einte der Mystiker *Ansari* mehrere Stämme, die dann gemeinsam gegen die Moghuln rebellierten. Die Herrscher waren von vielen Völkern in der Region als „Kolonialisten" empfunden worden. Auch ein Jahrhundert später musste der Moghul *Aurangzeb* eine schwere Niederlage gegen pashtunische Stämme bei Landikotal (auf dem Khyber pass) hinnehmen. Einer der herausragenden Pashtunen jener Zeit war **Khushal Khan Khattak,** der sich auch als Dichter einen Namen machte und noch heute große Verehrung erfährt.

Im 18. Jahrhundert schlossen sich mehrere pashtunische Stämme zu einem Bündnis zusammen und bezeichneten sich als Ghilzai-Stammesverband. Durch die zunehmende Schwäche der Moghuln und der persischen Safawiden entstand ein Machtvakuum, dass die pashtunischen Stämme ausnutzten. Sie erwiesen sich im Verbund als so stark, dass sie die Safawiden-Herrschaft endgültig beenden konnten. Im Jahr 1747 wurde die große Ratsversammlung in der Stadt Kandahar zusammengerufen, um über die **Form eines zukünftigen Staates Afghanistan** zu sprechen. Da sich viele Gruppen vordrängten und einen Führer vorschlugen, wurde ein Schiedsrichter bestimmt, der über einen König, *Padshah,* entscheiden sollte. Er wählte **Ahmad Shah Abdali,** der später den Ehrentitel *Durrani* bekam. Der damalige König wird heute auch manchmal *Ahmad Shah Baba*

genannt, der Vater des modernen Staates Afghanistan. Aufgrund dieser Überlieferungen können die Anfänge der afghanischen Nationalgeschichte wahrscheinlich auf das Jahr 1747 datiert werden. Anderen historischen Quellen zufolge soll *Ahmad Shah* die Macht mit Gewalt an sich gerissen haben, aber die Afghanen (und besonders die Pashtunen) bevorzugen die Version, dass er ein von allen Seiten anerkannter Herrscher war, der zudem von edlen Ehr- und Rechtsvorstellungen geleitet wurde (siehe M. Elphinstone, 1818). In der Zeit seiner Herrschaft, die ein Vierteljahrhundert umspannte, kontrollierte *Ahmad Shah* einen **lockeren Herrschaftsverbund** von vielen kleinen Fürstentümern. Das Reich hatte größere Ausmaße als das heutige Afghanistan: Es reichte von Maschhad im Iran bis zum indischen Kaschmir, vom Amu Darya im Norden bis an die Küsten des Indischen Ozeans. Die bereits existierenden Machtverhältnisse blieben unangetastet, einzelne Gebiete autonom – Macht und Kontrolle wurden nur indirekt ausgeübt. Der Sohn des Herrschers, *Timur Shah,* konnte sein Regime nur noch mühsam aufrechterhalten. Bei seinem Ableben zeigte sich, dass nach wie vor die **Einzelinteressen** die Handlungsweisen der Stämme bestimmten.

Staatskutsche im Museum von Kabul

Rivalitäten und Auseinandersetzungen um wichtige Ressourcen und die Beherrschung der Machtzentren prägten die politische Landschaft und schwächten das junge „Staatsgefüge". Die Bündnisse der *Durrani* und *Ghilzai* waren zerstritten und Konflikte zwischen den islamischen Glaubensrichtungen der Sunniten und Schiiten flammten auf. Auch der Brite *Elphinstone,* der sich im Auftrag der *East Indian Company* 1809 in Kabul aufhielt und sehr differenzierte Schilderungen der politischen und gesellschaftlichen Situation hinterlassen hat, berichtet von der hoffnungslosen Zerstrittenheit der einzelnen afghanischen Gruppen unter den Herrschern *Shah Shuja* und *Mahmud Shah.*

The Great Game – die Kolonialzeit

Wenn Du Dich nicht in Maiwand opferst,
mein Liebster, bist Du der Ehrlosigkeit ausgesetzt.
(Pashtunischer Volksvers)

Das Afghanistan des 19. Jahrhunderts war durch Führungsrivalitäten und Uneinigkeit unter den Stämmen geschwächt und wurde von den Großmächten als **herrschaftslose Pufferzone** zwischen Persien und den Einflussbereichen der Kolonialmächte Russland und Großbritannien angesehen. Das Land wehrte sich gegen die **koloniale Vereinnahmung** und stemmte sich zwischen Russland, das einen Zugang zum Indischen Ozean anstrebte, und England, das seine Besitzungen in Indien abschirmte. Beide Großmächte benutzten Afghanistan für ihre kolonialen Auseinandersetzungen, ohne sich direkt gegenübertreten zu müssen. Widerstandsbewegungen gegen die eine Kolonialmacht wurden von der jeweils anderen unterstützt. Immer wieder versuchten die Briten, die Machthaber in Kabul zu beeinflussen, um eine umfassende Kontrolle über das Land zu erlangen. Der Kampf zwischen dem zaristischen Russland und Großbritannien um Macht und Einfluss in Afghanistan wird auch als **The Great Game** bezeichnet.

Fehleinschätzungen und ein aggressives militärisches Vorgehen führten zu drei kriegerischen Auseinandersetzungen, die als **anglo-afghanische Kriege** in die Geschichte eingingen. Zum damaligen Zeitpunkt hatte es keine der beteiligten Mächte für möglich gehalten, dass das britische Empire in allen Konfrontationen unterliegen und eine der verlustreichsten Niederlagen seiner Kolonialgeschichte würde hinnehmen müssen. Im Dezember 1838 brach die britische Indus-Armee nach Afghanistan auf: Der Tross bestand aus 20.000 Soldaten, 38.000 Truppenangehörigen und

30.000 Kamelen! Die Briten setzten ihren Günstling *Shah Shuja* auf den Thron, um ihren Einflussbereich auszudehnen. Sie wussten, dass sie seine Herrschaft durch ihre Anwesenheit stützen mussten, denn der abgesetzte Rivale *Dost Muhammad* floh zwar zunächst nach Norden, schmiedete aber bereits Pläne für eine Rückkehr. Sein Sohn *Muhammad Akbar* führte schließlich den Aufstand gegen die Briten an. Die wurden so sehr in die Enge getrieben, dass sie schließlich einwilligten, Kabul gegen freies Geleit zu verlassen. Eine stattliche Schar verließ in klirrender Januarkälte die Stadt Richtung Jalalabad – und fiel beutehungrigen Kriegern in die Hände. Nur sehr wenige Überlebende sollen die sichere Stellung an der Grenze zum heutigen Pakistan erreicht haben. Der deutsche Dichter *Theodor Fontane* schilderte die dramatischen Ereignisse in einem ergreifenden Gedicht.

Das Trauerspiel von Afghanistan
Der Schnee leise stäubend vom Himmel fällt,
Ein Reiter vor Dschellalabad hält,
„Wer da!" – „Ein britischer Reitersmann,
Bringe Botschaft aus Afghanistan."
Afghanistan! Er sprach so matt;
Es umdrängt den Reiter die halbe Stadt,
Sir Robert Sale, der Kommandant,
Hebt ihn vom Rosse mit eigener Hand.

Sie führen ins steinerne Wachthaus ihn,
Sie setzen ihn nieder an den Kamin,
Wie wärmt ihn das Feuer, wie labt ihn das Licht,
Er atmet hoch auf und dankt und spricht:
„Wir waren dreizehntausend Mann,
Von Kabul unser Zug begann,
Soldaten, Führer, Weib und Kind,
Erstarrt, erschlagen, verraten sind.

Zersprengt ist unser ganzes Heer,
Was lebt, irrt draußen in Nacht umher,
Mir hat ein Gott die Rettung gegönnt,
Seht zu, ob den Rest ihr retten könnt."

Sir Robert stieg auf den Festungswall,
Offiziere, Soldaten folgten ihm all,
Sir Robert sprach: „Der Schnee fällt dicht,
Die uns suchen, sie können uns finden nicht.

Sie irren wie Blinde und sind uns so nah,
So lasst sie's hören, dass wir da,
Stimmt an ein Lied von Heimat und Haus,
Trompeter, blast in die Nacht hinaus!"

Da huben sie an und sie wurden's nicht müd,
Durch die Nacht hin klang es Lied um Lied,
Erst englische Lieder mit fröhlichem Klang,
Dann Hochlandslieder wie Klagegesang.

Sie bliesen die Nacht und über den Tag,
Laut wie nur die Liebe rufen mag,
Sie bliesen – es kam die zweite Nacht,
Umsonst, dass ihr ruft, umsonst dass ihr wacht.

Die hören sollen, sie hören nicht mehr,
Vernichtet ist das ganze Heer,
Mit dreizehntausend der Zug begann,
Einer kam heim aus Afghanistan.

(Theodor Fontane)

Doch das britische Empire mochte auch nach diesem Verlust Afghanistan nicht aufgeben. Zunächst waren **Vergeltungsbestrebungen** die Motive, aber später auch wieder das Bemühen, den Einfluss in der Region weiter auszudehnen und Afghanistan doch noch zu beherrschen. Die Briten verwickelten sich in politische Ränkespiele und bemühten sich immer wieder, **Aufstände afghanischer Stämme** niederzuschlagen. 1880 mussten ihre Truppen in der Schlacht von Maiwand eine Niederlage durch afghanische Soldaten hinnehmen – der **zweite anglo-afghanische Krieg** war verloren.

Ebenfalls im Jahr 1880 Jahr bestieg der als kooperativ geltende **Abdur Rahman** mit britischer Unterstützung den afghanischen Thron. In den zwei Jahrzehnten seiner Herrschaft entwickelte sich das Land von einem herrschaftslosen Raum zu einem **Staatsgebilde mit festen Grenzen** – die heute noch gelten. Ihr Verlauf wurde in den Jahren 1887 bis 1895 festgelegt. Im Norden diente der Fluss Amu Darya als Staatsgrenze zum russischen Protektorat Buchara und trennte russische und britische Truppen voneinander. Der Wakhan-Korridor wurde eingerichtet, um Afghanistans

Funktion als Pufferstaat zu vervollkommnen und Britisch-Indien und Russland auf der ganzen Landesbreite bis zur chinesischen Grenze voneinander abzuschirmen. Auch der *Durand-Vertrag*, der im Jahr 1893 zwischen Britisch-Indien und Afghanistan geschlossen wurde, setzte sich über die afghanischen Interessen hinweg und konnte nur durch starken politischen Druck der Briten auf den damaligen Herrscher *Abdur Rahman* entstehen. Die **Durand-Linie** sollte fortan den Verlauf der südlichen und östlichen Grenzen zwischen Afghanistan und Britisch-Indien festlegen und bildet heute die Grenze zu Pakistan. Das Staatsgebiet Afghanistans wird oft als **künstliches koloniales Gebilde** beschrieben, da Russland und Britisch-Indien ein Territorium festlegten, das in dieser Form kaum historische Wurzeln hatte. Viele Siedlungsgebiete ethnischer Gruppen wurden getrennt und aufgeteilt, wie die der Usbeken und Turkmenen im Norden und die der Nuristani, Pashtunen und Beluchen im Osten des Landes.

Pirs, die Nachkommen heiliger Männer, die wie orthodoxe Gelehrte über großen Einfluss auf das Volk verfügten, spielten in den **Widerstandsbewegungen gegen die Briten** eine wichtige Rolle und nutzten ihre umfassenden Netzwerke und loyalen Gefolgschaften, um Truppen gegen die Kolonialisten zu mobilisieren. Die Briten wurden von religiösen Gelehrten zu Ungläubigen erklärt und der **Djihad** (Heiliger Krieg) ausgerufen. Das Konzept des Djihad gegen Nicht-Muslime und Kolonialisten war zu Be-

ginn des 20. Jahrhunderts in Afghanistan weit verbreitet. Mit dem Zusammenbruch des Osmanischen Reiches und der Abschaffung des Kalifats (1924) verlor es an Bedeutung. Erst in den 1960er Jahren entstanden wieder islamistische Kräfte und der Djihad wurde als Instrument des Widerstandes gegen die sowjetische Besatzung eingesetzt.

Nach der Grenzziehung durch die Kolonialmächte konnte sich *Abdur Rahman* dem **Ausbau des Zentralstaates** widmen. Er richtete die Grundzüge einer Verwaltung ein und etablierte eine *Djirga* (Ratsversammlung) in Kabul, wodurch die Führer unterschiedlicher Stämme und Gruppen gezwungen waren, sich fern von ihren Herrschaftsgebieten in der Hauptstadt aufzuhalten. *Abdur Rahmans* Regime war für seine Strenge bekannt und er verwendete viel Energie darauf, Stammesaufstände niederzuschlagen und die schiitischen Hazara und Kafiren mit brutalen Maßnahmen zu integrieren. Im Zuge der sogenannten **Pashtunisierung,** die den Pashtunen eine Vormachtstellung im Land verschaffen sollte, wurden Pashtunen in den bevölkerungsarmen Nordprovinzen angesiedelt und bei der Verteilung von Land und anderen Ressourcen eindeutig bevorzugt. Diese Politik sollte bis weit in das 20. Jahrhundert hinein praktiziert werden. Auch in der Hierarchie der religiösen Gelehrten und Führer kam es durch *Abdur Rahmans* Eingreifen zu Veränderungen. Um die Machtverhältnisse zu verschieben, verstaatlichte er das „Stiftungsland" (*Waqf*), das vom islamischen Klerus wie Besitz behandelt worden war, und machte die Geistlichen dadurch zu staatlichen Angestellten. Der sunnitische Islam wurde während *Rahmans* Regentschaft zur Staatsreligion erhoben.

Abdur Rahmans Sohn, *Habibullah,* folgte seinem Vater auf den Thron und wurde 1919 wiederum von seinem Sohn *Amanullah* abgelöst. **Amanullah,** der als Reformer und Modernisierer bekannt gewordene König,

Djihad

Djihad bedeutet wörtlich übersetzt „Anstrengung" und dient der Verteidigung der muslimischen Glaubensgemeinschaft. Auch der **Kampf gegen Ungläubige,** womit eigentlich die Anhänger nicht-monotheistischer Religionen gemeint sind, ist eine religiöse Pflicht und gehört zu den segens- und verdienstreichen Handlungen. Besonders in Krisensituationen rückt der Djihad, der Kampf gegen die Feinde der Religion, in den Vordergrund. Dazu gehörten beispielsweise die Übergriffe der Kolonialmächte auf Afghanistan, die sowjetische Invasion und soziale oder religiöse Ungerechtigkeiten eines Herrschers. Wenn eine Situation entsteht, die den Djihad erforderlich macht, können sich spontan Loyalitäten bilden, die aber meist nicht von Dauer sind und sich auflösen, wenn der „gemeinsame Feind" keine Bedrohung mehr darstellt. Sogar konfessionelle Unterschiede, wie die zwischen Sunniten und Schiiten, können für die Dauer des Djihad überbrückt werden.

sollte zehn Jahre lang regieren und Visionen eines modernen Afghanistans entwickeln. Er proklamierte die Unabhängigkeit des Landes und rief gleichzeitig den Djihad *gegen* Britisch-Indien aus, worauf im Jahr 1919 der **dritte anglo-afghanische Krieg** geführt wurde. Doch die halbherzig geführten Kämpfe wurden bald eingestellt, denn die afghanische Armee war nicht stark genug, um die Briten ernsthaft herauszufordern, und die wiederum waren noch vom Ersten Weltkrieg kriegsmüde. Die Friedensverhandlungen verliefen erfolgreich und Afghanistan erlangte **1919 völlige Souveränität** von Britisch-Indien.

Amanullah war bestrebt, die Macht der religiösen und politischen Eliten zu beschneiden und strebte eine konstitutionelle Verfassung nach dem Vorbild von *Kemal Atatürk* in der Türkei an. Die allgemeine Schulpflicht, die Gleichberechtigung der Frauen, der Schutz von Minderheiten und die Trennung von Staat und Religion gehörten zu seinen fortschrittlichen Zielen. Auf seinen Europareisen sammelte *Amanullah* viele Ideen, führte in Kabul westliche Kleidung ein und forderte die Frauen auf, sich zu entschleiern. Die **Modernisierungsversuche** stießen auf Unverständnis, denn es handelte sich um Ideen des Herrschers, die nur von wenigen Intellektuellen in seinem Umfeld mitgetragen wurden. Das gemeine Volk und seine traditionelle Einstellung wurden bei der Entwicklung und Umsetzung der fortschrittlichen Modelle nicht berücksichtigt. *Amanullahs* politische Entscheidungen wurden zwar von der *Loya Djirga* (Große Ratsversammlung) abgesegnet, doch die Teilnehmer waren schockiert. Besonders die **Frauenpolitik** stieß auf Widerstand, weil sie die traditionelle Gesellschaftsordnung in Frage stellte. Der König konnte nicht mehr als „Hüter der Religion" akzeptiert werden. Aufgewiegelt von den religiösen Führern erhob sich der pashtunische Stamm der Shinwari und löste einen Volksaufstand aus. *Amanullah* flüchtete 1929 ins Exil nach Rom – er konnte nie wieder nach Afghanistan zurückkehren.

Das entstehende Machtvakuum wurde von **Habibullah,** genannt *Bacha-e Saqqao,* „Sohn des Wasserträgers", genutzt, um sich selbst auf den Thron zu setzten. Er war eine umstrittene Führungspersönlichkeit, die von den einen als „Robin Hood", von den anderen als „Wegelagerer" angesehen wurde. Die Herrschaft lag aber nur wenige Monate in den Händen *Habibullahs,* dessen größtes Manko es war, kein Pashtune zu sein. **Nader Shah,** der aus einer Nebenlinie der traditionellen Herrscherfamilie stammte, wiegelte die Stämme gegen den Tadschiken auf und stürzte ihn vom Thron. Nach nur neun Monaten regierte somit im Jahr 1930 wieder ein Pashtune das Land. *Nadir Shah* wusste, dass ein afghanischer Herrscher von dem Wohlwollen der verschiedenen religiösen und politischen Führer abhing, und versuchte in seiner dreijährigen Regierungszeit, diese Menschen eng an sich zu binden. Er bevorzugte die Pashtunen und erhob die *Loya Djirga,* durch die er zum neuen Führer gewählt worden war, zur höchsten rechtlichen und politischen Instanz. Die *Scharia* (das islamische Religionsgesetz) stellte die allgemeingültige Rechtsordnung in dem islamischen Staat Afghanistan dar. Nach der Ermordung *Nadir Shahs,* der in Streitigkeiten mit dem anderen Zweig der Königsfamilie, zu der *Amanullah* gehört hatte, verwickelt war, folgte ihm sein Sohn **Zahir Shah** auf den Thron. Da er noch sehr jung war, führten seine Onkel und schließlich sein Vetter **Muhammad Daud Khan** die Regierungsgeschäfte bis 1963. Die Herrschaftszeit König *Zahir Shahs,* die insgesamt von 1933 bis 1973 dauerte, bescherte Afghanistan eine lange Periode relativer Ruhe und Stabilität. Der König hatte aus den Misserfolgen *Amanullahs* gelernt und betrieb eine vorsichtige und **gemäßigte Modernisierung.**

Krieg am Hindukusch

Blut kann nicht mit Blut ausgewaschen werden.
(Afghanisches Sprichwort)

In den letzten Jahren von *Zahir Shahs* Herrschaft hatte sich der **sowjetische Einfluss** stark ausgebreitet. In Kabul und anderen Städten entstanden Eliten, die in der damaligen UdSSR und in westlichen Ländern ausgebildet worden waren. Das Scheitern der Demokratisierungsbestrebungen der Regierung führte zu Unzufriedenheit und schließlich Ende der 1960er Jahre zu einer Bereitschaft von Teilen der Bevölkerung, politische Veränderungen zu unterstützen. Die Dürreperiode zwischen 1969 und 1972 und die dadurch ausgelösten Hungersnöte forderte 100.000 Opfer unter der Landbevölkerung. Die Minister des Königs versagten und ließen das Volk im Stich. Im **linken politischen Spektrum** entstand die Demokratische Volkspartei Afghanistans (DVPA) mit ihren Flügeln *Parcham* (Banner) und *Khalq* (Volk). In der **rechten politischen Szene** erfuhren radikale muslimische Organisationen starken Zulauf.

1973 erfolgte der Putsch durch den Vetter des Königs, **Muhammad Daud:** Er verkündete das Ende der Monarchie und rief die **Republik Afghanistan** aus. Erklärtes Ziel war eine grundlegende Reform der Gesellschaft, die Zerschlagung des Feudalismus und eine Umverteilung des Landes. Gleichzeitig wurde dem Analphabetismus der Kampf angesagt und versucht, den geistlichen Führern das Herrschaftswissen zu entreißen. Die gesellschaftliche Stellung der Frau wurde verbessert und Ausbildungs- und Berufschancen geschaffen. Afghanistan sollte ein **moderner Staat mit so-**

zialistischen Vorzeichen werden. Gleichzeitig formierten sich aber islamistische Gruppierungen. Sie agierten aus dem Untergrund und versuchten, in allen relevanten Bereichen der Gesellschaft geheime Zellen zu organisieren. In der Zeit nach dem Putsch überschlugen sich die Ereignisse. *Muhammad Dauds* eigener Sturz sollte durch die Uneinigkeit zwischen den beiden Flügeln der DVPA verursacht werden. Der Chefideologe des gemäßigten Parcham-Flügels, *Mir Akbar Khyber,* wurde ermordet, woraufhin es auf seiner Beerdigung zu Massendemonstrationen kam. *Daud* erkannte, dass die Partei, deren Mitglieder zunächst zu seinen strategischen Verbündeten zählten, zu einer Bedrohung für die bestehenden Machtverhältnisse geworden war. Im April 1978 ließ er führende Parteimitglieder verhaften. Am nächsten Tag schon erfolgte der Gegenschlag in Gestalt der **April-Revolution.** *Daud* wurde mitsamt seiner Familie ermordet; insgesamt soll der Putsch 2000 Menschenleben gefordert haben.

Muhammad Taraki nahm nun die Position des Präsidenten ein und proklamierte die **Demokratische Republik Afghanistan.** *Babrak Karmal* und *Hafizullah Amin* wurden zu Vizepräsidenten ernannt. Zunächst waren die Kräfteverhältnisse zwischen den beiden Parteiflügeln ausgeglichen, aber dann setzte sich *Khalq* durch, der für radikalen Umbruch stand und dem der Kommunismus der UdSSR als Vorbild diente. *Parcham* bevorzugte den gemäßigten Wandel, konnte sich aber nicht gegen den aggressiveren Flügel behaupten. Es folgte eine Zeit der Reformen, Repressionen und Rebellionen. Das erbarmungslose Regime, das keine stabile Basis im Volk hatte, forderte viele Opfer, um seine Macht zu erhalten. 1978 wurde ein **Kooperationsvertrag mit der Sowjetunion** geschlossen, um die Herrschaft *Tarakis* aufrechtzuerhalten und 5000 politische und militärische Berater wurden nach Afghanistan geschickt. Noch bevor der Einmarsch der sowjetischen Armee im Winter 1979 erfolgte, hatte sich *Hafizullah Amin* an die Regierungsspitze gesetzt und *Taraki* umgebracht. Er selbst wurde während der Auseinandersetzungen beim **Einzug der Sowjets** in Kabul erschossen. *Babrak Karmal,* der inzwischen als Botschafter in Prag tätig war, kehrte nach Kabul zurück und übernahm die Regierungsgeschäfte. 1986 wurde er von **Muhammad Nadjibullah** abgelöst. Der moskautreue Chef des afghanischen Geheimdienstes wurde von *Michael Gorbatschow* eingesetzt, der von 1985 bis 1991 Generalsekretär des Zentralkomitees der Kommunistischen Partei der Sowjetunion war.

Der erhoffte schnelle Erfolg der militärischen Intervention blieb aus. Die afghanische Armee schrumpfte infolge von Fahnenflucht in kurzer Zeit auf 30.000 Mann zusammen und die sowjetischen Soldaten waren nicht auf einen zermürbenden **Guerillakrieg** in gebirgigem und unwegsamem Gelände eingestellt. Der sich auflehnenden Bevölkerung sollte mit einer „Politik der verbrannten Erde" der Boden entzogen werden, Dörfer wurden bombardiert, landwirtschaftliche Flächen und Bewässerungssysteme zerstört. Die Bewohner flüchteten in die Städte oder ins Ausland. Besonders in Pakistan entstanden Hunderte von Flüchtlingslagern, in denen überwiegend Pashtunen unterkamen.

Nach dem Einmarsch der sowjetischen Truppen im Jahr 1979 formierte sich der Widerstand in Form von zahlreichen Kampfverbänden und Gruppierungen mit lokalen, religiösen und politischen Führern an der Spitze. Im pakistanischen Exil wurden sie unterstützt, ausgerüstet und trainiert, denn die USA beteiligten sich zwar nicht direkt an den Kampfhandlungen, finanzierten aber massiv den **Widerstandskampf.** Die Belebung der Widerstandsideologie mit Begriffen wie „das Erbe Afghanistans bewahren" und „die Ungläubigen aus dem Land vertreiben" erwies sich als erfolgreich. Mit diesen Konzepten, die schon gegen die Briten eingesetzt worden waren, wurde das Volk jetzt gegen die Kommunisten mobilisiert. Die sowjetischen Besatzer, aber auch die Parteimitglieder und die afghanischen Regierungstruppen wurden als Ungläubige bezeichnet, weil sie kommunistische Ziele verfolgten bzw. mit kommunistischen Kräften zusammenarbeiteten, und man rief erneut zum **Djihad** gegen die Feinde Afghanistans auf. In diesen Jahren entstand – ausgehend von den pashtunischen Flüchtlingen in Pakistan, die unter dem Einfluss radikaler Islamisten standen – ein „pashtunisierter Islam", der Elemente der Stammesgesetze enthielt und zur Grundlage für die religiösen Vorstellungen der Taliban wurde.

Der **Islamismus** (islamischer Fundamentalismus) ist ein Gegenentwurf zu der westlichen Moderne und ihren Ideologien. Er beinhaltet die Idee der islamischen Revolution, mit deren Hilfe die Stellung der Muslime im Weltgefüge verändert und die Überlegenheit des Westens zerstört werden kann. Als Vorbild dient eine Form des Islam, wie er zur Zeit des Propheten gelebt wurde. Der Islamismus fordert ein System, in dem Mensch, Gesellschaft und Staat eine **islamische Einheit** bilden. Islamisten zeichnen ein Feindbild, in dem sie die westliche Welt als Verschwörer gegen den Islam verdammen.

1988 wurde in Genf ein **Friedensvertrag** geschlossen zwischen der afghanischen Regierung, Pakistan, der Sowjetunion und den USA – die Widerstandsparteien wurden nicht berücksichtigt. Nach dem Abzug der letzten sowjetischen Truppen im Februar 1989 versank Afghanistan vollends in **Anarchie.** Der Krieg gegen die Kommunisten wurde als Stellvertreterkrieg der involvierten Großmächte zunächst weitergeführt und entwickelte sich dann zum innerstaatlichen Konflikt. Die UdSSR finanzierte die Regierungstruppen, die USA und Saudi-Arabien den Widerstand, der pakistanische Geheimdienst ISI (Inter Services Intelligence) trainierte und organisierte die Gruppierungen.

Im Januar 1992 verständigten sich **UdSSR und USA** darauf, sämtliche Unterstützung einzustellen, woraufhin die letzten regierungstreuen Milizen auf die Seite der Widerstandsparteien wechselten. Das kommunistische Regime und die DVPA hatten sich unter Präsident *Najibullah* mit sowjetischer Unterstützung am Leben halten können, nach seiner Absetzung zerfielen diese Strukturen. Mit der Aufgabe des vierten Präsidenten der Afghanischen Demokratischen Volksrepublik, *Najibullah,* der immer als sowjetischer Statthalter bezeichnet worden war, verschwand im Jahr 1992 der gemeinsame Feind, der den Djihad gerechtfertigt und die verschiedenen Gruppierungen bislang geeint hatte. **Machtpolitische Einzelinteressen und persönliche Rivalitäten** traten in den Vordergrund und bestimmten fortan die afghanische Politik. Blutige Konflikte um Einfluss und Ressourcen schufen eine Atmosphäre der Gewalttätigkeit und Unsicherheit. Das Land zerfiel in unzählige Kriegsfürstentümer und prominente Führer von Widerstandsbewegungen wie *Ismael Khan* und *Ahmed Shah Masud* schufen in Herat und im Pandjir-Tal regelrechte unabhängige Kleinstaaten mit eigenen Verwaltungen und Privatarmeen. Auch die schiitischen *Hazara* hatten sich in Zentralafghanistan vom Rest des Landes abgekoppelt und verwalteten sich selbst. Zu den einflussreichsten Parteien

Alte Kampfstellung der Mudjaheddin in Gardez, Provinz Paktia

in der Zeit des Widerstands gehörte die Hezb-e Jamiat-e Islami (Partei der Islamischen Versammlung), die von dem Tadjiken *Burhanuddin Rabbani* gegründet worden war, dem späteren Präsidenten der „Islamischen Republik Afghanistan". Die Parteimitglieder waren überwiegend Sunniten und stammten aus allen ethnischen Gruppen Afghanistans. Die Hezb-e Islami (Partei des Islam) wurde von *Gulbuddin Hekmatyar* im pakistanischen Exil ins Leben gerufen; in ihr sammelten sich mehrheitlich sunnitische Pashtunen. In den 1990er Jahren wurde diese Partei sehr stark von Pakistan und den USA unterstützt. Die Hezb-e Wahdat-e Islami (Partei der Islamischen Einheit) konnte ihre Macht in Zentralafghanistan bei den schiitischen Hazara-Gruppen etablieren. Bei dieser Partei unter Führung von *Abdul Ali Mazari* handelte es sich um ein vom Iran unterstütztes Bündnis schiitischer Kräfte. Seit Anfang 1995 war sie unter dem Vorsitz von *Karim Khalili*. Der usbekische Kriegsherrr *Abdul Rashid Dostum* wandelte seine Milizen in Nordafghanistan in eine als Jombesh-e Melli (Islamische Volksbefreiung) bezeichnete Partei um. Seine Macht stützte sich auf die usbekische Minderheit im Norden Afghanistans. Er wurde als besonders rücksichtsloser Warlord bekannt, der nacheinander Bündnisse mit fast allen anderen mächtigen Gruppierungen einging.

Ständig wechselnde Allianzen kennzeichneten die Politik der einzelnen Parteien und **Mudjaheddin-Gruppierungen** (die Kämpfer der Widerstandsgruppen nannten sich Mudjaheddin und machten damit deutlich, dass sie ihre Religion verteidigten) und keine davon hatte eine Strategie zur politischen Neugestaltung Afghanistans parat. Ehemalige Widerstandsführer bezeichneten sich nun gegenseitig als „Ungläubige". Rivalitäten zwischen den beiden bedeutenden Führern *Ahmed Shah Masud* und *Gulbuddin Hekmatyar* bestimmten die **Regierungsübernahme der Widerstandsparteien** im Jahr 1992 und förderten den Bürgerkrieg. Unter hohem zeitlichen Druck hatten die Parteien in Peshawar beschlossen, zu-

Ein Kriegsversehrter

nächst eine Übergangsregierung zu bilden, um das entstandene Macht-vakuum zu füllen. Später sollten alle Kriegsfraktionen in einer Regierung zusammengeführt werden, aber der Versuch scheiterte kläglich. Der erste Präsident der „Islamischen Republik Afghanistan" wurde im April 1992 *Sebqatullah Mojaddedi*. Nach nur zwei Monaten wurde er von *Burhanuddin Rabbani* abgelöst. *Masud* übernahm den Posten des Verteidigungsministers in der Übergangsregierung unter Präsident *Rabbani*. *Hekmatyar* wurde vom pakistanischen Geheimdienst aufgebaut, um die politischen und wirtschaftlichen Interessen Pakistans und der USA zu vertreten.

Millionen von Menschen waren während des Krieges in die Nachbarländer oder in das entfernte Ausland geflohen und auch innerhalb des Landes fanden **große Flüchtlingsbewegungen** statt. Mitte der 1980er Jahre soll sich jeder zweite der 15 Millionen Afghanen auf der Flucht befunden haben. Nach dem Abzug der Sowjets waren viele Menschen so verunsichert, dass sie nicht in die Heimat zurückkehrten – im Gegenteil, noch mehr Afghanen traten die Flucht an. Der Bürgerkrieg breitete sich von Kabul bis in die Provinzen aus. Bei Machtübernahme der Taliban im Jahr 1996 war Kabul durch die Flüchtlingsbewegungen regelrecht entvölkert. Der Widerstand gegen die Kommunisten war als Angelegenheit der *Umma*, der Gemeinschaft der Gläubigen, angesehen worden und viele islamische Länder hatten materielle und personelle Unterstützung geschickt. Die Machtkämpfe der ehemaligen Mudjaheddin brachten den in Afghanistan praktizierten Islam in Misskredit, da nach der Vertreibung der Ungläubigen nicht die erwartete Einigung der im Namen des Islam kämpfenden Gruppierungen erfolgte, sondern persönliche und machtpolitische Belange in den Vordergrund traten.

Die Taliban-Herrschaft und ihr Fall

Beauftrage nicht den Wolf, die Schafe sicher zu hüten.
(Afghanisches Sprichwort)

Die **Taliban** formierten sich als Gruppe islamisch-sunnitischer Fundamentalisten, deren Anführer und viele Mitglieder in Religionsschulen in Pakistan ausgebildet worden waren. Auch ehemalige Widerstandskämpfer wandelten sich zu Taliban. Ihre politische und militärische Entwicklung, die 1993 begann, wurde von Pakistan finanziell und materiell unterstützt. In Afghanistan traten sie zum ersten Mal 1994 in Erscheinung und stellten in der chaotischen politischen Situation eine Verbesserung der Sicherheitslage und den lang ersehnten Frieden in Aussicht. Der Begriff „Talib" bezeichnet einen Koranschüler, der zu einem Geistlichen ausgebildet werden kann.

Die Taliban appellierten an alle afghanischen Muslime, gemeinsam einen **wahrhaft islamischen Staat** zu schaffen und gemäß den religiösen Gesetzen und Vorschriften zu leben. Pakistan und Saudi-Arabien unterstützten die Bewegung militärisch, logistisch und auch ideologisch, weil sie sich davon wieder einen größeren Einfluss in Afghanistan versprachen. Dazu kamen amerikanische Wirtschaftsinteressen an den fossilen Energieressourcen (Öl und Gas) in Turkmenistan und am Bau einer Pipeline durch Afghanistan zum pakistanischen Hafen Gwadar. Voraussetzung für dieses Vorhaben war aber ein friedliches und stabiles Afghanistan.

Die Taliban rekrutierten ihre Gefolgsleute in den **Flüchtlingslagern** im pakistanischen Grenzgebiet und in den ultra-orthodoxen **Koranschulen** der konservativen Provinz. Viele der afghanischen Flüchtlinge und in Koranschulen aufgewachsenen Waisenkinder, desorientiert und perspektivlos, waren empfänglich für die Vorstellungen der Taliban. Besonders in Peshawar und Quetta, der Hauptstadt der pakistanischen Provinz Beluchistan, lebte eine bunte Schar von Geheimdienstleuten und Gotteskriegern aus aller Welt, die Afghanistans Geschicke mitbestimmen wollten. Ein prominentes „Mitglied der Gemeinde" war *Osama bin Laden,* der Chef des Terrornetzwerks Al Qaida, der die Taliban logistisch und finanziell unterstützte.

Einige der Taliban waren zusätzlich zu Mullahs (Dorfgeistlichen) ausgebildet worden und teilten militante islamistische Vorstellungen. Sie versuchten, einen **Islam pashtunischer Prägung** umzusetzen, der auch gekennzeichnet war durch Unsicherheit gegenüber dem modernen städtischen Umfeld, in dem ihre Werte der **ländlichen Stammesgesellschaft** nicht mehr griffen. Einige von ihnen waren in der Vergangenheit selbst Mudjaheddin gewesen oder hatten sogar für die Kommunisten gekämpft, bevor sie „bekehrt" wurden.

Im Herbst des Jahres 1994 breiteten sich die Taliban im Süden Afghanistans aus. Sie traten zuerst im Stammesgebiet der Durrani-Pashtunen auf, unter denen sie schnell viele Mitstreiter fanden, weil die Taliban-Bewegung als Gelegenheit angesehen wurde, den eigenen Machtbereich wieder zu vergrößern. Die pashtunischen Gebiete im Osten und Süden des Landes wurden widerstandslos erobert und da, wo es Schwierigkeiten gab, wurde mit Bestechungsgeldern nachgeholfen. Schon im Jahr darauf dehnten die Taliban ihre Herrschaft auch nach Norden und Westen aus und konnten Ende 1995 Herat einnehmen.

In anderen Regionen des Landes setzten sich die Kriegsherren vehement zur Wehr. Die vier stärksten **Gegner** waren *Gulbuddin Hekmatyar,* der Anführer der Partei Hezb-e Islami, *Abdul Ali Masari,* wichtigster Mann der Hezb-e Wahdat-Partei, die mehrere Hazara-Gruppen vereinte, *Ismael Khan,* der Machthaber in Herat, und *Ahmed Shah Masud,* der für Präsident *Rabbani* kämpfte. Die einzelnen Gruppen waren letztendlich aber doch zu schwach, um die Taliban aufzuhalten.

Im September 1996 **nahmen die Taliban Kabul ein.** Sie holten *Nadjibullah* (Afghanistans Präsident zwischen 1986 und 1992) aus dem UNO-Hauptquartier, in dem er Asyl gefunden hatte, und richteten ihn öffentlich hin. Nur einen Monat später wurde die **Nordallianz** gegründet – Widerstandsparteien, die sich bis 1996 gegenseitig bekämpft hatten, schlossen sich zu einem Bündnis gegen die Taliban zusammen. *Hekmatyar* und *Ismael Khan* blieben der Nordallianz fern, dafür wurde aber der Kriegsherr *Dostum* Mitglied, dessen Herrschaftsbereich sich im Norden des Landes erstreckte. 1997 waren das Pandjir-Tal und Teile der Provinz Badakhshan die einzigen Gebiete Afghanistans, die nicht von den Taliban kontrolliert wurden.

Rigoros umgesetzte islamische Regeln, drakonische Strafen und eine Kontrolle des Alltags prägten den Charakter des Taliban-Regimes. Der Anführer der Bewegung, **Mullah Muhammad Omar,** strebte nach der Umsetzung der *Scharia,* des islamischen Rechtssystems. Unter der rücksichtslosen **Gewaltherrschaft der Taliban** mussten besonders Mädchen und Frauen leiden, die völlig aus dem öffentlichen Leben verdrängt wurden und weder die Schule besuchen noch ihren Berufen nachgehen durften. Bildungs- und Gesundheitssysteme brachen zusammen und weder wurde ein wirtschaftliches Konzept entwickelt noch konnte die lang ersehnte Ruhe und Ordnung hergestellt werden. Die einzigen Geldquellen waren die Unterstützungen sympathisierender Länder wie Pakistan und Saudi-Arabien und der Drogenanbau. Afghanistan entwickelte sich zum **wichtigsten Drogenstaat der Welt.**

Afghanistan wurde zur Drehscheibe unterschiedlichster militanter Islamistenorganisationen und auch das **Terror-Netzwerk Al Qaida** fand hier Unterschlupf. Schon im Jahr 1998 waren die USA auf **Osama bin Laden** aufmerksam geworden, denn er wurde als mutmaßlicher Drahtzieher der Anschläge auf die **US-Botschaften** in Nairobi und Daressalam angesehen. Dem Saudi *Osama bin Laden* wurde in der Zeit der Taliban-Herrschaft in Afghanistan Asyl gewährt. Daraufhin führten US-amerikanische Streitkräfte Vergeltungsschläge in Form von Raketenangriffen auf vermeintliche Al Qaida-Ausbildungslager in Ostafghanistan durch.

Am 9. September 2001 fiel der prominente Führer der Nordallianz, **Ahmed Shah Masud,** einem terroristischen Anschlag der Al Qaida zum Opfer. Zwei Tage später, am **11. September 2001,** wurden die Anschläge auf

das World Trade Center in New York und das Pentagon durchgeführt – diese Ereignisse zogen eine Wende der politischen Situation in Afghanistan nach sich.

Als man erkannte, dass *Osama bin Laden* und das Al Qaida-Netzwerk hinter den Anschlägen steckten, forderte die amerikanische Regierung die sofortige **Auslieferung des Drahtziehers.** Die Taliban weigerten sich, *bin Laden* auszuliefern. In den darauffolgenden Wochen wurde auf Initiative der USA das **Bündnis gegen den Terrorismus** gebildet, es umfasste die NATO-Mitgliedstaaten, Russland, Saudi-Arabien und Pakistan. Während die **Nordallianz** versuchte, die Kampflinien der Taliban von Norden her aufzubrechen, bombardierte das Bündnis am 7. Oktober 2001 die ersten Stellungen der Taliban. Die militärischen Operationen wurden durch das bereits seit Beginn des afghanisch-sowjetischen Krieges bestehende CIA-Netzwerk im Land erleichtert. Zusätzliche Spezialeinheiten versuchten, die Kommunikationsstruktur der Taliban am Boden zu zerstören. Aufgrund der militärischen Intervention des „Bündnisses gegen den Terrorismus" und der kämpferischen Erfolge der Nordallianz **fiel das Taliban-Regime noch vor der Jahreswende 2001/2002.** Bereits am 13. November zogen sich die Taliban aus Kabul zurück, am 25. November 2001 mussten

Das Mausoleum des „Freiheitskämpfers" Ahmed Shah Masud

sie eine ihrer letzten Hochburgen, die Stadt Kunduz, kampflos der Nord-allianz übergeben. Als auch ihre Schaltzentrale Kandahar nicht mehr zu halten war, verschwanden die letzten Kämpfer der Taliban in die Grenzre-gion zu Pakistan oder zogen sich in die unzugänglichen südlichen Lan-desteile zurück. Die Kämpfe gegen versprengte Taliban-Gruppen im af-ghanisch-pakistanischen Grenzland wurden fortgesetzt, wie beispielswei-se die „Operation Anaconda" um Tora Bora – einige dauern bis heute an.

Die Taliban wurden vertrieben, formieren sich aber inzwischen neu – noch kann ein schwieriges Kapitel der afghanischen Geschichte nicht ge-schlossen werden.

LICHT AM HORIZONT –
WIEDERAUFBAU UND STAATSBILDUNG

Der Weg zum Frieden

Noch bevor die letzte Hochburg der Taliban im Dezember 2001 in Kandahar gefallen war, bemühten sich Afghanen und die internationale Gemeinschaft das Machtvakuum in Kabul zu füllen und die Grundlagen für den **Aufbau einer Übergangsregierung** zu legen. Der UN-Sonderbotschafter für Afghanistan, *Lakhdar Brahimi,* rief mehrere politische Gruppen zusammen, die für sich in Anspruch nahmen, die afghanische Bevölkerung zu repräsentieren. Die Übergänge zwischen diesen Gruppen waren zum Teil fließend, einige Führungspersönlichkeiten hatten die Zugehörigkeiten mehrfach gewechselt.

Die **Nordallianz** kann als loses Bündnis verschiedener Mudjaheddin-Parteien und einzelner Warlords mit ihren Kampfverbänden verstanden werden. Der prominenteste Vertreter der Nordallianz, *Ahmed Shah Masud,* der „Löwe vom Panjshir-Tal", wird auch heute noch von vielen Afghanen als Held verehrt. Sein Grabmal im Panjshir-Tal ist zu einer Pilgerstätte geworden und hat im Volksverständnis die Bedeutung eines Heiligengrabs. *Yunis Qanooni* fungierte als offizieller Vertreter der Nordallianz.

Die sogenannte **Rom-Gruppe** setzte sich aus den Royalisten um den Ex-König *Zahir Shah* zusammen, der in Rom im Exil lebte. Auch der spätere Präsident *Hamid Karzai* gehörte seit 1996 der Rom-Gruppe an. Schon 1992 hatte er unter *Rabbani* das Amt des stellvertretenden Außenministers bekleidet. Er unterstützte die Taliban-Bewegung in ihren Anfangsjahren, erkannte aber schnell, dass er sich mit ihren politisch-religiösen Zielen nicht identifizieren konnte.

Die **Zypern-Gruppe,** die ihren Namen aufgrund ihrer gelegentlichen Treffen auf Zypern erhalten hatte, bestand aus Politikern, von denen einige dem Iran nahe standen. Ein Vertreter dieser Gruppe war ein Verwandter von *Gulbuddin Hekmatyar.*

Die vierte Gruppe war erst wenige Tage zuvor in Peshawar gegründet worden – nach dieser Stadt wurde sie auch benannt – und enthielt die Anhängerschaft *Pir Gailanis,* der im antisowjetischen Widerstand eine Mudjaheddin-Partei angeführt hatte. *Gailanis* Familie stammt von einem sufischen Ordensgründer und Heiligen ab, er gehört zu den traditionellen und einflussreichen Würdenträgern Afghanistans. Die **Peshawar-Gruppe** sollte auch die Interessen Pakistans vertreten.

Diese politischen Gruppen und internationale Vertreter fanden sich unter der Leitung des UN-Sonderbotschafters vom 27. November bis zum 5. Dezember 2001 auf dem Petersberg bei Bonn zusammen. Es wurde ein provisorischer Zeitplan für den Wiederaufbau Afghanistans ausgearbeitet und *Hamid Karzai* wurde zum Übergangspräsidenten ernannt. Gleichzeitig wurde in Kabul die **International Security Assistance Force (ISAF)** mit 5000 Soldaten eingesetzt, um die Regierung und den Staatsaufbau zu schützen.

An der **außerordentlichen Nationalversammlung,** der „Notstands-Loya Djirga", die im Juni 2002 in Kabul stattfand, nahmen 1600 Repräsentanten aus allen Provinzen teil. Gemeinsam wollten sie die Zusammensetzung der Übergangsregierung festlegen. Die **Loya Djirga** ist ein traditionelles Modell der Entscheidungsfindung auf höchster Ebene, das bei vielen Afghanen positive Assoziationen und Emotionen hervorruft. Der Exmonarch *Zahir Shah* griff die Idee der „Verfassungsgebenden Versammlung" von 1964 auf und arbeitete einen Entwurf für das „Petersberger Abkommen" vom Dezember 2001 aus. Die außerordentliche Nationalver-

sammlung sollte der erste Schritt zum Wiederaufbau staatlicher Strukturen und zur Einführung der Demokratie sein. Der Einfluss der regionalen Warlords, der bis in die Hauptstadt hineinreicht, wurde bei der Ratsversammlung besonders deutlich. Die Volksvertreter sollten eigentlich aus freien Wahlen hervorgehen, aber in vielen Fällen setzten die lokalen Machthaber ihre Favoriten eigenmächtig durch. Es heißt, dass durch Bestechungen und Drohungen mehr Entscheidungen hinter verschlossenen Türen getroffen wurden als im Plenum des imposanten Versammlungszeltes. Den Delegierten blieb oft keine andere Wahl, als vorformulierten Beschlüssen zuzustimmen. Aber auch die Vereinten Nationen und die USA übten starken Einfluss durch ihren Sondergesandten *Zalmay Khalilzad* aus. Sie verhalfen *Hamid Karzai* zur Übergangspräsidentschaft, indem sie die Konkurrenten, zu denen auch *Rabbani* gehörte, zur Aufgabe bewegten.

Die **afghanische Verfassung** wurde in einer zweiten Nationalversammlung, die als „Verfassungsgebende-Loya Djirga" bekannt ist, am 4. Januar 2004 verabschiedet. Der Präsident hat das Recht, in dringenden Fällen, wie z. B. bei bevorstehenden Verfassungsänderungen, die *Loya Djirga* als außerordentliche Form der Nationalversammlung einzuberufen. Sie setzt sich aus Mitgliedern beider Kammern des Parlaments und den Vorsitzenden der Provinz- und Bezirksräte zusammen.

Afghanistan bezeichnet sich zwar als **Islamische Republik,** doch Präsident *Karzai* vertritt ein moderates islamisches Politikverständnis. Politisches Handeln soll sich an den Grundsätzen des Islam orientieren, aber kein Herrschaftssystem der Religionsgelehrten darstellen. *Karzais* Ziel ist es, ein parlamentarisch-demokratisches System nach westlichem Vorbild aufzubauen.

Die **Regierung** umfasste zunächst ein breites Spektrum von traditionellen Führern, Warlords, Islamisten und Technokraten, das sich überwiegend aus im Ausland geschulten Exil-Afghanen zusammensetzte. In den Schlüsselpositionen der staatlichen Verwaltung saßen Vertreter der Nordallianz, die aber im Laufe der Jahre von meist pashtunischen **Exil-Afghanen** ersetzt wurden, die den Wiederaufbau vorantrieben und sich der Internationalen Gemeinschaft als qualifizierte Ansprechpartner anboten. Viele dieser Afghanen werden von der Bevölkerung als „Ausländer" wahrgenommen. In dem neuen Kabinett vom Dezember 2004 stammt nur noch Außenminister *Abdullah Abdullah* aus der *Pandjiri*-Gruppe, die einst von *Ahmed Shah Masud* angeführt wurde. Die Mehrheit wird inzwischen von Technokraten gebildet, aber auch einflussreiche Warlords wie *Ismael Khan* und *Abdur Rashid Dostum* gehören dem Kabinett an.

Die Übernahme eines Regierungsamtes ist nicht ohne Risiko: Seit 2002 fielen drei Minister Anschlägen zum Opfer. Auch unliebsame Gouverneure und einflussreiche Vertreter aus dem Polizeiapparat wurden umgebracht.

Die auf den **Geberkonferenzen** (an denen Staaten teilnahmen, die sich finanziell am Wiederaufbau Afghanistans beteiligen wollten) in **Tokio** (Januar 2002) und **Berlin** (April 2004) bis zum Jahr 2007 zugesagten Mittel von insgesamt 12,7 Milliarden Dollar fließen überwiegend direkt in Beratungs- und Investitionsprojekte und nicht in den Haushalt der afghanischen Regierung. Für die Finanzierung des Entwicklungsprogramms und eines Großteils ihrer laufenden Kosten wird die afghanische Regierung, auch angesichts ihrer extrem geringen Steuereinnahmen, noch sehr lange Zeit auf umfangreiche internationale Hilfe angewiesen sein. Der Haushalt ist zwar entwicklungsorientiert, aber nicht ausreichend groß, um den enormen Investitionsbedarf in soziale und wirtschaftliche Infrastruktur zu decken. Die Geberzusagen für solche Investitionen bleiben weit hinter dem tatsächlich Notwendigen zurück.

Am 31. Januar und 1. Februar 2006 fand die **London Conference on Afghanistan** in Großbritannien statt. 66 Staaten und 15 internationale Organisationen nahmen an dieser Konferenz teil, den Vorsitz teilten sich der britische Premierminister *Tony Blair,* der afghanische Präsident *Hamid Karzai* und der damalige UN-Generalsekretär *Kofi Annan*. Ein Schwerpunkt war die ausführliche Darstellung der Entwicklungsziele und -schritte für die nächsten fünf Jahre durch die afghanische Regierung, ein anderer der Kampf gegen den Drogenanbau.

Die gewaltsamen **inneren Konflikte und Auseinandersetzungen** setzten sich auch in den Jahren des Wiederaufbaus und der Neugestaltung des Staates fort. Die von den Taliban vertriebenen Lokalfürsten eroberten alte Machtgebiete zurück und zeigten kein Interesse daran, sich in die neue staatliche Ordnung zu integrieren oder sich kontrollieren zu lassen. Sie festigten ihre Herrschaftsbereiche mit Geldern aus dem illegalen Grenz- und Drogenhandel, trieben Raubbau an den letzten vorhandenen natürlichen Ressourcen des Landes, verkauften „Sicherheit" und kassierten Schutzzölle. Die Privatarmeen der **Warlords** stellen auch heute noch ein großes Problem dar, denn mit ihrer Hilfe werden immer wieder blutige Kämpfe um die Kontrolle wichtiger Überlandstraßen oder Wasserrechte geführt. Ab dem Jahresende 2002 verringerte sich die Macht der Lokalfürsten allmählich und die Kontrolle des Staates wurde mithilfe der internationalen Truppen ausgeweitet. Einige Machthaber verloren ihre Posten als Gouverneure und wurden in die Regierung eingebunden.

Der Kampf der **Al Qaida-Aktivisten** und Taliban gegen die NATO-Truppen setzt sich unvermindert fort. Die militanten Islamisten schienen in den ersten Jahren nach dem Sturz des Taliban-Regimes nachhaltig geschwächt zu sein. Sie machten zwar durch sporadische Angriffe auf sich aufmerksam, blieben aber auf die süd- und südöstlichen Provinzen beschränkt. Seit Anfang 2006 ist jedoch eine drastische **Zunahme der Angriffe** zu verzeichnen und auch **Selbstmordattentate** gehören jetzt zu den fast „alltäglichen" Vorkommnissen. Sie sind nicht mehr auf den Süden des Landes beschränkt, auch Kabul und der bislang als relativ sicher geltende Norden sind jetzt betroffen. Überfälle, Entführungen und Selbstmordanschläge verbreiten eine Stimmung der Unsicherheit und Angst. Ziele sind Regierungsvertreter, Einrichtungen der NATO-Truppen, Mitarbeiter internationaler Organisationen – aber auch moderne und mutige Afghanen, die als Gefahr für die bestehende konservative Gesellschaft oder als Kollaborateure angesehen werden. Erste internationale Organisationen stellten ihre Tätigkeiten nach den letzten Anschlägen ein. Im Sommer 2006 kam es in den Südprovinzen Kandahar und Helmand zu den bisher schwersten Kämpfen zwischen internationalen Truppen und Taliban, die mehrere Tausend Todesopfer forderten. Prominente Führer wie *Osama bin Laden* oder *Mullah Omar* bleiben aber bis heute unauffindbar.

In einigen südlichen und südöstlichen Regionen des Landes haben die gewaltsamen Auseinandersetzungen wieder **Kriegscharakter** angenommen. Taliban-Gruppen, die sich in Pakistan und im Grenzgebiet stärken und neu formieren, dehnen ihren Einfluss schnell aus und haben einige kleinere Gebiete wieder unter ihre Kontrolle bringen können. Die blutigen Kämpfe im afghanisch-pakistanischen Grenzland haben die Beziehungen

012af Foto: st

zwischen beiden Ländern erheblich verschlechtert. Der Terror durch extremistische Gruppen und der erneute Einfluss der Taliban verbreiten Angst und Schrecken unter der Bevölkerung. Die Erinnerung an die Repressalien und die Unfreiheit unter der Taliban-Herrschaft sind noch frisch. Es wird auch Druck auf junge Männer ausgeübt, sich der Bewegung anzuschließen und in den Kampf zu ziehen. Andererseits werden die Taliban in einigen Landesteilen bereits wieder als **Befreier** angesehen, da sie die lokalen Machthaber kontrollieren und die oftmals unberechenbare Sicherheitslage stabilisieren. Sie werden von extremistischen Truppen des ehemaligen Mudjaheddin-Führers *Gulbuddin Hekmatyar* und radikal-islamischen Gruppen nichtafghanischen Ursprungs unterstützt, die über die pakistanisch-afghanische Grenze ins Land gelangen.

Die Mehrheit der Bevölkerung in den ländlichen Gebieten fühlt sich vernachlässigt und vom Entwicklungsgeschehen ausgeschlossen. Sie schenken den Politikern und ihren Versprechungen keinen Glauben, denn die Lebensbedingungen haben sich in den Jahren des Wiederaufbaus nicht verbessert. Zu viele Menschen sind arbeitslos und leben am Rande des Existenzminimums. Der **Drogenanbau** ist oft die einzige Möglichkeit, den Lebensunterhalt für ihre Familien zu bestreiten. Ähnlich lukrative Alterna-

Patrouille der deutschen ISAF-Schutztruppe

tiven gibt es nicht, außerdem wird die Landbevölkerung oft zusätzlich unter Druck gesetzt und zum Drogenanbau genötigt, weil lokale Machthaber – und vermutlich auch die Taliban – die Drogengelder zur Finanzierung ihrer eigenen Interessen benötigen.

Zu der negativen Einstellung dem eigenen Staat gegenüber kommt die Ablehnung der **fremden Mächte im Land.** Besonders das Vorgehen der überwiegend amerikanischen Truppen im Osten und Süden des Landes, das durch Rücksichtslosigkeit und kulturell unangepasstes Verhalten gekennzeichnet ist, schürt den Unmut der Einheimischen. Die Verluste unter der Zivilbevölkerung und immer wieder neue internationale Skandale wie die Folterungen und Erniedrigungen im Gefängnis Abu Ghraib im Irak oder Koranschändungen in Guantanamo tragen zu der negativen Stimmung bei. Zu Verwirrung und Unsicherheit bei der Bevölkerung führt auch die US-amerikanische Praxis der schnell wechselnden Koalitionen mit „nützlichen" Kommandanten und das „Ankaufen von Informationen". Letzteres wird von einzelnen Kommandanten auch missbraucht, um unliebsame Gegner und Rivalen durch Denunzierungen aus dem Weg zu schaffen. Die internationalen Truppen werden als **Besatzer** gesehen, die dem Land mehr Schaden zufügen als Nutzen bringen. Die frustrierten und unzufriedenen Menschen sind leicht zu beeinflussen und der Unmut dehnt sich von den Besatzern auf alle Ausländer aus, „die ihre unmoralische Lebensweise nach Afghanistan bringen" und zudem noch die „Hilfsgelder für ihre eigenen hohen Gehälter und großen Autos verbrauchen". Solche Gedanken von Einheimischen scheinen vonseiten der Regierung noch verstärkt zu werden, um von eigenen Versäumnissen und Unfähigkeiten abzulenken.

Hilfe zum Wiederaufbau

Über **vierzig Staaten** sind an dem Wiederaufbau und der Befriedung Afghanistans beteiligt. Die Operation *Enduring Freedom* stellt 21.000 Soldaten zum Kampf gegen Taliban und Al Qaida bereit. Die inzwischen unter NATO-Kommando stehenden ISAF-Kräfte sollen den Befriedungsprozess militärisch absichern. 3000 Soldaten der Bundeswehr sind an der Friedenssicherung beteiligt. Im Juni 2006 ging das Regionalkommando der ISAF-Truppen für Nordafghanistan an Deutschland über, zeitgleich wurde ein neues Hauptquartier in Mazar-e Sharif eingerichtet. Ein im Herbst 2002 in Afghanistan eingeführtes Konzept der US-Militärs ist von anderen truppenentsendenden Ländern übernommen worden: In verschiedenen Städten in den Provinzen werden *Provincial Reconstruction Teams* (PRT) eingerichtet, die neben Militärs auch politische Berater beschäftigen und Wiederaufbauarbeiten durchführen. Auch Deutschland unterhält mittlerweile mehrere PRTs in Afghanistan.

Noch scheint die afghanische Gesellschaft weit entfernt davon zu sein, den Entwicklungsprozess aus eigener Kraft fortsetzen zu können. Besonders die im Krieg gewachsenen Ressentiments verhindern eine harmonische Zusammenarbeit der einzelnen Gruppen und auch die verschiedenen Vorstellungen der zukünftigen politischen und gesellschaftlichen Gestaltung des Landes scheinen unvereinbar. Der **Weg zum Frieden** ist lang und beschwerlich, es sind viele Rückschritte zu erwarten und die Sicherheitslage hat sich in den Jahren 2005 und 2006 kontinuierlich verschlechtert – aber noch immer besteht Hoffnung, dass die Menschen in Afghanistan ein friedliches Leben führen und das Land nach ihren Vorstellungen gestalten können.

Kleine Schritte zur Demokratie: Freie Wahlen und ein junges Parlament

Die **ersten freien Wahlen** (im Oktober 2004) nach dem jahrzehntelangen Krieg und Bürgerkrieg in Afghanistan sorgten für einige Überraschungen. Es ließen sich über 10 Millionen Bürger als Wähler registrieren, um einen neuen Präsidenten zu bestimmen – unter ihnen 42 Prozent Frauen. Auch wenn diese Zahl aufgrund von Mehrfachregistrierungen und anderen Unregelmäßigkeiten etwas zu hoch erscheint, ist es erstaunlich, wie viele Menschen den Willen und die Motivation aufgebracht haben, das politische Geschehen mitzubestimmen.

Wer hätte gedacht, dass sich 18 Kandidaten, darunter sogar eine Frau, für das **Amt des Staatspräsidenten** bewerben würden, wo doch Afghanistan in Kreisen politischer Experten schon als im politischen Sinn gescheiterter Staat zählte? *Hamid Karzai,* am 5. Dezember 2001 auf der Bonner Petersberg-Konferenz zum Chef der Interimsregierung ernannt, galt als Spitzenkandidat – an seinem Wahlsieg zweifelten nur wenige Kenner der Szene. Er war der Bewerber mit der stärksten internationalen Unterstützung und verfügte über eine weitaus größere Bekanntheit und ein größeres Integrationsvermögen als seine Gegenkandidaten. *Karzai* ist Pashtune aus der südlichen Provinz Kandahar, wo er einer politisch aktiven Familie entstammt. Er war im Widerstandskampf gegen die sowjetischen Besatzer aktiv und bekleidete zwei Jahre lang das Amt des stellvertretenden Außenministers. Er sympathisierte zunächst mit der jungen Taliban-Bewegung, wandte sich aber der Opposition zu, als er die Verstrickungen mit dem internationalen Terrorismus erkannte. Erwartungsgemäß ging **Hamid Karzai** mit 55,4 % aller Stimmen als klarer Sieger aus den Wahlen hervor.

Die Wahlen sind überraschend positiv und unkompliziert verlaufen. Es kann schon als Erfolg gewertet werden, dass der afghanische Präsident sein Amt auf demokratischem Weg erlangt hat und nicht durch Waffengewalt. Die **Sicherheitssituation** bleibt aber weiterhin sehr schwierig und unübersichtlich. Der Entwaffnungsprozess von Milizen, das Programm „Disarmament, Demobilization and Rehabilitation" (DDR), dessen Umsetzung in der Berliner Afghanistan-Konferenz im April 2004 als oberste Priorität gefordert wurde, ist noch nicht zufriedenstellend verwirklicht. Die mangelnde Sicherheit in den Provinzen, besonders in südöstlichen wie Zabul und Uruzgan, die zur *no-go-area* geworden sind, beeinträchtigt den Zugang der Regierung und der internationalen Organisationen zur Bevölkerung. Es war z. B. weder möglich, die Menschen in diesen Regionen über die Wahlen und deren Sinn und Zweck zu informieren noch diese dann auch technisch umzusetzen.

Die Zentralregierung steht vor der schweren Aufgabe, ihren Herrschaftsradius bis hinein in die entlegenen Winkel der Provinzen zu vergrößern. Viele Gebiete werden noch immer von **einflussreichen Persönlichkeiten, Kriegsherren und Kommandanten** kontrolliert. Im Vorfeld der Wahlen wurde mit geschickten politischen Schachzügen einigen Provinzfürsten und Warlords die Macht beschnitten, um diesem Ziel näher zu kommen. Noch ist unklar, ob die „Strategie der Doppelzüngigkeit" – einerseits Demokratie und Menschenrechte zu fordern, andererseits Warlords in zentralen Regierungspositionen zu belassen – langsam ein Ende findet. Die Regierung *Karzai* hat zahlreiche Kriegsherren direkt in die Regierung eingebunden, in der Hoffnung, sie somit kontrollieren zu können. Bei der Entmachtung der Taliban hatten viele dieser politischen und militärischen Führer mit ihren Milizen und **Privatarmeen** eine wichtige Rolle gespielt, indem sie die amerikanischen Streitkräfte unterstützten. Dafür wurden sie auf vielfältige Weise belohnt, nicht zuletzt mit einflussreichen Regierungspositionen. Diese Privattruppen sollen der noch im Aufbau befindlichen regulären afghanischen Armee zahlenmäßig überlegen sein.

Afghanistan mangelt es an Erfahrung in Sachen **Demokratie.** Die ersten demokratischen Ansätze aus den 1920er und 1960er Jahren waren nicht weiterentwickelt worden. Noch ist es nicht gelungen in der kurzen Zeit seit dem Sturz der Taliban und dem Petersberger Afghanistan-Abkommen, einen umfassenden politischen Bewusstseinsbildungsprozess in Gang zu setzen. Wahrscheinlich bedarf es mindestens einer Generation, neuen Lehrplänen in den Schulen und umfassenden Alphabetisierungsprogrammen, bis auch der Landbevölkerung die demokratischen Partizipationsmöglichkeiten und ihre verfassungsmäßigen Rechte und Pflichten vermittelt werden können. Die beiden *Loya Djirgas,* die großen Ratsversamm-lungen zur Bestätigung des Übergangspräsidenten und der Übergangsre-gierung im Juni 2002 und die verfassungsgebende Versammlung im De-zember 2003 und Januar 2004 waren erste demokratische Schritte.

Die **afghanische Verfassung** vom Januar 2004 sieht ein präsidial-de-mokratisches System nach dem Vorbild der Vereinigten Staaten von Ame-rika vor. Der Präsident ist nicht nur Staatsoberhaupt und Regierungschef in einer Person, sondern verkörpert auch gleichzeitig den Oberbefehlsha-ber der Streitkräfte. Sowohl Richter, Generalstaatsanwälte als auch hohe Beamte des Außendienstes werden vom Präsidenten ernannt. Er wird für maximal zwei Amtsperioden zu je vier Jahren direkt vom Volk gewählt. Präsident *Karzai* vertritt ein moderates islamisches Politikverständnis. Staatliches Handeln soll sich zwar an den ethischen Grundsätzen des Is-lam orientieren, aber das direkte Vorbild ist ein **präsidial-demokratisches System.** Der oberste Gerichtshof ist die höchste juristische Instanz; in Fäl-len, die nicht durch staatliche Gesetze abgedeckt sind, sollen die Richter nach Grundsätzen islamischer Rechtsschulen *(hanefitisch* und *schiitisch)* entscheiden.

Der afghanische Staat ist zentralistisch organisiert. Anfang 2007 gab es 34 Provinzen, an deren Spitze gewählte Räte stehen. Diese **Provinzräte** entsenden Vertreter in die *Meshrano Djirga* (Oberhaus), sind aber nicht zu

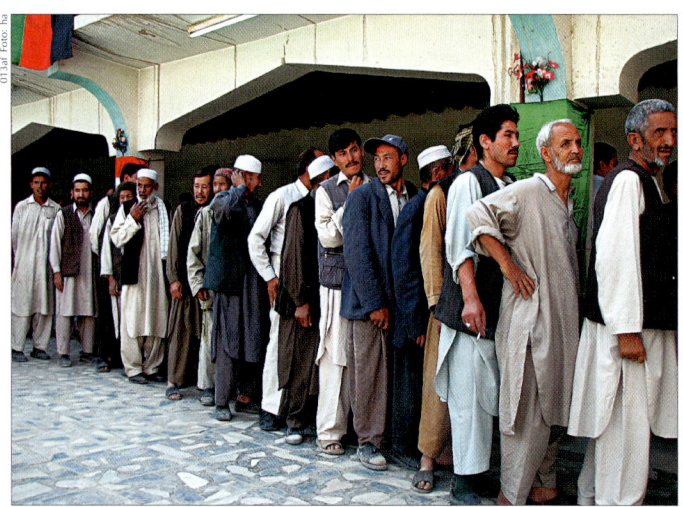

01 3af Foto: ha

48

einer gesonderten Gesetzgebung auf Provinzebene befugt. Auf Bezirks- und Gemeindeebene sollen vergleichbare Gremien aufgebaut werden – der Prozess ist aber noch lange nicht abgeschlossen.

Der Aufbau einer demokratischen Kultur und demokratischer Institutionen wird noch viele Jahre dauern, aber zumindest wurde ein wichtiger Diskussionsprozess über Demokratie und Teilhabe daran in Gang gesetzt und erste Schritte in diese Richtung getan.

Die **Wahlen zum Parlament** waren ursprünglich schon für das Jahr 2004 angesetzt, aber organisatorische Probleme und vor allem die instabile Sicherheitslage führten zu mehreren Verlegungen des Wahltermins. Trotz aller Befürchtungen, Taliban und regierungsfeindliche Kriegsherren könnten den Ablauf stören, verliefen die Wahlen am **18. September 2005** relativ ruhig. Die Wahlbeteiligung lag sogar bei unerwarteten 50 %, obwohl die Wahllisten mit jeweils mehreren Hundert von insgesamt rund 5800 Kandidaten besonders für Analphabeten sehr unübersichtlich waren. Leider gelang es zahlreichen Warlords, sich trotz der gesetzlichen Beschränkungen aufstellen und auch wählen zu lassen.

Die Tatsache, dass den **politischen Parteien** im Rahmen der Wahlen nur eine untergeordnete Rolle zufiel, hat dem Demokratisierungsprozess eindeutig geschadet. Das Wahlgesetz fördert nicht den Aufbau demokratischer Parteien, sondern **Persönlichkeiten und Netzwerke,** die somit eine größere Rolle als parteipolitische Visionen und Programme spielen. Werkzeuge der Machtpolitik sind nach wie vor die traditionellen ethnischen Bündnisse und nicht politische Programme. Das einfache und nicht übertragbare Stimmrecht wurde im Frühjahr 2004 von Übergangspräsident *Karzai* per Dekret festgelegt. Jeder erwachsene Afghane ist mit Erreichen des achtzehnten Lebensjahres stimmberechtigt.

Die **Nationalversammlung** (Parlament) gliedert sich in zwei Kammern: in die *Wolesi Djirga,* das vom Volk gewählte **Unterhaus,** und die *Meshrano Djirga,* das **Oberhaus.** Das Oberhaus besteht zum einen aus vom Präsidenten ernannten Experten und zum anderen aus Delegierten, die von den Provinz- und Bezirksräten gewählt werden. Die Hälfte der Plätze soll von Frauen besetzt werden. Gemeinsam stellen diese beiden Kammern das oberste gesetzgebende Organ in Afghanistan dar. Das Parlament ist in der Lage, Regierungsmitgliedern sein Misstrauen auszusprechen und Entscheidungen über den Staatshaushalt und Entwicklungspläne zu fällen.

Die Zusammensetzung des Parlamentes zeugt von **großer ethnischer Vielfalt** und dem Bemühen, trotz dieser Unterschiede mit einer einzigen

Stimme zu sprechen, der Stimme des afghanischen Volkes. Aller Anfang ist schwer und bei allen negativen Entwicklungen und Nachrichten müssen doch der Mut und die Zähigkeit vieler Volksvertreter gewürdigt werden, mit der sie ihre jetzige Position erreicht haben – und sehr viel mehr Durchhaltevermögen und Unerschrockenheit wird nötig sein, um diese Positionen zu halten. Sehr unterschiedliche Menschen sind in der Volksvertretung versammelt: Einige Männer tragen *Pakools,* die traditionellen Pelzkappen, oder Turbane in den Farben ihrer Stämme, Frauen sind in große Kopftücher gehüllt und auch Männer in Anzug und Krawatte sind zu sehen. 68 der 249 Mitglieder des Unterhauses, der *Wolesi Djirga,* sind **Frauen.** Keine schlechte Quote für ein Land, in dem Frauen noch vor wenigen Jahren völlig unsichtbar waren.

Bei den Sitzungen geht es turbulent zu, die Mitglieder diskutieren leidenschaftlich, vertreten Standpunkte, die nach wenigen Tagen vielleicht schon wieder ihre Gültigkeit verloren haben. Entscheidungen werden getroffen und nach Wochen oder Monaten wieder angefochten – und doch ist das am 19. Dezember 2005 ins Leben gerufene Parlament ein Hoffnungsschimmer für das Land. Seine Mitglieder – *Wakils* im Unterhaus, *Senatoren* im Oberhaus – nehmen ihre Aufgabe sehr ernst. Bei vielen Sitzungen erscheinen 80 bis 90 Prozent der Abgeordneten – solche Zahlen können andere demokratische Länder selten aufweisen!

Die **Parteilosigkeit und die mangelnde politische Erfahrung** sind Gründe dafür, dass Koalitionen auf breiter Basis oft unmöglich erscheinen und politische Disziplin völlig fehlt. Um größere Gruppen von Abgeordneten für eine Angelegenheit zu gewinnen, müssen Regierung und Opposition immer wieder Kampagnen durchführen – oft verbunden mit einem Bankett am Abend –, um Stimmen zu sammeln. Eine der wenigen wichtigen Mitbestimmungsmöglichkeiten in dem präsidialen System ist die Besetzung der ministeriellen Positionen. *Younus Qanooni,* Präsident *Karzais* Gegenspieler, wurde zum Führer des Unterhauses gewählt.

34 Kandidaten wurden im Vorfeld an der Aufstellung zur Parlamentswahl gehindert, weil Verbindungen zu bewaffneten Gruppen nachgewiesen werden konnten – zwei von ihnen haben inzwischen einflussreiche Posten in der Verwaltung bekommen. Natürlich gibt es auch hier im Parlament Persönlichkeiten mit zwielichtigem politischen Hintergrund und krimineller Vergangenheit, so wie sie nach wie vor in allen Bereichen des öffentlichen afghanischen Lebens zu finden sind. Ihr ungehindertes Wirken ist ein Ergebnis der politischen Entwicklung der letzten fünf Jahre in Afghanistan. Viel wichtiger als die einzelnen Kandidaten aber ist das Parlament als funktionierende Institution, angetreten mit dem Versprechen, die **Stimme des afghanischen Volkes** hörbar zu machen.

Die Jahrtausendziele für Afghanistan – Probleme und Chancen

Zum Zeitpunkt der Auflösung des Taliban-Regimes hatten sich die **Lebensbedingungen in Afghanistan** nach den langen Jahrzehnten der blutigen Auseinandersetzungen katastrophal verschlechtert. Die Statistiken zeichneten ein erschreckendes Bild und verdeutlichten die Armut breiter Bevölkerungsschichten, das Aus-

maß der Diskriminierungen von Frauen, Analphabetismus und mangelnde medizinische Versorgung. Millionen von internen **Flüchtlingen** und Menschen, die aus den Nachbarländern zurückkamen, mussten versorgt werden. Viele von ihnen konnten nicht in ihre Dörfer heimkehren, weil das Land vermint oder die Bewässerungssysteme zerstört waren – oder sich neue Besitzer in ihren Häusern niedergelassen hatten. Deshalb wandten sie sich den Städten zu, für viele war Kabul das neue Ziel. Slums entstanden in den überlasteten Städten. Die natürlichen Ressourcen Afghanistans wurden brutal ausgebeutet und die Umwelt zerstört. Man erkannte, dass ohne einschneidende Maßnahmen in 25 Jahren der letzte Baum verschwunden sein würde. Die Aussichten für Afghanistan waren nicht gut – die Entscheidung der **internationalen Gemeinschaft,** Verantwortung für das Land zu übernehmen und es mit Know-how und Finanzmitteln gemeinsam mit der jungen afghanischen Regierung wiederaufzubauen, war der letzte Rettungsanker.

Gemeinsam hat man eine große Aufgabe übernommen, die in den Jahrtausendzielen genauer definiert ist. In der **Milleniumserklärung der Vereinten Nationen** aus dem Jahr 2000 verpflichteten sich die 191 Mitgliedsstaaten, „bis zum Jahr 2015 den Anteil der Menschen, deren Einkommen weniger als einen US-Dollar pro Tag beträgt und den Anteil der

Sima Samar – Vorsitzende der Menschenrechtskommission

Menschen, die Hunger leiden, zu halbieren". Dies ist das erste und wichtigste von insgesamt acht Millenium-Entwicklungszielen (MDGs) der Vereinten Nationen.

Seit Ende 2001 sind **beeindruckende Fortschritte** gemacht worden. Das Land – schon als gescheiterter Staat abgeschrieben – hat inzwischen eine demokratische Verfassung, ein funktionierendes Parlament und einen gewählten Präsidenten. **Bildung** galt bislang als Privileg, nun sollen weitere Bildungsmöglichkeiten geschaffen und eine Grundbildung für alle Kinder gewährleistet werden. Mehr als vier Millionen Kinder sind inzwischen eingeschult worden, fast die Hälfte davon sind Mädchen, die besonders in der Taliban-Zeit kaum Bildungschancen hatten und aus den Schulen verbannt waren. Die **medizinische Versorgung** wurde zunächst in den Städten verbessert, entsprechende Maßnahmen werden aber auch für den ländlichen Lebensraum benötigt.

Verschiedene Aktivitäten zur **Förderung der Frauen** setzten im Bildungsbereich an, der als einer der größten Entwicklungshindernisse Afghanistans gilt. Inzwischen gibt es für den weiblichen Teil der Bevölkerung mehr Chancen, sich in das politische und ökonomische Leben einzubringen. Die gesetzliche Absicherung dieser Möglichkeiten ist – zumindest theoretisch – gewährleistet. Es wird sich in den kommenden Jahren zeigen, ob den Frauen auch die praktische Teilhabe an der Gestaltung des gesellschaftlichen Lebens gestattet wird (siehe auch Kapitel „Eine ganz besondere Beziehung ...").

Die Förderung von **Demokratisierungsbestrebungen** und Friedensinitiativen ist ein weiterer wichtiger Schritt auf dem Weg zu einer friedlichen und sicheren Zukunft. Die **Medien** spielen eine große Rolle bei der Unterstützung des Demokratisierungsprozesses. Inzwischen gibt es ein Dutzend regelmäßig erscheinender Tageszeitungen, eine Anzahl von Radiosendern und drei Fernsehkanäle.

Entscheidend für die weitere Entwicklung und **Umsetzung der Jahrtausendziele** in Afghanistan sind zum einen die Weichenstellungen innerhalb des Landes und zum anderen das dauerhafte Engagement der internationalen Partner. Intern stellt sich die Frage, ob sich die auf politischer, gesellschaftlicher und wirtschaftlicher Ebene Einflussreichen tatsächlich für verbesserte Lebensumstände der Bevölkerung und dauerhaften Frieden einsetzen werden – oder ob doch wieder starke **Einzelinteressen,** die Gier nach Macht und Geld, die Fortschritte behindern oder sogar neue Konflikte schaffen. Aufseiten der internationalen Geber muss die Bereitschaft, **langfristig Hilfestellung** auf dem Weg zu Frieden und Wohlstand zu leisten, erkennbar sein – und dies möglichst unabhängig von machtpolitischen und wirtschaftlichen Interessen. Denn natürlich fällt den afghanischen Akteuren und Partnern auf, dass ihr Land nur einen Bruchteil der Pro-Kopf-Unterstützung für sich in Nachkriegssituationen befindende Länder erhält, wie z. B. Bosnien oder der Irak, die offensichtlich für die Geber eine größere wirtschaftliche und politische Bedeutung haben. Anfang 2007 sind noch viele Versprechungen von internationaler Seite unerfüllt.

Die „Problemzonen" Afghanistans

Die Ressourcen

Afghanistan ist ein **Hochgebirgsland.** Der Hindukusch, der von Nordosten nach Südwesten verläuft, stellt die Wasser- und Klimascheide zwischen Zentralasien und dem indischen Subkontinent dar. Das Land ist durch winterkaltes **Kontinentalklima** mit geringen unregelmäßigen Niederschlägen und hoher Sonneneinstrahlung geprägt. Der Sommermonsun macht sich nur in Teilen des Ostens und im Südosten bemerkbar. Das afghanische Klima weist extreme Temperaturunterschiede auf: Im Sommer können in den Ebenen des Landes über 45 ° Celsius gemessen werden, im Winter dagegen fallen die Temperaturen im gebirgigen Hazarajat durchaus auf Minus 40 ° Celsius. Der Anteil des Ödlandes (dazu gehören Gebirge, Wüsten und Steppen) ist mit über 80 % enorm hoch. Weniger als 10 % afghanischer Fläche sind als **Ackerland** nutzbar, was die Erträge aus der Landwirtschaft sehr einschränkt. Dabei leben über 80 % der Bevölkerung von der Landwirtschaft! Durch die geringen Niederschläge muss künstlich bewässert werden, aber auch ein Teil der Bewässerungssysteme wurde in den Kriegsjahren zerstört. Nur in wenigen Gebieten gibt es ganzjährig fließendes Oberflächenwasser, die meisten Siedlungen und die Landwirtschaft sind auf Grundwassernutzung angewiesen. Der Prozentsatz der Menschen, die Zugang zu sauberem **Trinkwasser** haben, liegt unter 20 %.

Nur ein Bruchteil der **Bodenschätze** des Landes ist aufgrund der Unzugänglichkeit des Terrains oder fehlender technischer Möglichkeiten erschlossen worden. Die **Energieversorgung** ist völlig unzureichend. Zwar werden Kabul und einige der größeren Provinzstädte durch Wasserkraftwerke mit Strom versorgt, die Menschen in kleineren Städten und in ländlichen Gebieten jedoch müssen sich mit Dieselgeneratoren und organischen Brennstoffen behelfen.

Mit dem Bau asphaltierter **Straßen** wurde 1957 begonnen. Die 2700 Kilometer lange Ringstraße, Verbindungsglied der großen Städte, wurde nach den Zerstörungen des Krieges zum größten Teil wiederaufgebaut.

Die ländlichen Gebiete sind von Schotter- und Lehmstraßen oder Sand-pisten durchzogen. Aufgrund der Wetterverhältnisse sind die Hochge-birgsbereiche Afghanistans im Winter vom Rest des Landes abgeschnit-ten. Der Salang-Tunnel, der 1964 eröffnet wurde, ist ganzjährig befahrbar und verbindet Süden und Norden des Landes. Afghanistan verfügt über mehrere kleinere **Flughäfen** in den Provinzhauptstädten und einen inter-nationalen in der Hauptstadt Kabul.

Afghanistan gilt als das **ärmste Land Asiens.** 53 % der Bevölkerung Af-ghanistans leben unter der Armutsgrenze, 48 % werden zu den fehl- oder unterernährten Menschen gezählt. Das Bevölkerungswachstum ist sehr hoch: 1979 wurden bei einer provisorischen Volkszählung 13 Millionen Einwohner geschätzt, im Herbst 2006 sollen es bereits 31 Millionen Men-schen gewesen sein. Die **Lebenserwartung** ist extrem niedrig und liegt für Männer und Frauen bei circa 44 Jahren. Die Rate der Mütter- und Kinder-sterblichkeit gehört zu den höchsten auf der ganzen Welt. Nur schät-zungsweise 14–20 % der Frauen können lesen und schreiben, bei den Männern sind es auch nur 43–51 %. Ursache dieser traurigen Bilanz sind die völlig unzureichenden Bildungs- und Gesundheitssysteme (siehe Hu-man Development Report, Jahresberichte von WHO 2004–2006 und CIA-World-Factbook 2006).

Alles wird verwertet – Hülsensammler nach Schießübung

Das Bildungssystem

Das traditionelle **Bildungssystem** Afghanistans basiert auf den Religionsschulen, deren Oberstufe Rechtsgelehrte (*Ulema*) hervorbringt. Die erste moderne Schule wurde 1912 in Kabul eröffnet, die erste Mädchenschule im Jahr 1933. Anfang der 1960er Jahre wurden große Anstrengungen zum Ausbau des Schulwesens unternommen, die jedoch durch den Krieg wieder zunichte gemacht wurden. In den Kriegsjahren stieg die Analphabetenzahl wieder um ein Vielfaches und auch heute noch ist sie auf dem Lande und bei den nomadisch lebenden Volksgruppen besonders hoch. 1975 wurde die **Schulpflicht** für alle Kinder vom siebten bis zum zwölften Lebensjahr eingeführt, sie konnte aber nie landesweit durchgesetzt werden. Weiterführende Schulen finden sich hauptsächlich in Kabul und den Provinzhauptstädten. Der Schulbesuch war und ist kostenfrei, allerdings müssen Eltern die Ausgaben für Bücher, Schreibmaterial und teilweise für Schuluniformen tragen – diese Belastung ist für viele Familien zu hoch.

Die **Universität Kabul** wurde 1932 gegründet und war lange Zeit die einzige des Landes. Vor der vorübergehenden kriegsbedingten Schließung im Jahr 1992 besuchten 10.000 Studentinnen und Studenten die elf Fakultäten. 1962 wurde eine Universität in Jalalabad gegründet, 1988 in Herat und eine weitere islamische Universität in Kabul, 1991 die Universitäten in Mazar-i-Sharif und Kandahar.

In den Kriegsjahren sind schätzungsweise **75 % aller Schulen zerstört** oder beschädigt worden – die Zahl wird mit über 2000 Gebäuden angegeben. Da viele Lehrer der kommunistischen Partei angehörten, wurden sie unter den Mudjaheddin verfolgt und flohen außer Landes. Für effektiven Unterricht fehlen besonders auf dem Land noch immer Räumlichkeiten, qualifizierte Lehrer und Lehrmaterialien. Das Niveau der schulischen und universitären Ausbildung ist niedrig, die Quote der Schulabbrecher hoch.

Viele Geberländer sehen es als eine der dringlichsten Aufgaben der Entwicklungszusammenarbeit an, den Wiederaufbau zerstörter Schulen und Universitäten zu fördern, die Lehrerschaft zu qualifizieren und die Ausstattung mit Lehrmaterialien zu gewährleisten. Inzwischen gibt es eine Vielzahl von Lehrertrainings und Austauschprogrammen sowie eine Wiederbelebung von Partnerschaften zwischen afghanischen und ausländischen Universitäten.

Im Schuljahr 2005/06 besuchte eine unvorhergesehen große Zahl von über vier Millionen Kindern die Schulen – davon etwa 1,2 Millionen Mädchen. Das bedeutet seit 2002 eine **Zunahme der Schülerzahl** um das Vierfache! Die Einschulungsrate für Mädchen in die Primarstufe von 3 %

Bagh-e Zanana – Der Kabuler Frauenpark

Einst eine grüne Oase für Frauen und Kinder, ein Ort, wo sie vor Männerblicken geschützt ihre Freizeit verbringen konnten, fristete der Bagh-e Zanana in den Jahren des Krieges ein ödes Dasein. Die Bäume wurden gefällt, die Mauern zerfielen, die Frauen mussten sich zurückziehen. Schließlich wurde das Land zwischen habgierigen Kommandanten aufgeteilt, die private Häuser auf dem einst öffentlichen Gelände errichten wollten.

Aber dann kam alles anders: Schon in der ersten Hälfte des Jahres 2002 wurde das Land vom Präsidenten nach zähen Verhandlungen dem Frauenministerium übergeben, zunächst nur ein Teilstück – im Jahr 2003 aber die vollständige Fläche des alten Frauenparks. Mehrere Organisationen, darunter auch die Gesellschaft für Technische Zusammenarbeit (GTZ), widmeten sich dem Mammutprojekt, den Park wiederherzustellen und mit Aktivitäten zu füllen. Geplant war nicht nur die Neuanlage der Grünflächen, sondern auch der Aufbau eines Gemeindezentrums für Frauen und Kinder. Mit vereinten Kräften verschiedener Geber und Organisationen, die technische Hilfe und finanzielle Unterstützung zur Verfügung stellten, wurde die Aufgabe bis zum Ende des Jahres 2002 bewältigt.

Der Park verfügte nach kurzer Zeit über ein Zentrum, in dem Unterrichts-, Gemeinschafts- und Ausstellungsräume sowie ein Kindergarten untergebracht sind. Schnell etablierten sich Alphabetisierungs- und Englischkurse, Gesundheitsprogramme und Kosmetikseminare wurden ebenfalls angeboten. Auch Berufsausbildungen konnten durchgeführt werden. Die Gärtnerei wurde als Arbeitsfeld für Frauen entdeckt und bald konnten die frisch ausgebildeten Gärtnerinnen für die Bepflanzung des Parks eingesetzt werden. Ein von Frauen unterhaltenes Teehaus befindet sich in direkter Nachbarschaft des Zentrums und trägt sich inzwischen aus eigener Kraft.

Die Wiederherstellung und Nutzung des Parks trat 2003 in die zweite Phase. Ein Marktzentrum für afghanische Unternehmerinnen wurde gegründet und zwanzig kleine Läden aufgebaut, die den Geschäftsfrauen den geschützten Verkauf ihrer eigenen Waren ermöglichen sollen. Da Frauen üblicherweise nicht als Händlerinnen in der Öffentlichkeit auftreten, bietet der Frauenbasar ein neues Tätigkeitsfeld. Gleichzeitig erfolgte die Förderung dieser Unternehmerinnen und ihrer Initiativen. Der Frauenbasar im Park wurde Ende April 2004 offiziell eröffnet.

Nähkurs

(vor 2002) hat sich im Jahr 2003 auf über 35 % erhöht. Gleichwohl werden nach Schätzungen von UNICEF etwa 1,5 Millionen Mädchen im schulfähigen Alter vom Schulbesuch ausgeschlossen bleiben, weil nach wie vor bevorzugt Jungen zur Schule geschickt werden. Zu den Ursachen gehört der Mangel an geeigneten Unterrichtsräumen und an Lehrpersonal. Von den 100.000 registrierten Lehrkräften haben nur etwa 15 % eine qualifizierte Ausbildung. Oft übernehmen Schüler und Schülerinnen der zehnten Klasse die Rolle der Lehrkraft für die unteren Klassen, ohne jemals eine pädagogische Ausbildung bekommen zu haben.

Die Organisation und Leitung des Parks konnte komplett an das Frauenministerium übergeben werden. Vertreter internationaler Organisationen, die weitere Programme finanzieren, stehen als Berater für wichtige Entscheidungen und zukunftsweisende Konzepte zur Verfügung. Ein Beispiel dafür ist das Sportzentrum. Mädchen und Frauen können sich in geschützter Umgebung sportlich betätigen und durch geschulte Trainerinnen und Trainer Sportunterricht erhalten. Die Sporthalle wurde im September 2005 eingeweiht. Bei der Eröffnungsfeier führten kleine Mädchen ernsthaft und selbstbewusst ihre frisch erlernten Judotechniken vor – die Mütter standen stolz im Publikum.

Der Park ist ein gelungenes Beispiel dafür, wie sich die Konzentration von Beratung und finanzieller Unterstützung verschiedener Geber auf ein gemeinsames Projekt innerhalb von fünf Jahren auswirken kann. Mit vereinten Kräften wurde ein Stück Freiraum und Selbstbestimmung an Kabuls Frauen zurückgegeben.

Das Gesundheitswesen

Das afghanische **Gesundheitswesen** befand sich nach dem Sturz des Taliban-Regimes in einem katastrophalen Zustand. Die ärztliche Versorgung war besonders in ländlichen Gebieten völlig unzureichend. UNO-Angaben zufolge hatten im Jahr 2001 nur 29 % der afghanischen Bevölkerung Zugang zu medizinischen Einrichtungen. Und auch diese Minimalversorgung wurde größtenteils von ausländischen Organisationen gewährleistet.

Diarrhö, Malaria, Tuberkulose, Typhus, Ruhr, Cholera und Hepatitis gehören zu den häufigsten Krankheiten in Afghanistan. Teilweise werden sie durch die unzureichende Trinkwasserversorgung und die mangelhaften sanitären Einrichtungen verursacht und breiten sich schnell aus. Dazu kommen Gesundheitsrisiken, die sich von direkten und indirekten Kriegsfolgen herleiten lassen. Die 10 Millionen Landminen, die noch immer in der Erde verborgen sind, fordern weiterhin täglich ihre Opfer.

In den Jahren des Wiederaufbaus wurden **Krankenhäuser** in großer Zahl wiederhergestellt, medizinische Ausrüstung und Medikamente wurden geliefert, medizinisches Personal geschult und qualifiziert. Trotz der gemeinsamen Anstrengungen der letzten Jahre ist die Versorgung besonders auf dem Lande nach wie vor mangelhaft. Zu den Gründen gehören die schwere Zugänglichkeit mancher Regionen, die sich verschlechternde Sicherheitslage und das Fehlen von ausreichend qualifiziertem medizinischem Personal.

Medizinisches Personal war in Afghanistan schon immer Mangelware, denn Krankenpflege außerhalb der Familie hat keine Tradition. Besonders drastisch wirkt sich der Mangel an Hebammen und Ärztinnen auf die Gesundheitssituation von Frauen und Neugeborenen aus, denn Frauen dürfen – den Gebräuchen folgend – nur von Frauen behandelt und betreut werden. Die Zahl der Krankenschwestern, Hebammen und Ärztinnen in Afghanistan war noch nie ausreichend, um den weiblichen Teil der Bevölkerung zu versorgen, aber das Berufsverbot unter den Taliban hat die Situation noch verschärft. Ein Großteil des damals vorhandenen medizinischen Fachpersonals ist während der Kriegswirren geflohen und hat sich im Ausland niedergelassen. Es fehlt auch heute noch an Gesundheitsstationen auf dem Lande und qualifiziertem Personal, das bereit ist, in ländlichen Gebieten zu arbeiten.

Die Umwelt

Die **Umweltprobleme** haben in Afghanistan ein verheerendes Ausmaß angenommen. Eine Ursache ist die Zurückdrängung der Vegetation durch die menschliche Nutzung wie die **Abholzung der Wälder** und die Überweidung. 85 % des Energiebedarfs werden beispielsweise durch traditionelle Energiequellen wie Holz gedeckt. Der unkontrollierte Raubbau an den wenigen verbliebenen Waldgebieten Afghanistans, die sich hauptsächlich im Nordosten des Landes befinden, hat weitreichende Schäden verursacht. Der Kantholzschmuggel über die Grenze nach Pakistan geht weiterhin ungehindert vonstatten und führte zu einer starken Reduzierung der Wälder. Aktuellen Satellitenaufnahmen zufolge haben sich die östlichen Waldvorkommen bereits um 50–70% reduziert. Aber auch die Pistazien- und Wacholderhaine, die vermehrt im Westen Afghanistans zu finden sind, haben sich in den letzten drei Jahrzehnten um mehr als die Hälfte verringert. Das Holz wird als Energiequelle und für den Hausbau genutzt. Eine Wiederaufforstung im größeren Stil wird nicht durchgeführt.

Der **unsachgemäße Wassereinsatz** im landwirtschaftlichen Bereich führt zur Versalzung großer Flächen. Durch die falsche Bewässerung steigt der Grundwasserspiegel und Kapillarkräfte fördern Wasser an die Oberfläche, das durch die sofortige Verdunstung im Klima der Wüsten oder Halbwüsten Salz zurücklässt. Auch die fehlende Regulierung von Wasserläufen fügt der Landwirtschaft großen Schaden zu und bedroht in der Zeit der Schneeschmelze immer wieder ganze Dörfer mit Überflutung und Schlammlawinen. Eine allgemeine Verschlechterung der Bodenqualität ist die Folge, die schließlich zur **Verwüstung** ganzer Landstriche führt. Verstärkt wird dieser Effekt durch die jahrelang anhaltende **Dürre,** die vielen Bauern und Viehhaltern schwer zu schaffen macht.

Im Bereich der größeren Siedlungen und in den **städtischen Zentren** stellen Wasser- und Abwasserwirtschaft und die Müllentsorgung große Probleme dar. Durch unsachgemäßen Umgang werden die vorhandenen Wasserressourcen mit Bakterien und Schadstoffen verseucht und verursachen viele Erkrankungen. Auch die Luft in den Städten ist von sehr zweifelhafter Qualität. Unkontrollierte Abgase der Dieselmotoren und Öfen sowie mit Schadstoffen belasteter Staub führen zu Erkrankungen der menschlichen Atemorgane.

Wirtschaftliche Perspektiven

Möge Kabul ohne Gold sein, aber nicht ohne Schnee auf seinen Bergen!
(Afghanisches Sprichwort)

Der karge und Menschen **abweisende Naturraum** Afghanistans, die **Wasserarmut** und die **knappen Ressourcen** prägen die Wirtschaftsformen des Landes. Drei Viertel der Oberfläche des Landes sind von jeglicher Nutzung ausgeschlossen. Die Bewohner mussten schon immer sehr flexibel sein, um das wenige kultivierbare Land intensiv zu nutzen und ihren Lebensunterhalt zwischen Hochgebirge, Steppen und Wüsten zu erwirtschaften. Die Gipfel von Pamir und Hindukusch ragen teilweise über 7000 Meter hoch, Süden und Westen des Landes sind flach und wüstenhaft. Auch die baktrische Tiefebene im Norden liegt nur auf einer Höhe von 300 Metern über dem Meeresspiegel. Im Osten des Landes muss eine Landsenke bei Jalalabad durchquert werden, um zu dem 1100 Meter hohen Khyber-Pass zu gelangen, über den Pakistans Grenzstadt Peshawar zu erreichen ist. Die tiefliegenden Gebiete weisen nur sehr **geringe Niederschlagswerte** auf. In den hoch gelegenen Gebieten regnet es zwar mehr, aber hier begrenzen die starken Hanggefälle die Anbauflächen. Der Kabul-Fluss ist das einzige Gewässer, das über das Indus-System in das Arabische Meer mündet, alle anderen Wasserläufe versickern im Boden oder münden in Seen.

Bereits in den 1960er und 1970er Jahren gehörte Afghanistan wirtschaftlich zu den ärmsten Entwicklungsländern. Die Erfolge, die mit umfassender internationaler Hilfe erzielt werden konnten, wurden durch die schlechten Rahmenbedingungen der letzten Jahrzehnte wieder zunichte gemacht und die **wirtschaftliche Situation verschlechterte sich** drastisch. Die langen Jahre des Krieges und Bürgerkrieges haben der Landwirtschaft, der Industrie und der Verkehrs-Infrastruktur großen Schaden zugefügt. Bewässerungssysteme, asphaltierte Straßen und die wenigen Produktionsanlagen im Land wurden zerstört. Auch wenn die notwendige Infrastruktur wiederhergestellt wird, müssen noch viele Hindernisse beseitigt werden, die dem wirtschaftlichen Aufbau des Landes im Weg stehen. Die starke **Verminung** des kultivierbaren Landes hemmt die Entwicklung der Landwirtschaft in vielen Regionen. Die mangelnde Stromversorgung und das Fehlen von qualifizierten Fachkräften bremst die Entfaltung im industriellen Sektor. Afghanistan verfügt zwar über Wasserkraft, aber die Potenziale werden nur zu 10 % ausgeschöpft. Viele Fachkräfte haben das Land während des Krieges verlassen und die Ausbildungssysteme sind noch nicht so weit wiederhergestellt, dass sie genügend qualifiziertes Personal hervorbringen. Die Konkurrenz billiger Produkte aus den Nachbarländern (insbesondere aus China) und die Sicherheitslage, die sich seit dem Jahr 2005 extrem verschlechtert hat, stellen weitere Hemmnisse dar.

Die Wirtschaft Afghanistans wird von der **Landwirtschaft** dominiert, mehr als 80 % der Landbewohner sind in diesem Bereich tätig. Die Erträge aus Ackerbau und Viehzucht haben sehr unter der vierjährigen Dürre gelitten, die erst 2002 durch nennenswerte Niederschläge beendet wurde. Doch immer wieder kommt es zu regionalen Dürreperioden. Der größte Teil der Landwirtschaft ist abhängig von **künstlicher Bewässerung.** Die Wiederherstellung der Bewässerungsanlagen ist noch nicht abgeschlossen, weil den Gemeinden die finanziellen Mittel für Gerätschaften und Spezialisten fehlen. Auch die begrenzte Verfügbarkeit von Dünger und Pestiziden sowie fehlende landwirtschaftliche Beratung verringern die Produktion. Weitere Hindernisse sind die mangelhafte Transport-Infrastruktur und die begrenzten Vermarktungsmöglichkeiten für die Produkte.

Die Siedlungen in ländlichen Gebieten konzentrieren sich entlang der wenigen Flussläufe, die ganzjährig Wasser führen. Diese Oasen bilden einen blühenden Gegensatz zu den wüstenartigen Landschaften. Es gibt **drei große Siedlungsräume** in Afghanistan, die gleichzeitig Bevölkerungsschwerpunkte darstellen. Hier findet sich auch jeweils eine Konzentration von Absatz- und Versorgungszentren und Handelsnetzen, die Stadt und Land verbinden. Einer dieser Siedlungsräume verläuft auf einer Ost-West-Achse von Jalalabad über Kabul nach Herat, der auch schon die klassische Karawanenroute gefolgt ist. Im Süden hat sich das Hauptsiedlungsgebiet um Kandahar herum und im oberen Helmand-Tal gebildet. Um Mazar-e Sharif in der baktrischen Tiefebene gibt es eine weitere Bevölkerungskonzentration, die sich nach Osten bis Kunduz und Badakhshan erstreckt. Vorherrschend sind in den fruchtbaren ländlichen Ge-

Deutsches Engagement in Afghanistan – Gestern und Heute

Im 20. Jahrhundert entwickelte sich ein enges Verhältnis zwischen Afghanistan und Deutschland. Der deutsche Offizier Oskar von Niedermayer und der Diplomat Werner von Hentig, der im Auftrag des Auswärtigen Amtes unterwegs war, reisten während des Ersten Weltkrieges 1915 nach Kabul, um den herrschenden Emir Habibullah zu überzeugen, Britisch-Indien und Russland den Krieg zu erklären. Der Herrscher lehnte ab, schien aber beeindruckt zu sein, dass er als ebenbürtiger Partner behandelt wurde und nicht als Objekt kolonialer Interessen.

Auch **König Amanullah,** der 1919 den Thron bestieg, hegte große Sympathie für die Deutschen. Auf einer Deutschlandreise, die er zusammen mit seiner Frau unternahm, sammelte er Ideen und Eindrücke, die er in der Modernisierung des – seiner Meinung nach rückständigen – afghanischen Staates umsetzen wollte. Deutschland stand Kopf, als das afghanische Königspaar 1928 mit Reichspräsident Hindenburg in Berlin zusammentraf. Alte Fotos bezeugen glanzvolle Empfänge, auf denen **Königin Soraya** in eleganten Abendroben neben ihrem Gatten thront, und majestätische Kutschfahrten durch Berlin.

Deutschland wurde zu einem der wichtigsten Außenkontakte Afghanistans und aus der gegenseitigen Sympathie entstanden weitreichende Beziehungen im Wirtschafts- und Bildungsbereich. Bereits 1923 wurde eine **deutsch-afghanische Handelsgesellschaft** gegründet und die bildungspolitische Zusammenarbeit begann. Junge Afghanen wurden zum Studium nach Deutschland eingeladen und in Kabul wurde eine Oberrealschule eröffnet, die man zu Ehren Amanullahs „Amani-Schule" nannte. Bis in die 1980er Jahre hinein unterrichteten deutsche Lehrer an dieser berühmten Schule, aus der viele prominente Mitglieder der afghanischen Elite hervorgingen. Auf diese Weise konnte sich auch die **deutsche Sprache** in erstaunlichem Maß im Land verbreiten.

Deutsche Ingenieure brachten Know-how und Maschinen nach Afghanistan, um Krankenhäuser, Staudämme und Elektrizitätswerke zu bauen. Die Lufthansa richtete 1938 sogar eine Flugverbindung von Berlin nach Kabul ein. Eines der kuriosesten Überbleibsel jener Zeit ist eine kurze Eisenbahnstrecke, die den Palast mit der Stadtmitte verband. Die Schienen sind verschwunden, aber die Lokomotive ist im Nationalmuseum in Kabul zu bewundern.

1958 wurde eine **Entwicklungspartnerschaft** vereinbart und schon Ende der 1960er Jahre befanden sich 800 deutsche Experten in Afghanistan. Kein Land erhielt so viel Entwicklungshilfe von Deutschland wie Afghanistan. Deutsche engagierten sich in der Polizei-Ausbildung und starteten ein groß angelegtes Entwicklungsprojekt in der Provinz Paktia. Die **Technischen Schulen** in Kabul und Khost wurden viele Jahre lang mit deutschen Maschinen und nach deutschen Lehrplänen geführt, bis die Gebäude und die Ausstattung in den Kriegsjahren zerfielen und der Unterricht in den meisten Fächern eingestellt werden musste. Deutsche Unternehmen ließen sich im Land nieder und sowohl Hoechst als auch Bayer betrieben pharmazeutische Fabriken, die tatsächlich noch immer arbeiten. **Universitätspartnerschaften** entstanden, das Goethe-Institut öffnete seine Tore und Mitglieder der wissenschaftlichen „Arbeitsgemeinschaft Afghanistan", die auch heute noch aktiv ist, erforschten Land und Leute.

Deutsche Unterstützung

Nach der kommunistischen Machtergreifung übernahm die Deutsche Demokratische Republik Aufgaben, die zuvor die Bundesrepublik wahrgenommen hatte. Junge Akademiker wurden an den ostdeutschen Universitäten ausgebildet und an der Humboldt-Universität in Berlin entstand das Fach „Afghanologie". Doch auch der Kontakt zu Westdeutschland brach nicht ab, denn es wurde zu einem der wichtigsten Aufnahmeländer für **afghanische Flüchtlinge.** Zahlreiche afghanisch-deutsche Vereine entstanden im Laufe der Jahre, von denen manche heute Hilfsprojekte in Afghanistan organisieren.

Nach dem Fall des Taliban-Regimes wurde Deutschland im November 2001 Gastgeber für die afghanischen Friedensgespräche auf dem **Petersberg** bei Bonn. Das deutsche Engagement beim Wiederaufbau Afghanistans und die Unterstützung bei der Durchführung der „Großen Ratsversammlungen" in Kabul wurde besonders begrüßt, denn die Aktivitäten knüpften an alten Traditionen an. Auch der **Einsatz deutscher Soldaten** im Rahmen der internationalen Schutztruppe „ISAF" und die zeitlich begrenzte Führungsfunktion riefen positive Resonanz in Afghanistan hervor.

Angesichts der Notlage der Bevölkerung konzentrierten sich die Maßnahmen in den ersten Jahren auf eine schnelle und effektive **Unterstützung des Wiederaufbaus** durch Nothilfeprojekte. Man widmete sich der sozialen und wirtschaftlichen Infrastruktur, baute Schulen und Krankenhäuser wieder auf, unterstützte die Wasserversorgung der Bewohner Kabuls und begann mit der Ausbesserung der Straßen.

In den afghanisch-deutschen Regierungsverhandlungen und in Abstimmung mit den internationalen Gebern wurden drei **Förderschwerpunkte** der deutschen Entwicklungszusammenarbeit in Afghanistan festgelegt: „Wasserversorgung", „Entwicklung alternativer Energien" und „Wirtschaftsreformen/Aufbau einer Marktwirtschaft". Eine Unterstützung des Sicherheitssektors wurde durch die Ausbildung der afghanischen Polizei gewährleistet. Aber auch die Demokratisierungsbestrebungen und die Chancengleichheit von Frauen werden intensiv gefördert. Universitätspartnerschaften werden belebt, deutsche Lehrer unterrichten wieder an der Amani-Schule und auch der Wiederaufbau der Technischen Schulen in Kabul und Khost hat begonnen. Afghanen und Deutsche knüpfen an alte Traditionen an – gestalten aber gleichzeitig eine ganz neue, moderne Partnerschaft.

bieten privatwirtschaftliche, kleinbäuerliche Strukturen. Nur ein Drittel der Agrarfläche gehört Großgrundbesitzern, aber auch diese Ländereien zerfallen in viele kleine ausgegliederte Pachtbetriebe.

Nomaden und Bergbauern erschließen das karge Potenzial der Naturweiden. Die Bewirtschaftung der Weiden erfolgt über große Distanzen und Höhenunterschiede. Im jahreszeitlichen Rhythmus durchziehen die Nomaden Weidegründe, die sich in den Tiefebenen Nordafghanistans, den Höhen des zentralafghanischen Hazarajat, dem Becken von Nangarhar und den südlichen Steppen befinden. Ihre Herden bestehen hauptsächlich aus Schafen, die als Fleisch- und Wolllieferanten gezüchtet werden. Berühmt sind die als „Persianer" bezeichneten kostbaren Felle der **Karakul-Schafe,** die auch ein gewinnbringendes Exportgut sind. Der Anteil der nomadischen Viehzucht schrumpft beständig und auch die Zahl der Menschen, die dieser Lebens- und Wirtschaftsweise nachgehen, ist vermutlich weit unter eine Million gesunken. Die Ausdehnung ackerbaulicher Maßnahmen und die jahrelangen Dürreperioden zählen zu den Gründen für diesen Rückgang.

Die **Entwicklung des industriellen Bereichs** blieb weit hinter den Erwartungen der afghanischen Regierung und der internationalen Geber zurück. Die Überreste der **Staatsbetriebe,** die fast alle aus den 1970er Jahren stammen, sind teilweise stark zerstört und veraltet. Ausländische Investoren bleiben dem Land aufgrund der schlechten Sicherheitslage fern, obwohl Anstrengungen unternommen worden sind, sowohl die Privatwirtschaft als auch in- und ausländische Investitionen zu fördern. Mit dem Aufbau der „Afghan Investment Support Agency" (AISA) wurde ein wichtiger Beitrag dazu geleistet.

Traditionelle städtische Dienstleistungen wie Handel und Handwerk bieten nicht genügend Arbeitsplätze für die hohe Zahl von Arbeitslosen. Kleine Unternehmen dominieren in allen Bereichen der Wirtschaft. Es mangelt nicht an Unternehmergeist in Afghanistan, doch in vielen Fällen wird er durch unzureichende rechtliche Rahmenbedingungen und mangelnde Finanzierungsmöglichkeiten gedämpft.

In drei Bereichen ist ein regelrechter Aufschwung bemerkbar, der sich auch in Zukunft noch fortsetzen kann. Dabei geht es zum einen um das **Baugewerbe,** das sowohl die großen staatlichen Bauvorhaben wie Straßen und Flughäfen einschließt als auch den privaten Sektor mit Geschäften und Wohnhäusern. Eine andere florierende Branche ist der **Export von Trockenfrüchten.** Afghanistan ist berühmt für die Qualität seiner Früchte und

Nüsse und hat diese Produkte auch in der Vergangenheit schon exportiert. Hier bilden allerdings die Auswüchse der Bürokratie und Korruption große Hürden, außerdem müssen hygienische und technische Standards angehoben werden. Der dritte Bereich ist der **Teppichmarkt.** Besonders in Afghanistans Norden sind seit 2002 Zuwächse im Teppichhandel verzeichnet worden. Traditionell fanden Produktion und Handel auf Familienbasis statt, Jetzt wird beides von Großhändlern kontrolliert, die den Teppichknüpfern, zu denen viele Frauen gehören, nun Gehälter zahlen.

Präsident *Hamid Karzai* und der indische Premierminister *Manmohan Singh* eröffneten im November 2006 die „Second Regional Economic Cooperation Conference on Afghanistan" in Delhi. Vertreter aus Indien, Afghanistan und zwanzig weiteren Ländern diskutierten die **zukünftigen wirtschaftlichen Möglichkeiten** Afghanistans. Auch Vertreter der Vereinten Nationen und der Weltbank waren anwesend.

Die Verbesserung der Energieversorgung wurde als Grundbedingung für einen wirtschaftlichen Aufschwung genannt, bisher sind beispielsweise nur 10 % der Bevölkerung an ein Stromnetz angeschlossen. Der weitere Ausbau der Infrastruktur und eine Modernisierung des internationalen Flughafens in Kabul sind geplant. Der Zuzug weiterer Banken und der Aufbau eines Kreditvergabesystems für Unternehmer werden gefördert. Auch die **Drogenindustrie** wurde als Schlüsselfaktor genannt – mit ihrer Hilfe finanziert sich die erstarkte Taliban-Bewegung, die durch ihre Übergriffe eine sich ständig verschlechternde Sicherheitssituation schafft, die jeder wirtschaftlichen Entwicklung ein Ende setzt.

Die Regierung hat sich zu einem **marktwirtschaftlichen System** bekannt und umfangreiche Reformprogramme in Angriff genommen. Die ausgewogene Währungs- und Finanzpolitik und die erfolgreiche Währungsreform im Januar 2003 haben zu einem weitgehend stabilen Wechselkurs und einer moderaten Inflationsrate geführt. Obwohl die wirtschaftliche Wachstumsrate mit für das Jahr 2006 geschätzten neun Prozent relativ hoch ist, reicht sie nicht aus, um in kurzer Zeit viele Arbeitsplätze zu schaffen. Und Arbeitsplätze sind dringend notwendig, um die Armut zu senken und den Unmut der Bevölkerung zu mindern.

Eines der Ziele der Delhi-Konferenz war es, die Vorteile einer **regionalen Einbettung** der afghanischen Wirtschaft herauszuarbeiten. Der Fokus wurde auf den Ausbau von Handelsbeziehungen zu den Nachbarländern gelegt und die Vorteile einer Straße diskutiert, die Afghanistan, Tajikistan und Usbekistan mit dem iranischen Hafen Bandar-Abbas verbinden soll. Auch die Energieprobleme könnten regional gelöst werden, wenn eine Zusammenarbeit mit Pakistan, dem Iran und Tajikistan angestrebt würde.

Die sich verschlechternde Sicherheitssituation, ansteigende Kriminalität und besonders die **Korruption,** die inzwischen wie ein dichtes Netz das ganze Land überzieht, sind die größten Hürden, die die afghanische Wirtschaft zu überwinden hat.

Die Drogenökonomie

Afghanistan entwickelte sich seit Mitte der 1990er Jahre zum wichtigsten Opiumanbauland der Welt. Einen regelrechten Aufschwung erlebte der Anbau nach dem Zusammenbruch des Taliban-Regimes und dem Ende einer jahrelangen Dürreperiode.

Zur Verdeutlichung des Ausmaßes der Opiumwirtschaft in Afghanistan sollen einige Zahlen aus dem Bericht der Weltbank und des UNODC (United Nations Office on Drugs and Crime) vom November 2006 dienen:

- Afghanistan ist der weltweit größte Erzeuger von Rohopium.
- 90 % des weltweit illegal gehandelten Opiums stammen aus afghanischem Anbau.
- 60 % des afghanischen Bruttoinlandsproduktes setzen sich aus Erträgen aus Opiumanbau und -handel zusammen.
- Der Anstieg der Opiumproduktion im Jahr 2006 lag bei 49 % gegenüber dem Vorjahr.
- Der Opiumanbau nimmt nur 4 % der kultivierten Fläche Afghanistans in Anspruch, aber ein Drittel der gesamten wirtschaftlichen Aktivitäten.
- 13 % der Bevölkerung sind in Opiumanbau und -handel involviert.

Die Maßnahmen zur **Eindämmung der Opiumindustrie** seitens der afghanischen Regierung und internationaler Geber haben sich nicht als erfolgreich erwiesen. Im Gegenteil, die Produktion nahm in den letzten Jahren stark zu. Es hat verschiedene Ansätze gegeben, den Drogenanbau zu unterbinden. Sie reichen von Entschädigungszahlungen an die Bauern, über die Vernichtung von Feldern und Ernten bis zum Aufbau von alternativen Wirtschaftsformen. Das Fehlen einer wirkungsvollen staatlichen Kontrolle hat die Zunahme des Drogenanbaus begünstigt.

Im Jahr 2004 nahm die afghanische Regierung den Kampf gegen die Opiumwirtschaft auf und Präsident *Karzai* rief sogar zum Djihad, dem heiligen Krieg, gegen die Drogen auf. Das *Poppy Crop Reduction* ist ein großes Programm der Vereinten Nationen, den **Einfluss der Drogenmafia** durch alternative Erwerbsquellen für die Bauern zurückzudrängen. Es wurden auch Vorschläge ausgearbeitet, den illegalen Anbau in eine staatlich kontrollierte und lizenzierte Mohnwirtschaft zur Herstellung dringend benötigter Schmerzmittel in Form von Morphin und Codein umzuwandeln. Selbst wenn der Anbau umgehend verringert würde, sind die Lager der Händler aufgrund der ertragreichen Ernten der letzten Jahre gut gefüllt. Ein kurzfristiger Rückgang könnte damit spielend überbrückt werden.

Die direkten Auswirkungen des Opiumanbaus sind für viele Afghanen positiv. Die Pflanze selbst ist sehr anspruchslos, braucht wenig Wasser und ist an die natürlichen Gegebenheiten des Landes hervorragend angepasst. Opium ist in schwach entwickelten Provinzen der **wichtigste Wirtschaftsfaktor** und schafft Arbeitsplätze, wo es keine anderen Beschäftigungsmöglichkeiten gibt. Die Vermarktung ist einfach. Während leicht verderbliches Obst und Gemüse durch den Transport auf schlechten Straßen zu weit entfernten Märkten gefährdet sind, werden die getrockneten Mohnsubstanzen eingelagert und von den Händlern regelmäßig abgeholt. Der Mohn konnte bereits Nutzpflanzen wie Weizen und Gerste als Anbaupflanze verdrängen. Natürlich erhalten die **Bauern** den kleinsten Teil des Gewinns, aber selbst der reicht schon zur Sicherung des Lebensunterhaltes aus. Für viele Kleinbauern ist die Kultivierung von Mohn eine Überlebensstrategie. Auch die mageren Gehälter von zahllosen **Polizei- und Grenzbeamten** werden durch den Drogenhandel aufgestockt. Ein sofortiges und umfassendes Anbauverbot würde viele Existenzen gefährden. Die Drogenökonomie hat inzwischen die ganze Gesellschaft durchdrungen und auch **Händler,** die ein Auskommen mit dem An- und Verkauf ihrer Waren erzielen könnten, wenden sich zusätzlich den Drogen zu, um mehr Profit zu machen.

Viele Staatsdiener sind durch das Drogengeschäft reich geworden. Die Vorwürfe und Verdächtigungen machen auch vor den höchsten politischen Ebenen nicht Halt. Das Drogengeschäft ist ein bedeutender politischer Faktor, denn es dient nicht nur der Finanzierung der lokalen Kommandanten und Warlords, sondern finanziert auch den Terrorismus. Man vermutet, dass die Neuformierung der Taliban-Bewegung zumindest teilweise durch Drogengeld ermöglicht wird. Oft werden Bauern, die sich für eine andere Wirtschaftsform entscheiden, unter Druck gesetzt, auch weiterhin Opium anzubauen. Durch die **Verflechtung der Regierung mit dem Drogenhandel** entsteht ein Teufelskreis: Viele hohe Beamte sind am Drogengeschäft beteiligt oder drücken gegen üppige Bestechungsgelder beide Augen zu. Die Tendenz der Regierung, vermehrt regionale Warlords zu Ministern zu ernennen, verstärkt diese Verflechtung noch.

Die Verschlechterung der Sicherheitssituation hat teilweise ihre Ursache in der Finanzierung terroristischer Aktivitäten durch Drogengelder. Die Regierung wird durch die Machenschaften extremistischer Organisationen geschwächt und verfügt nur über eingeschränkte Möglichkeiten, gegen den Drogenanbau und -handel vorzugehen – so schließt sich der Teufelskreis.

Der Anbau und Genuss von Drogen ist sowohl durch staatliche als auch durch islamische Gesetze verboten. Da sich viele Afghanen vom Staat vergessen und betrogen fühlen und oft auch keine andere Wahl haben, ignorieren sie diese Verbote. Der Staat wird im ländlichen Raum nur von weni-

gen Einheimischen als eine Ordnungsmacht akzeptiert, die zu einer Entscheidung über legal und illegal befugt ist. Eine **Verhaltensänderung** könnte wahrscheinlich nur auf dörflicher Ebene bewirkt werden: durch religiöse Würdenträger, die mit Verweisen auf islamische Verbote ein Unrechtsbewusstsein hervorrufen, und durch konkrete Maßnahmen, den ländlichen Lebensraum zu entwickeln und alternative Wirtschaftsformen zu schaffen. In der Zeit des antikommunistischen Widerstandes wurde die Ausweitung des Opiumanbaus ideologisch untermauert. Die Drogen sollten gegen die sowjetischen Besatzer verwendet werden und die Kampfkraft der Streitmächte zersetzen. Gleichzeitig wurde der Djihad mit den Erlösen aus dem Drogenhandel finanziert.

Drogen-Rehabilitationszentrum

KULTURELLE PFEILER DER
AFGHANISCHEN GESELLSCHAFT

*‚Wir kennen ein Wort, das beschreibt, was wir tun, und unsere Art
zu denken zusammenfasst. Das Wort heißt anguruzuminabstafil'.
Und der Agha erzählte eine alte Sufi-Geschichte.
‚Vier Männer, ein Perser, ein Türke, ein Araber und ein Grieche
waren unterwegs zu einem fernen Ort. Sie stritten sich,
wie sie das einzige Geldstück, das sie noch besaßen, ausgeben sollten.
Ich möchte angur kaufen, sagte der Perser.
Ich will uzum, meinte der Türke.
Nein, ich will inab, sagte der Araber.
Ach was, sagte der Grieche, wir sollten stafil kaufen.
Ein anderer Reisender, ein Sufi, der gerade vorüber kam, sprach sie an:
Gebt mir die Münze. Ich werde einen Weg finden,
euer aller Wünsche zu befriedigen.
Zuerst wollten sie ihm nicht trauen, dann gaben sie ihm die Münze. Er
ging zum Stand des Obsthändlers und kaufte vier Büschel Weintrauben.
Da ist ja mein angur, sagte der Perser.
Das ist doch genau das, was ich uzum nenne, rief der Türke.
Sie haben mir inab gebracht, sagte der Araber.
Ach was, sagte der Grieche, in meiner Sprache heißt das stafil.
Die Männer ließen jeden Streit sein und teilten sich die Weintrauben'.
Der Agha sprach: ‚Die Reisenden sind vier gewöhnliche Menschen mit
verschiedenem Glauben. Der Sufi zeigt ihnen, dass der Grund ihrer
Religionen in Wahrheit derselbe ist. Er bietet ihnen jedoch
keinen Wein an, jene Essenz, welche die innere Lehre bedeutet.
Der Wein ist für ein späteres Stadium'.*

(aus *Rumis* Hauptwerk „Mathnawi-e Manawi" –
„Spirituelle Verse", in: I. Shah, 1986)

Islamische Ornamentik

Religion und Weltbild – der Islam

Ich befehle dir, jedem Bedrängten beizustehen,
mag er nun ein Muslim sein oder nicht.
(Ausspruch des Propheten *Muhammad*)

Koran und Sunna

Der Koran, Gottes Wort (und damit unumstößlich und unveränderlich), ist die Grundlage des Islam und baut religionsgeschichtlich auf den heiligen Büchern der monotheistischen Religionen der Juden und Christen (Thora und Bibel) auf.

Die **Offenbarung des Korans** erstreckte sich über einen Zeitraum von zwei Jahrzehnten. Im Alter von vierzig Jahren widerfuhren dem Propheten *Muhammad* in einer Höhle religiöse Visionen, die ihn von seinem göttlichen Auftrag überzeugten. *Muhammad* wurde im Jahr 570 in Mekka geboren, aber erst mit der **Hidjra,** seiner Auswanderung von Mekka nach Medina, beginnt die Zeitrechnung der Muslime. Im Jahr 621 wurde Jathrib, die Stadt des Exils, zu Medina, der Stadt des Propheten. 632 starb *Muhammad* im Haus seiner Frau *Aischa,* deren Vater (*Abu Bakr*) zu seinem ersten Nachfolger gewählt wurde. Die Aufgabe des *Kalifen,* wie die Nachfolger genannt wurden, bestand in der Leitung der Gemeinde beim Gebet und im Krieg.

Das heilige Buch wurde von *Osman,* dem dritten Kalifen und Nachfolger *Muhammads,* aufgezeichnet, dies ist als authentische Fassung anerkannt. Der Koran enthält Richtlinien und Anordnungen für das tägliche Leben und die gesellschaftliche Ordnung. Er ist die Manifestation des Wortes Gottes, bietet aber nicht genug Informationen, um alle Belange des Lebens zu regeln.

Nicht nur der wörtliche Inhalt des Korans hat für die Gemeinde der Gläubigen höchste Bedeutung, sondern auch die korrekte **Rezitation der Suren** in der arabischen Originalsprache. Die wohlklingende Wiedergabe soll magische Wirkung haben und deshalb sind Kassetten und CDs sehr beliebt, auf denen der Koran von berühmten Interpreten vorgetragen wird. Das Hören und Rezitieren der Suren gilt als verdienstvolle Beschäftigung und dient der Erbauung des Gläubigen. Der Koran als Buch wird besonders pfleglich behandelt und in Ehren gehalten. Im Haushalt wird er, in ein schönes Tuch gewickelt, an einem hochgelegenen Ort aufbewahrt, damit kein anderes Buch „über ihm steht". Schon die Gläubigen der Frühzeit benötigten weitere Quellen, auf die sie bei ungeklärten Fragen zurückgreifen konnten. So entstand die **Sunna** (Tradition), die den Gläubigen empfiehlt, sich am Vorbild des Propheten zu orientieren, sie wurde zur zweitwichtigsten Schrift des Islam. Man trug alles zusammen, was der Prophet *Muhammad* gesagt, getan und gebilligt hatte. Die Anordnungen über die religiösen Pflichten sowie ein Großteil des islamischen Strafrechts lassen sich aus der *Sunna* ableiten.

Im Laufe der Jahrhunderte kamen weitere überlieferte Berichte oder Aussprüche hinzu, die als **Hadithe** (Aussprüche des Propheten) bezeichnet werden. Sie bilden die Grundlage für die Sunna. Viele der Hadithe waren gefälscht oder neu erfunden und mussten geprüft und bewertet werden. Bei jedem Hadith musste festgestellt werden, ob sich die Kette der Überlieferer lückenlos bis zu *Muhammad* oder dem Kreis seiner Vertrauten zurückverfolgen lässt. Der Gelehrte *Bukhari,* der im 9. Jahrhundert lebte, soll 60.000 Hadithe auf ihre Echtheit überprüft und 7000 als authentisch beurteilt haben. Die Hadith-Sammlung von *Bukhari* stellt die bedeutendste und bekannteste dar. Weite Teile der sunnitischen Rechtsprechung basieren auf *Bukharis* Zusammenstellung. Zusammen mit fünf anderen Sammlungen bildet sie die Sunna*,* nach der sich die *Sunniten* benannt haben.

„Wahrlich, in dem Gesandten Allahs hattet ihr ein schönes Beispiel für jeden, der auf Allah und den Jüngsten Tag hofft und oft Allahs gedenkt." (Koran; Sure 33,21, Übersetzung von *Max Henning*)

Lassen sich neu entstehende Probleme nicht mit Koran und Sunna allein lösen, können Konsens und Analogieschluss zu Hilfe genommen werden. Der Konsens ist ein von den Rechtsgelehrten gemeinschaftlich gefundenes Urteil zu bestimmten Fragen der **Rechtsprechung.** Bei der Anwendung des Analogieschlusses wird von einem im Koran oder der Sunna behandelten Fall auf einen ähnlich gelagerten geschlossen. Ein oft genanntes Beispiel ist das in beiden Schriften festgehaltene Verbot des Weingenusses – im Analogieschluss wird das Verbot auf alle alkoholischen Getränke ausgeweitet. An der Frage, ob ein Konsens als Mittel der Rechtsfindung zulässig ist, entzweien sich die **vier sunnitischen Rechtsschulen.** Malikiten, Schafiiten, Hanafiten und Hanbaliten stehen aber trotzdem gleichberechtigt nebeneinander.

Die **Scharia** („was vorgeschrieben ist") ist das islamische Religionsgesetz und basiert auf den in Koran und Sunna festgelegten Vorschriften. Alle Informationen aus diesen beiden Schriften werden zum Gesetz erhoben. Auch das Strafmaß der Scharia richtet sich zum größten Teil nach den dort beschriebenen Bestrafungen – es ist gottgegeben und verbindlich. Bei Ehebruch z. B. droht Verheirateten die Steinigung. Einem Dieb ist die rechte Hand abzuschlagen und auf den, der vom Glauben abfällt, wartet ebenfalls die Todesstrafe durch Steinigung. Für Mord wird das Vergel-

tungsrecht angewandt: Der nächste männliche Verwandte des Opfers erhält das Recht, den Täter eigenhändig zu töten.

Viele islamische Länder haben im 19. Jahrhundert begonnen, **Strafgesetzbücher** zu erlassen, die sich an der Rechtsprechung europäischer Länder orientieren. In ihnen werden viele Strafen abgemildert und zwischen „Sünde" und „Verbrechen" unterschieden (diese Unterscheidung gibt es in der Scharia nicht). Im Zuge der Re-Islamisierung wurde die Scharia in einigen islamischen Ländern wieder eingeführt.

Die **Fatwa** ist ein Rechtsgutachten, das religiös ausgebildete Rechtsgelehrte ausstellen. Wird z. B. die Legitimation eines Herrschers angezweifelt, muss herausgefunden werden, ob er noch den Ansprüchen an einen „guten Muslim" genügt oder ob er gegen islamische Gebote verstoßen hat. Besagt die Fatwa, dass er vom Glauben abgefallen ist, steht sein Sturz bevor. Ein Djihad gegen den gottlosen Herrscher wäre gerechtfertigt. Da als Grund eine Kooperation mit Vertretern feindlicher Mächte oder „Ungläubigen" ausreicht, bemühten und bemühen sich afghanische Herrscher, ihren Ruf als „gute Muslime" zu pflegen und den Staat in Übereinstimmung mit der Scharia zu regieren. Dadurch, dass Vertreter der einen religiöse Gruppe den Machthaber als legitim erklären und Anhänger einer anderen Fraktion genau das Gegenteil in einer *Fatwa* festhalten können, kann ein regelrechter **Wettstreit der Rechtsgutachten** entbrennen.

Die Fünf Säulen des Islam

- Das **Glaubensbekenntnis** ist die erste der fünf Säulen des Islam, mit dem die Annahme des islamischen Glaubens ausgedrückt wird. „Ich bezeuge, dass es keinen Gott außer Gott gibt und dass *Muhammad* sein Gesandter ist". *Muhammad* gilt als der letzte Prophet in der langen Reihe der Propheten und schließt somit die früheren Offenbarungen ab.
- Die zweite Säule ist das **Pflichtgebet,** das fünfmal am Tag verrichtet werden muss. *Azan,* der Ruf vom Minarett der Moschee, soll die Gläubigen daran erinnern. Bedingung für ein korrektes Gebet ist die Reinheit des Körpers, weshalb vor jedem Gebet eine kurze Waschung stattfindet. Nach groben Verunreinigungen oder vor dem Freitagsgebet in der Moschee ist eine ausführliche Waschung erforderlich. Frauen in Afghanistan verrichten ihre Gebete üblicherweise in ihren Häusern und nicht öffentlich in Moscheen.
- *Zakat* ist die dritte Säule des Islam und bezeichnet das festgelegte **Almosengeben.** Es handelt sich um eine Art Steuer, die für Arme und Bedürftige oder den Aufbau von Religionsschulen verwendet wird. Im Idealfall soll *Zakat* als Teil eines Sozialsystems die Versorgung der Armen durch „Besteuerung" der Reichen sichern und wird vom Staat erhoben.
- Die vierte Säule ist die **Pflicht des Fastens** im Monat *Ramadan,* dem neunten Monat des islamischen Mondkalenders von 354 Tagen. Ramadan gilt als der heilige Monat des Islam, weil zu diesem Zeitpunkt die Offenbarung des Korans an den Propheten begann. Von Sonnenaufgang bis Sonnenuntergang nehmen die Gläubigen keinerlei Speise oder Flüssigkeit zu sich. Erst am Abend nach dem Gebet trifft man sich zum *Iftar,* dem Fastenbrechen und gemeinsamen Mahl. Der Mensch soll sich eine Zeit lang von profanen Bedürfnissen abwenden und auf Gottes Wort konzentrieren. Das Eid-Fest am Neumondtag beendet die Fastenzeit.
- Die fünfte und letzte Säule des Islam ist die *Hadj,* die **Pilgerfahrt nach Mekka.** Die große Pilgerfahrt findet jährlich im Monat *Dhu al-hidja* statt, die kleine Pilgerfahrt, auch *Umrah* genannt, kann zu jeder beliebigen Zeit erfolgen. Der Geburtsort des Propheten ist das Ziel von Millionen Gläubigen, die diese Reise zumindest einmal in ihrem Leben unternehmen sollten. Ein Zustand der rituellen Reinheit ist angestrebt – die Pilger scheren ihre Köpfe (zumindest die Männer) und legen reine weiße Gewänder an. Sie verrichten ihre Gebete und umrunden die **Kaaba,** die als

Schulmädchen in Kabul

religiöses Symbol an den Stein erinnert, auf dem *Abraham* Gott sein größtes Opfer, seinen eigenen Sohn, darbringen wollte. Überreste des Tempels, den *Abraham* für Gott errichtet hat, sollen in das Gebäude der Kaaba integriert sein. Der mit schwarzen Tüchern abgedeckte Schrein hat eine große Tür aus Gold und Silber, die einmal im Jahr zu Beginn der Pilgersaison von hohen islamischen Würdenträgern geöffnet wird. Die große Pilgerfahrt beginnt und endet in Mekka. An verschiedenen anderen heiligen Orten, die als Zwischenstationen dienen, werden aber weitere religiöse Rituale durchgeführt. Viele Pilger besuchen auch Medina, die Stadt des Propheten, 300 km von Mekka entfernt. Hauptbestandteil der kleinen Pilgerreise ist das Umrunden der Kaaba in Mekka. Kein Gläubiger muss sich für die Hadj in Schulden stürzen, aber wer es sich finanziell leisten kann, soll sich auf die Pilgerreise begeben. Die in die Heimat zurückkehrenden Pilger werden mit allen Ehren empfangen und tragen zukünftig den Titel *Hadji* – oder *Hadja* für Frauen, denn auch für sie gilt die heilige Pflicht der Pilgerreise.

Islamische Konfessionen: Sunna und Schia

In Afghanistan kommen die beiden großen islamischen Konfessionen der **Sunna** und **Schia** vor. Über 85 % der Bevölkerung sind Sunniten und erkennen die hanafitische Rechtsschule an. Ungefähr 15 % – hauptsächlich Angehörige der ethnischen Gruppe der Hazara – bekennen sich zur *Schia* oder *Schiat Ali* (Partei Alis).

Die Spaltung des Islam in die sunnitische und die schiitische Glaubensrichtung ergab sich aus dem **Streit um die Führerschaft** der religiösen Gemeinschaft nach dem Tod des Propheten *Muhammad*. Der Prophet *Muhammad* hatte keine direkten männlichen Nachkommen und hatte weder einen Nachfolger bestimmt noch eine Vorgehensweise zu dessen Wahl festgelegt. Zunächst war unklar, wie man die Führer auswählen und welche Macht man ihnen zugestehen sollte. Sollte sich die Führungsrolle aus der Abstammungslinie, also der Erbfolge ergeben – oder sollten die Anführer von den Gläubigen gewählt werden? Nach orthodoxer islamischer Lehre ist eine legitime Herrschaft allein im **Kalifat** möglich, denn es vereint die religiöse und politische Führung der muslimischen Gemeinde *(Umma)*. Über dem Kalifen steht allein das religiöse Gesetz, die *Scharia*, die aus den Rechtsquellen Koran und Sunna schöpft.

Schuhwächter vor einer Moschee

Die muslimischen Führer, die nach dem Tode des Propheten zusammenkamen, wählten *Abu Bakr,* den Vater von *Muhammads* Lieblingsfrau *Aisha,* zum Nachfolger. 634 wurde *Omar ibn al-Chattab* zum zweiten Kalifen gewählt und zehn Jahre später wurde *Uthman ibn Affan,* ein Schwiegersohn des Propheten, der dritte Kalif. Seine Regierungszeit erhielt Bedeutung durch die endgültige Abfassung des Korans. Seine politischen Gegner waren Anhänger des Vetters des Propheten, *Ali ibn Abi Talib,* und wählten ihn zum vierten Kalifen. Die *Omaiyaden* aber, eine einflussreiche, mit dem Propheten verwandte Familie aus Mekka, verweigerten *Ali,* dem viertem Kalifen, die Gefolgschaft. Es kam zum Ausbruch von Kämpfen und *Ali* fiel 661 einem Attentat zum Opfer. Die Anhänger *Alis,* des letzten der „vier rechtgeleiteten Kalifen", nannten sich **Schiiten.** Sie hielten daran fest, dass *Alis* Nachkommen die rechtmäßigen Führer der muslimischen Gemeinde sind. *Alis* Sohn *Hassan* verzichtete auf den Herrschaftsanspruch, aber sein Bruder *Hussain* versuchte mit Waffengewalt, der nächste Kalif zu werden. Er wurde 680 in der Schlacht von *Kerbela* geschlagen. Die gewaltsamen Tode von *Alis* Söhnen *Hussain* und *Hassan* sind Tragödien, die tiefen Eindruck in der schiitischen Glaubensrichtung hinterlassen und Eingang in die Dichtung gefunden haben. Ihr Todestag, der Ashura genannte 10. Tag des Monats **Muharram,** ist ein hoher und sehr emotionaler Feiertag der Schiiten.

Nach schiitischer Lehre hatte *Muhammad* vor seinem Tod *Ali* in die Geheimnisse des Glaubens eingeweiht, demnach steht ihm das Recht der Nachfolge zu. *Ali* wird von der Mehrheit der sunnitischen Muslime verehrt und anerkannt, aber lediglich als enger Gefährte des Propheten und letzter der sogenannten vier rechtgeleiteten Kalifen. Die schiitischen Muslime glauben, dass die Nachfolge des Propheten von Gott entschieden und von *Muhammad* verkündet wurde – somit haben *Ali* und seine männlichen Nachkommen (sofern sie die entsprechenden geistigen Qualifikationen aufweisen) ein unumstößliches Recht auf die Führungsposition in der Gemeinde. Die Sunniten glauben nicht an dieses erbliche Fortsetzungsrecht – sie überlassen die Entscheidung den Gläubigen oder einem Wahlgremium.

Die Mehrheit der afghanischen Schiiten gehört den **Zwölfer-Schiiten** an, die auch die dominierende Richtung im Nachbarland Iran darstellt, das Einfluss auf die afghanischen Schiiten ausübt. Der **Imam** ist der religiöse Führer der muslimischen Gemeinde. Wird er zum Kalifen erhoben, erhält er auch politische Macht und Kontrolle über die Armee. Die Imame gelten wie die Propheten als göttlich legitimiert. Die Schia glaubt, dass Imam und Koran die zwei untrennbar miteinander verbundenen Säulen religiöser Erkenntnis sind. Die Zwölfer-Schiiten führen die Reihe der Nachfolge bis zum zwölften Imam *Muhammad al-Mahdi* fort, der als „Verborgener Imam" bezeichnet wird, weil er angeblich als Kind in die Verborgenheit „entrückt" wurde. Es wird erwartet, dass er einst als Erlöser *(Mahdi)* zur muslimischen Gemeinde zurückkehrt. Die schiitische Geistlichkeit übt in der Zwischenzeit nur vertretungsweise die Macht für den verborgenen Imam aus. Die konfessionelle Zugehörigkeit der Schiiten in Afghanistan kann man oft an den bevorzugten Namen *Ali, Hussain* und *Hassan* ablesen.

Eine Minderheit unter den afghanischen Schiiten sind die **Ismaeliten,** deren eine Untergruppe (Nizari-Ismaeliten) als Anhänger des *Aga Khan* bekannt geworden sind. Die Ismaeliten sind **Siebener-Schiiten,** die eine Reihe von sieben Imamen verehren und sich auf den siebten und letzten Imam *Ismail* stützen. Der jetzige Karim *Aga Khan* IV. ist ihre unfehlbare religiöse Autorität, sein Vorfahre, *Aga Khan III.* hat 60 Jahre lang die Gemeinde geführt und ihr behutsam eine weitsichtige Reformpolitik und moderne Weltanschauung näher gebracht. Die Imame der Siebener-Schiiten gelten als Imam-Kalifen, obwohl das Kalifat seit 1926 faktisch nicht mehr besteht. In jenem Jahr versuchte man, nachdem die Kalifate in der Türkei und in Saudi-Arabien beendet worden waren, auf einem muslimischen Kongress in Kairo einen neuen Kalifen zu wählen, aber der Versuch scheiterte.

Religiöse Würdenträger und Bildungseinrichtungen

Die **religiöse Geistlichkeit** (Ulema) in Afghanistan verfügt über keine zentrale Institution, keine einheitliche Führung oder geschlossene Organisationsstruktur. Es gibt aber Zigtausende von geistlichen Würdenträgern. Sie beziehen ihre Autorität aus unterschiedlichen Quellen: aus einem theologischen Studium und der Kenntnis religiöser Schriften, aus der direkten Abstammung von religiös hervorragenden Menschen wie dem Propheten oder aus dem ererbten oder erworbenen mystischen Wissen und dem Besitz von Segenskraft (s. Kapitel „Mystik und Schreinkultur").

Die **Nachfahren des Propheten,** die den Namenszusatz Sayed tragen dürfen, genießen in Afghanistan ein besonderes Ansehen. Ihre Abstammung lässt sich nicht wirklich nachweisen und um weiterem Macht- und Respektverlust vorzubeugen, heiraten Sayeds bevorzugt innerhalb der eigenen Gruppe. Sayeds können zu regional einflussreichen und wohlhabenden Familien gehören – sie verfügen auch über die religiöse Segenskraft – müssen aber nicht zwangsläufig religiöse Funktionen erfüllen.

Die **Geistlichen** werden durch Akzeptanz und Inanspruchnahme ihrer Autorität seitens der Gläubigen legitimiert – und nicht durch den Staat. Ihre weltanschauliche Basis ist die Botschaft des Islam, ihre grundlegende Verbindung mit der Gesellschaft ist in erster Linie die des Lehrers (Alim) zum Schüler (Talib). Doch gibt es aufgrund des großen Einflusses der Geistlichkeit auf alle religiösen Bereiche, auf Recht und Gesetz sowie auf Bildung und Wissenschaft eine starke Vernetzung und Verflechtung mit allen Teilen der Gesellschaft. Der Staat hat seine eigenen Mechanismen, um religiöse Gelehrte in staatliche Strukturen einzubinden und ihren Einfluss zu kontrollieren. In der Hauptstadt und in den Provinzen Afghanistans verfügen die Gemeinden aber über hierarchische Strukturen, die teilweise durch die religiösen Stiftungen, Waqf, in die staatliche Verwaltung eingebunden sind.

Auf der höchsten Ebene der islamischen Würdenträger stehen die **religiösen Gelehrten,** die ein theologisches Studium abgeschlossen haben. Sie gehören häufig zur traditionellen Oberschicht und besitzen Grundeigentum. Ihre einflussreiche Position basiert auf ihrer religiösen Bildung und der Kenntnis der arabischen Sprache. Ihre Bildung qualifiziert sie, als Rechtsprecher die Einhaltung der islamischen Gebote und der Moral zu überwachen und das religiöse Leben zu organisieren. Die religiöse Geistlichkeit, Ulema, ist auch im Besitz der Lehrbefugnis. Innerhalb der Gruppe der Gelehrten gibt es Spezialisierungen: Der Mufti beantwortet religiöse Fragen und trifft verbindliche religiöse Aussagen (z. B. Fatwas), der Qadi bekleidet das Amt des obersten Richters, beide können aber auch als Prediger oder Vorsteher großer Moscheen auftreten. Diejenigen, die eine islamische Hochschule besucht und ein theologisches Studium abgeschlossen haben, dürfen den Titel *Maulawi* tragen.

Die religiösen Vertreter, die in direktem Kontakt zur Gemeinde stehen, sind die *Imame* (Moscheevorsteher), die *Mullahs* (Dorfgeistlichen), die *Muezzin* (Gebetsrufer) und die *Kari* (Koranrezitatoren). Sie verfügen oft – aber nicht immer – nur über eine rudimentäre Ausbildung, die sich auf das Lesen und Rezitieren des Korans beschränkt.

Während die Maulawis zumindest noch regionale Bedeutung haben, ist die religiöse Erziehungsfunktion der **Mullahs** auf einzelne Dörfer beschränkt. Eine ihrer wichtigsten Aufgaben ist es, Kindern die elementaren islamischen Regeln zu vermitteln und ihnen als Dorflehrer das Lesen und Schreiben beizubringen. Sie leiten auch die religiösen Handlungen bei Geburten, Beschneidungen, Hochzeiten und Beerdigungen. Da viele Dorfgeistliche schreibkundig sind und über mehr Bildung als die meisten Bewohner verfügen, beraten sie manchmal auch in Rechtsfragen oder wirken als Vermittler zwischen ihrer Gemeinde und staatlichen Behörden. In manchen Fällen ist der Mullah aber auch Ankläger und Richter in einer Person und bestraft Vergehen gegen die islamische Moral. Im Rahmen der religiösen Stiftung (*Waqf*) verwalten Mullahs die Moschee des Dorfes. Die Moschee dient nicht nur als Haus des Gebets und als Schule, sondern wird auch als Gemeindezentrum und Gästehaus genutzt.

Ihren Lebensunterhalt bestreiten die Mullahs meist durch Anteile an Ernte und Viehbestand des Dorfes oder werden direkt von einzelnen Haushalten für bestimmte Dienstleistungen bezahlt. Die religiöse Autorität der einzelnen Mullahs ist sehr unterschiedlich: Manche verfügen über ein hohes gesellschaftliches Ansehen, andere gelten als ungebildet und geldgierig. Viele Legenden ranken sich um die zweifelhafte Natur des Dorfmullahs – das berühmteste literarische Beispiel sind die Geschichten um den gewitzten *Mullah Nasruddin*.

Die Koranschulen gehören zu den **traditionellen religiösen Bildungseinrichtungen.** Vor allem Jungen werden in die Moschee geschickt, um eine religiöse Grundbildung zu erhalten. In einigen Orten gibt es auch Mädchenklassen, die oft in einem Privathaushalt abgehalten werden. Neben Alphabetisierung und Grundregeln der Religion steht praktische Hauswirtschaft auf dem Lehrplan. Die Kinder lernen das arabische Alphabet und lesen den Koran, aber auch klassische Werke der persischen Literatur, bevorzugt von *Saadi* (persischer Dichter und Mystiker, der unter dem Namen *Mosharref ad-Din Abdullah* um 1190 in Shiraz geboren wurde) oder *Hafez* (persischer Nationaldichter, als *Chadshe Shams al-Din Muhammad Hafez-e Shirazi* um 1320 in Shiraz geboren), werden ihnen vermittelt.

Manchmal wird die *Maktab* (Koranschule) ergänzend zu einer staatlichen Schule besucht, in vielen ländlichen Regionen Afghanistans ist sie aber die einzige verfügbare Bildungseinrichtung. Schüler, die Interesse an den religiösen Lehrinhalten zeigen und deren Eltern sich den Verlust der Arbeitskraft ihrer Kinder leisten können, werden in eine **Madrase** geschickt. Diese höheren religiösen Schulen gibt es allerdings nur in einigen Provinzen. Unterkunft und Verpflegung sind in den meisten Fällen frei, denn es finden sich immer wieder Förderer für diese Einrichtungen. Eine *Madrase* zu stiften gilt als religiöser Verdienst. Hier ist der Unterricht nicht auf religiöse Themen beschränkt, auch klassische arabische Wissenschaften stehen auf dem Lehrplan. Nach erfolgreichem Abschluss dürfen sich die Studenten „Religionsgelehrte" nennen und als Qadi oder Mufti arbeiten, auch die Position eines Mullahs steht ihnen offen.

Besonders talentierte Schüler können angesehene **islamische Hochschulen** im Ausland besuchen, die teilweise über ein breites und anspruchsvolles Lehrangebot verfügen. Besonders beliebt sind Schulen in Pakistan und im Iran, zum einen wegen der räumlichen Nähe, zum anderen, weil sich dort großzügige Förderer für Stipendien finden.

Die *Ulema* (religiösen Gelehrten) haben in Afghanistan von jeher eine **wichtige Rolle** gespielt, blieben aber immer abhängig von den jeweiligen Herrschern. Ihre Schulen werden zwar durch religiöse Stiftungen finanziert, da ihnen aber keine zentrale Organisations- und Finanzstruktur zur Verfügung steht, müssen sie gute Beziehungen zu staatlichen Vertretern und örtlichen Autoritäten pflegen. Je nach Region und Situation bemühen sich die Gelehrten um die Gunst von Stammesführern, Dorfvorstehern und *Khanen* (einflussreichen Führungspersönlichkeiten), um ihre lokalen Strukturen zu finanzieren und ihre Ziele zu verfolgen. Die regionalen Au-

toritäten fordern im Gegenzug für ihre Unterstützung oft die religiöse Absegnung ihrer eigenen Vorhaben. Herrscher haben immer wieder *Fatwas* der religiösen Gelehrten für ihre eigenen Zwecke missbraucht.

Die **lokalen Geistlichen** waren aufgrund ihrer engen Volksverbundenheit oftmals in der Lage, trotz ihrer lokalen Einschränkungen, das Volk gegen bestimmte Herrscher zu mobilisieren, wie der Sturz von König *Amanullah* im Jahr 1929 zeigte. Allerdings handelten die geistlichen Autoritäten im Einklang mit politisch motivierten Führern, sodass erstere ihren Einflussbereich vergrößern konnten.

König *Nadir Shah* hatte aus diesen Ereignissen gelernt und bemühte sich, die Geistlichkeit in seine **Regierung** mit einzubeziehen. Er bestellte den religiösen Führer *Umar Mujaddidi* als Justizminister in sein Kabinett und gründete den „Rat der Gelehrten", wodurch er die religiösen Würdenträger leichter beeinflussen konnte.

Es wurden **staatliche Schulen** gegründet, deren Absolventen das Privileg hatten, an der Scharia-Fakultät der Universität Kabul (gegr. 1951) weiterstudieren zu können. Dieser Studiengang sollte den Bildungsstand der Richter anheben, die sich nur in der traditionellen islamischen Rechtsprechung, aber nicht in den modernen Gesetzen des Staates auskannten.

Schulprobleme?

Auch Premierminister *Muhammad Daud* versuchte Mitte der 1950er Jahre, die Macht der religiösen Führer weiter einzuschränken und Afghanistan zu einem **säkularen Staat** umzuformen. Der Widerstand der Geistlichkeit blieb zunächst gering und wurde von der noch bestehenden Monarchie als Gegengewicht zu dem kommunistischen Einfluss geduldet. Nach dem **kommunistischen Putsch** von 1978 wurden die religiösen Gelehrten allerdings massiv verfolgt und umgebracht. Viele begaben sich ins Exil nach Pakistan und formierten mit Unterstützung fundamentalistischer Gruppen den Widerstand gegen die kommunistische Regierung.

Mystik und Schreinkultur

Komm in die Gemeinschaft der Seligen,
damit du Freude empfindest.
Betritt die Straße der Tavernen,
damit du sie siehst, trunken von süßem Wein.
Stürze hinunter den Becher der Ekstase
und schäme dich nicht.
Schließe deine Augen, damit du das eine Auge erblickst.
Willst du umarmt werden, so öffne deine Arme.
Zerbrich dein hölzernes Idol,
damit dir das Angesicht Gottes erscheine.

(*Rumi,* in: I. Shah, 1986)

Die orthodoxen und rechtlichen Aspekte des Islam erfüllen für viele Gläubige nicht alle geistigen und spirituellen Bedürfnisse. **Die Mystiker** bedienen sich bildhafter Darstellungen, um ihre Vorstellungen und Glaubensinhalte zu vermitteln. Viele einfache Menschen können mit den leicht verständlichen, moralisierenden Geschichten mehr anfangen als mit trockener und komplexer islamischer Theorie. Die *Sufis* verzichteten auch darauf, ihre Predigten in Arabisch zu halten, sondern bedienten sich der jeweiligen Landessprache. Menschen brauchen Hilfe bei der Bewältigung von Alltagsproblemen, und die wurde von den oft als Wanderpredigern auftretenden *Sufis* angeboten – sie erzielten ihre Erfolge durch Warmherzigkeit und Humanität. Die Mystiker fühlten sich immer eng mit dem Volk verbunden, boten nicht nur eine **volkstümliche Interpretation des Islam,** sondern predigten auch Toleranz und Großzügigkeit. Ihre leidenschaftlichen Gefühle werden in Gedichten, Liedern und mitreißender Musik ausgedrückt, die auch dazu genutzt werden, dem Schöpfer durch Liebe und ekstatische Bewusstseinszustände näher zu kommen und schließlich mit ihm eins zu werden. Dieser mystische Aspekt wird oft **Volksislam** genannt, obwohl sich auch Herrschende und Intellektuelle zu ihm bekennen – auch mancher Mullah, der sonst eher den orthodoxen Aspekt des Islam zu vertreten hat. Die meisten Afghanen sehen keinen Widerspruch zwischen orthodoxer Ausrichtung des Islam und mystischer Volksreligiosität.

Der Begriff **Sufik** ist eine Übersetzung des arabischen Wortes *Tasawwuf,* abgeleitet von der Vokabel *Suf* (Wolle). *Tasawwuf* beschreibt die Gewohnheit der islamischen Mystiker, sich als Ausdruck ihrer asketischen Lebensweise in eine grobe Kutte aus Wolle zu kleiden. Die Sufik ist integraler Bestandteil des Islam und wird von der Islamwissenschaftlerin *Schimmel* als die „innere Dimension des Islam" bezeichnet (siehe A. Schimmel, 1990). In jeder Religion existiert ein äußerer Bereich, die Exoterik, und ein innerer Bereich, die Esoterik. Zu den äußeren Inhalten des Islam gehören Gebet, Fasten und die Abkehr vom Bösen. Sie werden von der Scharia, dem islamischen Gesetz, geregelt. Der innere Bereich fußt auf mystischen Quellen und enthält den Glauben, die Dankbarkeit gegenüber Gott, die Reinheit und die Bekämpfung der Triebseele.

Die islamische Mystik lebt von **spirituellen Traditionen** und der Begegnung von Kunst und Religion. Die Literatur bildet einen Kern der mystischen Bewegung. Die großen Denker und Dichter des persischen Mittelalters – *Omar Khayyam, Farid ud-Din Attar, Djalal ad-Din Rumi* und *Chadshe Shams al-Din Muhammad Hafez-e Shirazi,* bekannt unter *Hafez* – beeinflussten die spirituellen Traditionen erheblich. Auch heute noch nutzen Lehrer der Sufik mystische Texte zur Unterrichtung ihrer Schüler. Die Verse sind aber auch im alltäglichen Sprachgebrauch der Menschen in Afghanistan präsent und in der klassischen Musik werden sie vertont. Die Dichtung der oben genannten Klassiker ist zeitlos und hilft den Menschen, die Welt um sie herum zu verstehen. Die Spiritualität der Sufis wurzelt in der direkten und ungestörten Verbindung zwischen Gott und den Gläubigen. Diese angestrebte direkte Beziehung zu Gott ist intimer und persönlicher als die institutionalisierte Religion, so wie sie von den islamischen Geistlichen repräsentiert wird. Die Mystiker preisen die Offenheit des Menschen und seine Bereitschaft, mit der Welt zu kommunizieren. Ihre Ausgangsbasis ist **die Liebe zu Gott und allen Mitmenschen.**

Die Sufik ist wahrscheinlich das Ergebnis einer Mischung aus verschiedenen Kulturen und Religionen, denn es sind Elemente aus dem Hinduismus, dem Glauben der *Zoroastrier,* dem jüdischen Mystizismus und dem Islam zu finden.

Die Sufis, die zunächst als Einzelpersonen auftraten, organisierten sich immer stärker in Orden (*Tariqa),* die sich in der gesamten islamischen Welt angesiedelt haben. Die **mystischen Bruderschaften** (s. u.) haben sich in allen Teilen der Bevölkerung eine breite Anhängerschaft sichern können. Durch eine Verzahnung mit anderen gesellschaftlichen Bereichen wie der Politik und der Kultur, konnte die Sufik ihre Position in der Gemeinschaft der Muslime zu jeder Zeit behaupten.

Mit der Entwicklung der islamischen Mystik hat sich auch die **Heiligenverehrung** etabliert. Spirituelle Führer werden aufgrund ihrer Lehren und Taten als Heilige verehrt und diese Wertschätzung erlischt auch nach ihrem Tod nicht. Dazu gehören bedeutende Mystiker wie die Gründer der Orden, religiös besonders herausragende Menschen und die Dichter der Sufik.

Als Orte der Heiligenverehrung in Afghanistan dienen die **Schreine,** in denen mystische Lehrer begraben wurden. Diese Wallfahrtsorte werden als *Ziarat* bezeichnet und sind farbenprächtige, reich geschmückte Grabanlagen, in denen auch mehrere geistige Führer beigesetzt sein können. Das eigentliche Grab wird als *Mazar* bezeichnet.

Es gibt eine große Zahl von Heiligenschreinen in Afghanistan, die von Tausenden von Pilgern besucht werden. Sie erbitten Heilung, Trost, Kraft und Hilfe in schwierigen Lebenslagen. Viele Menschen glauben, dass der mehrfache **Besuch der Heiligengräber** gleichwertig mit der Pilgerfahrt nach Mekka sei. Das Grabmal ist der Mittelpunkt des Schreins und das Zentrum der Kraftübertragung. Den Heiligen wird nachgesagt, dass sie Wunder *(Karamat)* vollbringen konnten und über eine spezielle Segenskraft *(Barakat)* verfügten. Die Kraft, die heilen und segnen kann, wird durch Berührung übertragen, deshalb ist es sehr wichtig für die Gläubigen, direkten Kontakt mit dem Heiligengrab oder einer Reliquie aufzunehmen. Es ist nicht nur eine Übertragung der Segen spendenden Kräfte möglich, sondern auch eine Speicherung in einem Behältnis, das als Amulett getragen wird.

Schreinbesucher schreiten um das Grab, entnehmen Staub und Erde (die in Wasser oder Tee aufgelöst getrunken werden, um *Barakat* direkt aufzunehmen) und bringen Spenden und Opfergaben dar, um ihren Bitten und Wünschen Nachdruck zu verleihen. Speisen, Salz oder Wasser werden mit Gebeten „besprochen", damit sie sich mit heiliger Kraft aufladen. *Barakat* kann sich auch symbolisch in Stoffstreifen oder Rosenblättern vergegenständlichen.

Schreine erfüllen auch eine **gesellschaftliche Funktion** als Ort des sozialen Austausches und bieten besonders den Frauen, die aus den Moscheen weitestgehend ausgeschlossen sind, einen willkommenen Anlass zu Ausflügen mit spirituellem Hintergrund. Die Grabstätten der Heiligen und die dort praktizierten religiösen Handlungen sind auch für sie oftmals greifbarer und lebensnaher als die orthodoxe Seite der Religion und bieten Trost und Hoffnung. Der Besuch von Gräbern ist für **Frauen,** deren Bewegungsradius oft sehr eingeschränkt ist, legitim und sie nutzen den Schrein als Treffpunkt und Kommunikationsstätte.

Besonders in Krisenzeiten oder bei familiären Problemen werden diese Stätten besucht und die Heiligen um Beistand gebeten. Sie spielen auch eine große Rolle bei der **Heilung von Krankheiten** und dem Austreiben von **Djinns** (Geistern), die in unterschiedlichen Formen auftreten können. *Djinns* sind unberechenbare Geistwesen, die den Menschen Schaden zufügen. Viele Erkrankungen, besonders psychischer Art, werden auf Besessenheit durch Geister zurückgeführt. Den unterschiedlichen Heiligen werden Fähigkeiten bei der Heilung verschiedener Erkrankungen oder Leiden zugeschrieben. So wird eine Grabanlage in der Nähe von Herat bei Unfruchtbarkeit empfohlen, ein Schrein in Jalalabad ist auf Geisteskrankheiten spezialisiert, das Heiligtum des *Ali* (Schwiegersohn des Propheten *Muhammad*) in Mazar-e Sharif wird bevorzugt von Blinden aufgesucht – die Liste lässt sich endlos fortsetzen. Überlieferungen zufolge geschehen rund um das große Grabmal in Mazar-e Sharif herum viele „Wunder".

Nicht alle **Nachkommen der Heiligen** *(Pirs)* sind durch Wissen oder Spiritualität zu Lehrern der Sufik geworden, einige haben die Würde auch von ihren Vorvätern „geerbt". Viele der Nachfahren leben heute im Wohl-

stand, besitzen Ländereien und bekleiden wichtige Ämter in Verwaltung und Politik. Diese spirituellen Führer werden als klügere und weisere Menschen als der Normalbürger angesehen und man setzt sie gern als Mittler und Schlichter ein. Häufig nutzen sie ihre Macht und die Loyalität ihrer Anhänger, um politischen Einfluss zu erlangen und ihren Herrschaftsbereich und Wohlstand zu vergrößern.

Die *Pirs* können unabhängige Persönlichkeiten sein, die aufgrund ihres Ansehens als Dichter oder Asketen Anhänger finden. Sie können aber auch Mitglieder eines mystischen Ordens sein. In den Orden tritt manchmal Konkurrenz zwischen spirituellen und erblichen Nachkommen von berühmten Mystikern auf, auch zwischen den Orden kann Konkurrenz um den größeren gesellschaftlichen Einfluss entstehen.

Die Bruderschaften bilden religiöse Netzwerke mit gesellschaftlichen Bindungen, die für persönliche soziale und wirtschaftliche Vorteile genutzt werden können. Die Anhängerschaft der Sufis verringerte sich in den letzten 50 Jahren zunehmend, aber in den Provinzstädten und auf dem Lande haben sie immer noch großen Einfluss. Die Bruderschaften der Naqshbandia, Qadiriya, Suhrawardiya und Cishtiya haben in Afghanistan besondere Bedeutung erlangt.

Der **Naqshbandia-Orden** ist ursprünglich in Bukhara (im heutigen Usbekistan) entstanden, von wo aus er sich im 14. Jahrhundert in Zentralasien, in den nördlichen Provinzen Afghanistans und in Herat ausbreitete. Dort hat er auch heute noch viele Anhänger, ebenso wie bei den Ghilzai-Stämmen im Süden des Landes. Der Orden hat sich von den ursprünglichen Ideen der Sufik fortentwickelt und die Richtung der Orthodoxie eingeschlagen. Die Bruderschaft spielte gegen Ende des 19. Jahrhunderts eine politische Rolle, weil ein berühmtes Mitglied, *Fazl Omar Mujaddidi,* Einfluss auf den Sturz des Königs *Amanullah* und die Machtübernahme König *Nadir Shahs* nahm.

Der zweite bedeutende Orden ist die **Quadiriya-Bruderschaft.** Er leitet seinen Namen von dem Sufi *Abdal Qadir al Gailani* ab, der bereits eine große Anhängerschaft hatte als er 1127 u. Z. verstarb. Ein berühmter Vertreter der Bruderschaft ist *Pir Naqib Sahib,* der in den 1920er Jahren aus dem Irak nach Afghanistan kam. Trotz seines Einflusses war er politisch nicht so aktiv wie die Familie des *Fazl Omar Mujaddidi.* Zur Zeit der sowjetischen Besatzung sammelte der zur Familie der Qadiriya gehörende *Pir Sayid Ahmad Gailani* eine große Schar Anhänger um sich und schloss sich dem Widerstand an.

Ein Heiligengrab in Herat

Abu Nadjib as-Suhrawardi ist der Gründervater der **Suhrawardiya.** Dieser Orden wird als „nüchtern" bezeichnet, weil er Musik und Tanz ablehnt. Dafür ist er bekannt für seine aktive Teilnahme am politischen und sozialen Leben. Auch zu den Herrscherhäusern werden enge Kontakte unterhalten. Das Zentrum der Bruderschaft ist Multan (Pakistan).

Der vierte Orden, die **Cishtiya-Bruderschaft,** wurde im 12. Jahrhundert durch *Muin ad-Din Cishti* aus Herat gegründet. Er zeichnete sich durch strenge Askese und Frömmigkeit aus und wurde in Indien populärer als in Afghanistan. Der Einfluss der Bruderschaft ist auf Herat beschränkt geblieben.

Auch lokale, weniger bekannte Orden, die nur über eine kleine Zahl von Anhängern verfügen, genießen das Ansehen der Bevölkerung. Die Zugehörigkeit zu einem Orden spielt aber eine untergeordnete Rolle in der mystischen Identität der Gläubigen. Sie können auch in mehrere Orden gleichzeitig initiiert sein, ohne die unterschiedlichen Lehrinhalte als Widerspruch anzusehen – im Gegenteil, die **Zugehörigkeit zu den verschiedenen Netzwerken** kann von Vorteil sein. Mitglieder der sufischen Orden bekleiden beispielsweise gleichzeitig Positionen in anderen religiösen Kreisen, wie Angehörige der Mudjaddidi-Familie, die auch als Religionsgelehrte tätig sind. Verbindungen zu Funktionsträgern aus dem staatlichen Bereich und zu einflussreichen Personen aus der Wirtschaft werden von beiden Seiten (der religiösen und der weltlichen) genutzt. Dabei geht es der weltlichen Seite um eine religiöse Legitimierung ihrer Handlungen, um breite gesellschaftliche Unterstützung zu gewinnen, und die Bruderschaft erhält dafür finanzielle Unterstützung für den Orden.

Es existieren verschiedene Bezeichnungen für Vertreter der Sufik, die nicht in Orden organisiert sind und die Vereinigung mit Gott *(Ittihad)* individuell anstreben. Dazu gehören **der Derwish, Malang, Qalandar und Faqir,** aber auch *Madari* (Zauberer) und *Diwane* („Verrückte"). Obwohl sie durchaus rechtgläubige Muslime sein können, leben sie ihre Religiosität nicht unbedingt in Übereinstimmung mit den islamischen Grundlagen. Nach der islamischen Gesetzgebung verstoßen sie teilweise sogar gegen die religiösen Gebote, indem sie beispielsweise Alkohol und Drogen konsumieren, um mystische Erlebnisse hervorzurufen. Diese Mystiker unterscheiden sich von anderen Menschen durch ihr Äußeres (ungepflegte Kleidung, langes, wirres Haar, reichlicher Gebrauch von Schmuck und Amuletten) und durch die **Ablehnung von konventionellen Lebensweisen** wie geregeltem Arbeits- und Familienleben. Sie ziehen oft ohne Wohnsitz durch das Land, praktizieren Magie und fertigen Amulette an, verdingen sich als Schreinwächter oder erbitten Almosen. In diesen Gruppen, zu denen auch vereinzelt Frauen gehören können, befinden sich viele Menschen mit geistigen oder körperlichen Behinderungen, die ihr Leben am Rande der Gesellschaft fristen.

Fundamentalistische Gruppierungen, die aus arabischen Ländern unterstützt werden, versuchten in den letzten Jahrzehnten, den Volksislam zu unterdrücken und die orthodoxe Seite der Religion in den Vordergrund zu rücken. Die Verehrung von Heiligen und der Besuch von Heiligengräbern sind ihnen ein besonderer Dorn im Auge. Sie verurteilen diese Handlungen als **unislamisch und abergläubisch** und bezeichnen die Pir-Familien als Ausbeuter und Parasiten der Gesellschaft, welche die Naivität ihrer Anhänger ausnutzen, um sich selbst Vorteile zu verschaffen. Die Praktiken der Sufik stehen fundamentalistischer Interpretation zufolge nicht im Einklang mit der islamischen Scharia und damit können die Sufis jederzeit zu Ungläubigen erklärt werden.

Ethnische Gruppen und Stammesstruktur

Ethnische Vielfalt

In Afghanistan existieren ein halbes Dutzend große und unzählige kleine Ethnien. (Der Begriff Ethnie, abgeleitet vom griechischen Begriff für Volk, stammt aus der Ethnologie und bezeichnet eine Gruppe von Personen, welche der gleichen kulturellen Gruppe zugeordnet werden.) Die genaue Zahl ist nicht zu bestimmen, die Angaben schwanken zwischen 50 und 200 Gruppen.

Die ethnischen Unterschiede in Afghanistan stellen keine sozialen Barrieren dar: Es werden viele Beziehungen zwischen den unterschiedlichen Volksgruppen gepflegt und auch Verbindungen (wie Eheschließungen) über die eigene ethnische Gruppe hinaus eingegangen. In vielen Siedlungsgebieten leben die unterschiedlichen Volksgruppen vermischt, sodass eine örtliche Zuordnung erschwert wird. Anders als bei den in Stammesstrukturen organisierten Pashtunen fehlt es besonders bei den als Tadschiken bezeichneten Gruppen oft an einer einheitlichen und verbindenden Identität, die über den Wohnort oder die gemeinsame Sprache hinaus geht.

Afghanen nutzen die **ethnische Differenzierung** als Orientierung in einer sehr vielgestaltigen Gesellschaft. Soziale, religiöse und wirtschaftliche Konflikte können die Form ethnischer Spannungen annehmen, wenn die gegnerischen Parteien nach Merkmalen suchen, um Freund und Feind zu kennzeichnen. Innerhalb der meisten ethnischen Gruppen bestehen Gefühle natürlicher Solidarität, die in Konfliktsituationen von Politikern, loka-

len Machthabern und auch religiösen Führern missbraucht werden können. Das ethnische Bewusstsein wird instrumentalisiert, um Auseinandersetzungen anzuheizen, aber auch um die soziale Harmonie zu fördern.

Im Laufe des Krieges in Afghanistan sind ethnische Zugehörigkeiten zu einem wichtigen Element der Identitätsbildung geworden und haben größere Bedeutung in der politischen Diskussion erlangt. Um dem Zerfall der Gesellschaft in einzelne ethnische Gruppen entgegenzuwirken, wird von staatlicher Seite die Einheit aller Afghanen betont.

Im Folgenden werden aus der ethnischen Vielfalt Afghanistans die größten Volksgruppen vorgestellt.

Ein Dorfältester – Mitglied der Shura im Dorf Ghorband, Provinz Parwan

Seit der Gründung des Königreichs Afghanistan **stellen die Pashtunen die größte Volksgruppe** des Landes dar. Obwohl die Angaben stark variieren, machen sie wahrscheinlich 40 bis 50 % der Bevölkerung aus. Ihr Siedlungsgebiet sind die südlichen und östlichen Provinzen Afghanistans, aber sie sind auch im Norden des Landes anzutreffen. Die Pashtunen verstehen sich als „die eigentlichen Afghanen". Die **Führungsschicht Afghanistans** setzte sich zum größten Teil aus Angehörigen dieser Volksgruppe zusammen, das bis 1747 zurückreichende Königshaus gehört der pashtunischen Stammeskonföderation der *Durrani* an. Auch Präsident *Karzais* Familie hat ihren Ursprung in einem solchen Stammesverband.

Die einzelnen **Stämme der Pashtunen,** die Clans und Subclans, sind in ein kompliziertes, vielstufiges System eingeordnet. Der legendäre Ahnherr ist *Qais Abdur Rashid,* der zu Zeiten des Propheten *Muhammad* gelebt haben soll. Zusammen mit den in Pakistan lebenden Pashtunen bildet diese Volksgruppe wahrscheinlich die größte noch bestehende Stammesgesellschaft der Welt. Das Zusammengehörigkeitsgefühl setzt sich auch über die bestehende Staatsgrenze zwischen Afghanistan und Pakistan hinweg und immer wieder werden Forderungen nach der Bildung eines unabhän-

Pashtunwali

Mein Geliebter ist im Kampf geflohen -
Jetzt bereue ich den Kuss, den ich ihm gestern gab!
(Pashtunischer Landey/Volksvers)

Das Pashtunwali stellt eine **Sammlung von Werten** und Normen dar, ist aber auch eine Überlieferung des Gewohnheitsrechts, die das Zusammenleben der Pashtunen regelt und Mechanismen zur Konfliktlösung beinhaltet. Andere afghanische Ethnien teilen Eigenschaften, die im Pashtunwali betont werden, aber nur bei den Pashtunen werden sie zu einem Idealbild zusammengefügt und überliefert. Die Inhalte des Pashtunwali können von Stamm zu Stamm variieren, aber bei allen sind zentrale und prägende Begriffe bekannt. Der **Gheyratman** ist ein Mann mit edlen Eigenschaften, zu denen Mut, Tapferkeit, Durchsetzungsvermögen und Großzügigkeit gehören. Viele Beschreibungen drehen sich um die **Ehre des Pashtunen,** die mit „Nang" bezeichnet wird und eines der Kernelemente darstellt. Einen Mann als ehrlos zu beschimpfen, zählt zu den größten Beleidigungen. „Sharm" bezeichnet den Komplex von Scham und Anstand, „Namus" die **Ehrbarkeit der Frau.** Der Ehrenmann muss sich als fähig erweisen, die Frau zu beschützen und zu kontrollieren, damit sie ihr „Namus" bewahren kann. Auch „Badal" (Vergeltung, die auch Blutrache beinhalten kann) und „Melmastia" (Gastfreundschaft) haben einen hohen Stellenwert im pashtunischen Leben. Für „moderne" Pashtunen im städtischen Raum verliert das Pashtunwali seinen zwingenden Charakter, aber die zentralen Begriffe sind nach wie vor präsent und lebendig.

gigen „Pashtunistans" formuliert, das die Siedlungsgebiete der Pashtunen in beiden Staaten einschließt. Relevant für die gesellschaftspolitische Situation Afghanistans sind die großen Stammeskonföderationen der Durrani- und Ghilzai-Pashtunen.

Zentrales Element der pashtunischen Kultur ist das **Pashtunwali**, ein ungeschriebener Ehren- und Rechtskodex. Die Ratsversammlung, *Djirga,* ist eine Institution, in der Streitigkeiten und Konflikte behandelt und gelöst werden. Bedingt durch die Vorstellung, dass alle männlichen Pashtunen gleich sind und individuelle Souveränität besitzen, fällt ihnen eine Unterordnung im sozialen System schwer. Diese idealisierte Unabhängigkeit und der männliche Stolz sind oft Ursache von Auseinandersetzungen und Konflikten.

Die in ländlichen Gebieten ansässigen Pashtunen sind mehrheitlich **Bauern und Viehzüchter,** aber einige Gruppen leben auch als Nomaden und unternehmen mit ihren Herden ausgedehnte jahreszeitliche Wanderungen. In den Städten des Nachkriegs-Afghanistans sind Pashtunen in den unterschiedlichsten Positionen und Beschäftigungsfeldern anzutreffen.

Die **Sprache** der Pashtunen ist *Pashtu,* eine eigenständige ostiranische Sprache. Pashtu und Persisch sind die beiden gleichberechtigten Amtssprachen Afghanistans. Die Pashtunen gehören überwiegend der sunnitischen Glaubensrichtung an.

Die **Tadschiken** sind mit circa 25 % Bevölkerungsanteil die **zweitgrößte ethnische Gruppe** Afghanistans. Die ethnischen Grenzen der Tadschiken sind nur vage definiert – nach afghanischem Verständnis werden diejenigen als Tadschiken bezeichnet, die weder den Pashtunen noch den Hazara noch einer anderen größeren Gruppe angehören. Ihre gemeinsamen Merkmale sind die persische Sprache und die Zugehörigkeit zu der sunnitischen Glaubensrichtung. Die Tadschiken kennen **keine Stammesorganisation,** sie definieren sich auf lokaler Ebene zumeist nach Dorf- oder Talschaften. Tadschiken sind im ganzen Land zu finden, aber eine starke Konzentration gibt es in Herat, Westafghanistan und im Nordosten des Landes. Auch in den meisten afghanischen Städten leben Tadschiken und in Kabul bilden sie wahrscheinlich die Bevölkerungsmehrheit. Bis in die 1990er Jahre hinein bestimmten sie das afghanische Wirtschaftsleben und stellen auch jetzt noch einen großen Teil der intellektuellen Schicht des Landes.

Die **drittgrößte ethnische Gruppe** Afghanistans wird durch die **Hazara** gebildet (ungefähr 10 bis 15 % Prozent der Bevölkerung). Sie bewohnen das zentrale Hochland Afghanistans, das nach ihrem Namen *Hazarajat* benannt ist, und waren bis in die 1950er Jahre relativ isoliert. Ihr Ursprung wird auf die Tausendschaften der mongolischen Invasionsheere unter *Ti-*

mur Lenk im 14. Jahrhundert zurückgeführt (*Hazar* ist das persische Zahlwort für Tausend). Ihre Sprache *(Hazaragi)* ist ein mit mongolischen Wörtern durchsetzter Dialekt des Persischen. Auch ihr Äußeres lässt auf **mongolischen Ursprung** schließen. Die Hazara folgen der schiitischen Ausrichtung des Islam. Bedingt durch die Unwirtlichkeit ihres heimatlichen Hochlandes reichen die landwirtschaftlichen Erträge nicht für den Lebensunterhalt aus, deshalb haben sich die Hazara von jeher als Saisonarbeiter in den afghanischen Städten verdingt. Sie gehören zu den unterprivilegierten Bevölkerungsgruppen Afghanistans und waren vielfältigen Diskriminierungen ausgesetzt. Während des Taliban-Regimes kam es wiederholt zu Massakern innerhalb dieser Volksgruppe.

Die **Usbeken** stellen mit einem geschätzten Bevölkerungsanteil von 10 % die **viertgrößte ethnische Gruppe** Afghanistans. Sie besiedeln die nordafghanischen Täler und Hügellandschaften – im Nachbarland Usbekistan bilden sie einen eigenen Staat. Sie sprechen *Usbekisch,* eine osttürkische Sprache, die in der neuen afghanischen Verfassung von 2004 in Gebieten mit usbekischer Mehrheit als offizielle Sprache anerkannt wird. Sie gehören der sunnitischen Richtung des Islam an, ihre Lebensweise gleicht der tadschikischen. Als **ehemalige Nomaden** betreiben sie häufig auch die Pferdezucht und kultivieren das weit über Afghanistan hinaus bekannte Reiterspiel *Buzkashi* (zu *Buzkashi* s. Exkurs S. 182).

Neben diesen großen Gruppen gibt es eine Vielzahl von kleinen und kleinsten Ethnien wie beispielsweise die **Turkmenen** und die **Tschar-Aimaq** (mit Bevölkerungsanteilen von 3 bis 4 %). Die sunnitischen Tschar-Aimaq sind eine in Stämmen organisierte, persisch-sprechende Volksgruppe, die im Westen Afghanistans lebt. Häufig werden sie auch den Tadschiken zugeordnet. Turkmenen leben in Nordafghanistan und sind ebenfalls Sunniten. Sie sprechen eine südwesttürkische Sprache, die sich vom Usbekischen unterscheidet. Sie sind als Teppichknüpfer und -händler bekannt und haben sich auch in der traditionellen Seidenproduktion betätigt. Die Turkmenen verfügen über eine Stammesorganisation.

Auch die **Beluchen** sind in Stämmen organisiert. Sie leben im Südwesten des Landes, vornehmlich entlang des Flusses Helmand. Die Beluchen folgen der sunnitischen Glaubensrichtung und sprechen *Beluchi,* eine nordwestiranische Sprache, die mit dem *Dari,* dem afghanischen Dialekt des Persischen, verwandt ist.

Die **Kisilbash** zählen zu den schiitischen Ethnien Afghanistans. Sie sprechen Persisch und siedeln hauptsächlich in den Städten, wo viele von ihnen Positionen in der Verwaltung bekleiden. Die Kisilbash sind Nachkommen von Turkstämmen aus Azerbaidjan. Ihr Name ist türkischen Ursprungs und wird mit „Rotköpfe" übersetzt.

In den abgelegenen Gebieten des Wakhan-Korridors (dem äußersten Nordost-Zipfel Afghanistans) leben noch einige Tausend turksprachige **Kirgisen.**

Der Begriff **Nuristani** fasst mehrere Ethnien zusammen, die an den Südhängen des Hindukusch leben. Sie sprechen verschiedene indo-arische Sprachen und werden heute als „Bewohner des Landes des Lichts" bezeichnet. Bis zu ihrer Zwangsislamisierung durch den afghanischen Herrscher *Abdur Rahman* in den Jahren 1895 und 1896 hielten sie an ihren animistischen Religionen fest. Animistische Religionen zeichnen sich durch den Glauben an die Belebtheit und Beseeltheit der Natur aus, der Begiff des „Göttlichen" fehlt. Bis dahin wurde ihr Siedlungsgebiet *Kafiristan,* „Land der Ungläubigen", genannt. Das Land ist reich an Nadelbäumen wie Tannen, Kiefern und Lärchen, die zum Haus- und Möbelbau genutzt werden. Die Nuristani entwickelten eine hohe Schnitzkunst, mit der sie ihre Häuser und Einrichtungsgegenstände verzierten. Auch außergewöhnliche Holzstatuen wurden angefertigt.

Brahui und **Jat** siedeln in Südafghanistan. Die Jat gehören zu den zahlreichen kleinen Gruppen nordindischer Herkunft, die sich auf verschiedene Wandergewerbe spezialisiert haben. Die Brahui leben als Bauern und Viehzüchter in Registan, einem wüstenartigen Gebiet, das als „Sandländer" bezeichnet wird. Ihre Sprache ist verwandt mit jener der Völker Südindiens und Sri Lankas.

Gudjar sind überwiegend in Ostafghanistan zu finden. Sie gehen traditionell einer nomadischen Lebensweise nach, besitzen aber nur sehr kleine Viehbestände.

Gruppen von **Sikhs** und **Hindus** leben als Händler in einigen süd- und ostafghanischen Städten und pflegen ihre eigenen religiösen Traditionen. Auch in Kabul ist eine wieder anwachsende Gruppe von Sikhs ansässig, die ihren Lebensunterhalt mit Handel bestreitet.

Stammesstruktur und Sprache

Einige der oben aufgeführten Ethnien Afghanistans sind in Stämmen organisiert wie die Pashtunen, Beluchen, Turkmenen und Tschar-Aimaq. **Der Begriff „Stamm"** wird in Afghanistan für solche Gruppen verwendet, die ihre Gemeinschaft auf verwandtschaftlichen Beziehungen aufbauen. Alle Angehörigen führen sich auf einen gemeinsamen Ahnherrn zurück. Die Stammesstrukturen sind oft in einem stärkeren Maß identitätsbildend als die übergeordneten Ethnien. Die größte ethnische Gruppe der Pashtunen untergliedert sich beispielsweise in eine große Zahl von Stämmen, Clans und Unterclans, die in einem umfassenden Stammbaum angeordnet sind.

Der letzte Jude in Kabul

Zebulon Simintov ist der letzte Jude in Kabul. Bis zum März 2005 hatte er noch einen Schicksalsgenossen in der einzigen Synagoge Afghanistans, die unscheinbar und verborgen an der „Flower Street" der Kabuler Innenstadt liegt. Isaac Levy starb im Frühjahr 2005, nachdem er jahrelang in der von Simintov entferntesten Ecke des zerfallenden Gebäudes gelebt hatte. Der erbitterte Streit, der die beiden bis an das Ende ihrer gemeinsamen Zeit entzweite, soll sich auf Ereignisse im Jahr 1998 zurückführen lassen, als die Taliban das Land beherrschten. Die beiden Hüter der Synagoge warfen sich gegenseitig vor, die Synagoge und die Thora verkaufen zu wollen. Als die Taliban die heiligen Rollen schließlich konfiszierten, verwandelte sich das Misstrauen in Hass. Beide schworen sich – unabhängig voneinander – für die Rückkehr der Thora in die Synagoge zu sorgen. Von Verwünschungen und Flüchen abgesehen, lebten die Männer jahrelang ohne Kommunikation nebeneinander her.

Nun haust Zebulon Simintov allein in dem bröckelnden Gebäude, das mit Davidsternen geschmückt ist – ein ungewohnter Anblick in der Islamischen Republik Afghanistan! Ein afghanischer Junge hilft Simintov bei seiner schwierigen Aufgabe und führt die Besucher auch gern durch das Gebäude. Einstmals bot es 30 Menschen Raum, heute ist alles von einer dicken Staubschicht bedeckt, zerfledderte Gebetsbücher sind in den Ecken gestapelt.

Simintov rezitiert in perfektem Hebräisch aus der „Haggadah", dem Gebetsbuch. Vom Äußeren her ist er nur durch das Käppchen von einem Afghanen zu unterscheiden, so wie er in Landestracht gekleidet auf dem Boden sitzt. Seine kleine Synagoge wird mit Sachspenden von jüdischen Gemeinden in den Vereinigten Staaten unterstützt.

Afghanistan kann eine 800-jährige jüdische Geschichte vorweisen, 40.000 Juden lebten einstmals im Land. Diese Zahl verringerte sich stetig durch den Antisemitismus der Nazi-Zeit, die auch ihre Spuren in Afghanistan hinterließ, durch die sowjetische Besatzung und schließlich den religiösen Wahn der Taliban, die keine andere Religion als den Islam dulden wollten. Tausende Juden verließen Afghanistan und ließen sich in Israel und den USA nieder. Nur Simintov und Levin blieben in Kabul, um das jüdische Erbe zu bewahren und die Synagoge zu schützen.

Stammesunterschiede werden aber nur in bestimmten Situationen wichtig. Das Stammesprinzip kann dazu benutzt werden, Solidaritätsgruppen zu mobilisieren und Menschen sowohl sozial einzuschließen als auch auszugrenzen. Das Stammeswesen wird manchmal als **Ursache der afghanischen Uneinigkeit** bezeichnet und als Hemmschuh für den Wiederaufbau des Landes. Die abstammungsorientierte Grundlage dieses Systems – die Überzeugung, dass sich alle Mitglieder auf einen Stammvater zurückführen lassen und dass alle Stämme aus einer Wurzel entstanden sind – kann aber auch als Grundlage für Einheit und Gleichheit dienen und zu einer gerechteren Verteilung der Ressourcen führen (siehe auch Kap. Gesellschaftliche Strukturen S. 101).

Sprachforscher gehen von über **dreißig existierenden Sprachen** in Afghanistan aus, die noch dazu in unterschiedlichen Dialekten gesprochen werden. Diese Sprachenvielfalt wird mit der verstreuten Lage der Siedlungen und der Isolation vieler unzugänglicher Gegenden erklärt.

Die Sprachen werden vier großen **Sprachfamilien** zugeordnet: der indogermanischen, der altaischen, der semitischen und der drawidischen. Durch diese Vielfalt wird deutlich, dass im Laufe der Jahrtausende viele Bevölkerungsverschiebungen stattgefunden haben.

Das **Arabische** macht seinen Einfluss geltend als Sprache des Islam, in welcher der Koran geschrieben ist. Viele arabische Lehnwörter sind in den Sprachen Afghanistans zu finden, auch in Literatur und Wissenschaft hat das Arabische Spuren hinterlassen. Bis auf sehr wenige Ausnahmen ist es allerdings aus dem Umgangssprachlichen verschwunden.

Das **Pashtu** wird in zwei großen Dialekten gesprochen: die weichere Form im südlichen Afghanistan mit dem Zentrum Kandahar, der rauere Dialekt *(Pakhtu)* in den nordöstlichen Gebieten mit der pakistanischen Stadt Peshawar als Zentrum.

Dari stellt wie das in Tadschikistan gesprochene *Tadschiki* einen Dialekt des Persischen dar, die Verständigung zwischen Dari- und Persischsprechern bereitet keine Schwierigkeiten.

Stadt und Land

Die **Unterschiede** zwischen der Stadt- und der Landbevölkerung Afghanistans sind so groß, dass in den meisten Fällen nicht pauschal von der afghanischen Bevölkerung gesprochen werden kann. Diese beiden Lebensräume müssen gesondert betrachtet und einander gegenübergestellt werden. Besonders deutlich wird die Spaltung am Beispiel Kabuls, denn die Hauptstadt hebt sich von allen anderen Lebensräumen in Afghanistan ab, auch von den großen Städten in den Provinzen wie Herat, Mazar-e Sharif oder Kandahar. Die kleinen Provinzstädte haben eher ländlichen Charakter, hier sind die Differenzen nicht so ausgeprägt. Besonders krass zeigt sich die Unterschiedlichkeit im Vergleich zwischen Kabul und den unzugänglichen und zum Teil dünn besiedelten Gebieten wie Badakshan, dem Hazarajat oder den Wüstengebieten des Südens.

Nur in den **städtischen Gebieten** findet sich eine gut ausgebaute Infrastruktur und die Lebensbedingungen sind weitaus besser als auf dem Land. Bildungs- und Gesundheitseinrichtungen stehen zur Verfügung, was sich deutlich in der Alphabetisierungsrate und der reduzierten Mütter- und Kindersterblichkeit niederschlägt.

Menschen finden hier auch außerhalb ihrer traditionellen landwirtschaftlich orientierten Beschäftigung eine **Arbeit.** Die Städte sind außerdem Magneten sowohl für Rückkehrer aus den Nachbarländern als auch für Flüchtlinge innerhalb des Landes, die sehr oft Haus und Hof verloren haben oder nicht die Mittel besitzen, um einen Neuanfang im landwirtschaftlichen Bereich wagen zu können. Durch die vielen internationalen und nationalen Organisationen und Firmen, die in verschiedenen Bereichen für den Wiederaufbau des Landes arbeiten und meist in den Städten angesiedelt sind, gibt es ein reichliches Angebot an gut bezahlten Stellen. Besonders interessant sind diese Arbeitsplätze für junge und qualifizierte Leute mit Englisch- und Computerkenntnissen.

Dementsprechend stark sind die Städte in den letzten Jahren angewachsen – auch hier steht die Hauptstadt an der Spitze. Die Vororte Kabuls dehnen sich über das Umfeld hinaus, so weit es die schroffen Berge erlauben und die Stadt, die nur für wenige Hunderttausend Menschen ausgelegt ist, zeigt deutliche Zeichen der Überforderung, was Infrastruktur und Versorgung mit Elektrizität und Wasser angeht. Die Luft- und Wasserqualität hat sich in der Millionenstadt (die Einwohnerzahl Kabuls wird im Dezember 2006 auf 3,5 bis 4 Millionen Menschen geschätzt; 1980 soll es nur eine halbe Million Einwohner gewesen sein) rapide verschlechtert, die Straßen sind permanent von Autos verstopft.

Zu den städtischen Problemen gehört auch die Überforderung der Sozialsysteme durch die Auswirkungen des Krieges. Allein auf Kabuls Straßen sollen 60.000 **Straßenkinder** leben. Einige sind Waisen, andere arbeiten, um ihre Familien zu unterstützen. Sie verkaufen Plastiktüten, Wasser, Streichhölzer, Kaugummi und tragen den Passanten ihre Einkaufstüten hinterher. Viele helfen in Geschäften aus und verrichten kleine Dienstleistungen. Die meisten Kinder haben eine Familie oder Verwandtschaft, zu der sie am Ende des Tages zurückgehen können, aber oft ist niemand da, der sich um ihre Ernährung, Kleidung oder Erziehung kümmert. Viele Straßenkinder leiden an einer Kriegstraumatisierung – zusätzlich werden sie oft Opfer von Gewalt und sexuellem Missbrauch. Auch behinderte und alte Menschen, die ihren Lebensunterhalt durch Bettelei bestreiten müssen, finden sich im Straßenbild.

Das Landleben hingegen wird durch einfachste Lebensbedingungen geprägt. Die Infrastruktur ist kaum ausgebaut: Es gibt nur wenige befestigte Straßen, ein unzureichendes Frischwassersystem, ein geringes Schul- und Ausbildungsangebot und eine ungenügende ärztliche Versorgung. Dementsprechend schlecht ist die gesundheitliche Situation der Bevölkerung.

Die **Häuser** sind einfache Bauwerke aus Lehm, seltener aus Stein und Holz und nur mit dem Notwendigsten ausgestattet. Die Kochstelle befindet sich meist außerhalb des Hauses im Hof, Waschgelegenheiten und Toiletten sind nur teilweise vorhanden. Selten gibt es fließend Wasser oder Strom. Das Wasser wird bisweilen mühsam aus großen Entfernungen herangeschleppt, Petroleumlampen erhellen die Räumlichkeiten. Einfache Öfen, offene Feuerstellen oder traditionelle Lehmöfen dienen der Zubereitung der warmen Mahlzeiten. Die Frauen verbringen jeden Tag viele Stunden damit, Wasser zu holen, Brot zu backen und das Kleinvieh zu versorgen. Aussaat, Ernte und die Abläufe der Tierhaltung bestimmen den Rhythmus des landwirtschaftlichen Lebens.

Dörfer können soziale und wirtschaftliche Einheiten bilden, die Austauschbeziehungen in Form von Arbeitsleistungen, Geschenken, Heiratspartnern sowie Hilfe und gegenseitige Teilnahme bei Familienfeierlichkeiten pflegen. Die Intensität des Zusammenhalts ist von Gegend zu Gegend unterschiedlich. Die Bedeutung des Dorfes als **soziale Organisationsform** mit Gemeinschaftsverständnis ist bei einigen Ethnien wie beispielsweise den Hazara besonders ausgeprägt.

Dörfer oder Dorfsektionen können Handlungseinheiten bilden, die auch politische Funktionen übernehmen. Pashtunische Dörfer werden oft durch **Verwandtschaftsverbände** (die sogenannten Khel-Verbände sind Untereineinheiten der pashtunischen Stämme) unterteilt. Der Zusammenhalt der Bewohner eines Dorfes oder der Angehörigen eines Khel-Verbandes kann sehr stark sein.

Die soziale Struktur des Dorfes ermöglicht kooperatives Arbeiten, gemeinsame Entscheidungen, die Bewirtschaftung von Gemeindeland, Planungen für den Ausbau von Straßen oder die Regelung und Verbesserung der Wasserversorgung. Die **Nachbarschaftshilfe** ist von großer Bedeutung, oft sind die Nachbarn zugleich Verwandte, weil die einzelnen Familien gern in unmittelbarer Nähe zueinander siedeln.

Große Diskrepanzen zwischen Stadt und Land gibt es im **Bereich der Bildungsmöglichkeiten.** In weiten Teilen der ländlichen Regionen haben die Bewohner kaum Zugang zu Bildungseinrichtungen. Die Alphabetisierungs- und Einschulungsrate von Mädchen ist hier gleich null. Auch die Provinzen, in denen noch immer Kampfhandlungen stattfinden, bleiben weitgehend von dem Entwicklungsprozess ausgeschlossen. Besonders in diesen Gegenden sind Frauen und Mädchen benachteiligt. Problematisch ist die Situation von jungen Erwachsenen, die ihre Ausbildungschancen durch die Kriegsgeschehnisse verpasst haben. Für sie gibt es noch zu wenige Aus- und Fortbildungsmöglichkeiten und nicht ausreichende Arbeitsplätze. Davon wiederum sind die ländlichen Gebiete besonders stark betroffen. Hier finden sich die Ursachen für die momentan stattfindende **Landflucht.**

Historisch gesehen haben ungleiche Ausbildungschancen zu einer weiten **Kluft innerhalb der Gesellschaft** geführt. Während der Zeit des sowjetischen Einflusses brachten neue Bildungssysteme, einschließlich der akademischen und militärischen, eine moderne Elite hervor. Dies führte zu ernsten Konflikten mit der traditionell eingestellten Bevölkerung und zu tiefem Misstrauen auf beiden Seiten. Der Fehlschlag der Reformen nach 1978 liegt hierin begründet, denn die Neuerungsvorschläge waren von Intellektuellen ausgearbeitet worden, die sich sehr viel besser in westlichen Sozialtheorien auskannten als in ihrem eigenen Land. Durch die rasanten Veränderungen der letzten Jahre könnte sich erneut ein Graben zwischen Modernisten und Traditionalisten auftun. Und die ländlichen Gebiete würden wieder nicht mit der Entwicklung der Städte Schritt halten können.

Das Dorfleben wird stark von **Traditionen** bestimmt – der Ältestenrat, religiöse Führer und lokale Autoritäten prägen Meinungen und fällen Entscheidungen. Staatliche Institutionen wie Polizei oder Gerichtsbarkeit haben meist nur wenige Handlungsmöglichkeiten und können sich kaum ge-

gen lokale Traditionen oder Machthaber behaupten, selbst bei gravierenden Delikten wie Morden aus Blutrache oder dem Drogenanbau. Straftaten auf Dorfebene werden oft von einflussreichen Persönlichkeiten, die ihre Macht aus religiösen, traditionellen oder politischen Strukturen beziehen, gerichtet und die Urteile zum Teil direkt vollstreckt. Auch Dorf- und Ältestenräte übernehmen manchmal „staatliche Aufgaben".

Aufgrund mangelnder Bildungsmöglichkeiten verfügen viele Landbewohner nur über ein **eingeschränktes Weltbild.** Sie sind Analphabeten und können Politik und Zeitgeschehen nur durch das Radio verfolgen. Ihre Lebensinhalte sind die Familie, das Land, auf dem sie arbeiten und ihr Dorf. Zudem bestimmt ein tief verwurzelter Aberglaube viele Handlungsweisen der Dorfbewohner.

Die aufgrund von Armut, fehlenden Bildungsmöglichkeiten und Chancenlosigkeit entstehende Unzufriedenheit kann sehr leicht von politisch oder ideologisch motivierten Autoritäten ausgenutzt werden. Sie manipulieren die frustrierte Landbevölkerung mit Versprechungen oder Drohungen und schüren beispielsweise Unmut gegen den Staat oder die ausländischen Kräfte im Land, um ihre eigenen politischen Ziele zu verfolgen.

Bewässertes Land in der Provinz Parwan

Gesellschaftliche Strukturen

Wenn Gott gibt, fragt er nicht danach, wessen Sohn ein Mann ist.
(Afghanisches Sprichwort)

Die afghanische Gesellschaft ist **von traditionellen Strukturen geprägt,** die relativ wenige moderne und staatliche Merkmale aufweisen. Staatliche Institutionen wie die Verwaltung, Bildungseinrichtungen, Polizei und Steuerbehörden reichen nicht weit in die ländlichen Gebiete hinein. Kabul gilt als Sitz einer „abstrakten" Regierung und liegt für viele Afghanen jenseits ihres Erfahrungshorizonts. Die Hauptstadt repräsentiert den „Staat", das ländliche Afghanistan die „Gemeinschaft".

Zu den **lokalen Würdenträgern und einflussreichen Autoritäten** in der ländlichen afghanischen Gesellschaft gehören politische und religiöse Führer, Großgrundbesitzer, *Khane,* Dorfvorsteher *(Maliks)* und die Dorf- und Clanältesten, die sogenannten „Weißbärte". (Im persischen Sprachraum werden die „Weißbärte" als *Rish Safed* bezeichnet, bei den Pashtunen als *Spingiri.*) Die hierarchische Ordnung der Gesellschaft ist aber nicht so streng und ausgeprägt, wie es die Menge der Würdenträger vermuten lassen könnte. Lokale Autoritäten genießen keine unbegrenzte Machtfülle – im Gegenteil, ihr Wirkungsbereich reicht oft nicht über die Dorfgrenze hinaus. Die ländlichen politischen Strukturen haben sich als erstaunlich stabil erwiesen, denn sie überdauerten alle Krisen und kriegerischen Auseinandersetzungen. Im Lauf der Geschichte konnte sich der Einfluss der Invasoren und fremden Mächte immer nur auf die Städte erstrecken – das Hinterland ließ sich nicht erobern.

Die **Verwaltung** einer Provinz untersteht dem *Wali* (Gouverneur), die der Distrikte und Kreise den *Uluswal* (Distriktverwalter) und *Alaqadar* (Kreisverwalter) und auf lokaler Ebene vertritt der *Malik* das Dorf. Die Ratsversammlung (die als *Djirga* oder *Shura* bezeichnet wird) ist eine wichtige Institution, in der alle erwachsenen Männer freies Rederecht haben. Für schwierige Streitfälle werden unabhängige Schlichter bestellt.

Zu den **religiösen Autoritäten** gehören die *Ulema,* die islamischen Gelehrten, und die *Mullahs,* die auf Dorfebene die Gemeinde betreuen. Da sie über keine institutionalisierte Organisation oder zentrale Steuerung verfügen, ist ihre Macht relativ eingeschränkt. Meistens gehen sie Bündnisse mit traditionellen oder politischen Führern ein, um Einfluss nehmen zu können. In den Jahren von Krieg und Taliban-Regime hat sich eine Gruppe von Mullahs gebildet, die sich aktiv am politischen Geschehen beteiligt und einen Staat anstrebt, in der die Religionsführer eine führende Rolle spielen. Diese religiösen Autoritäten riefen zum Djihad gegen die sowjetische Armee auf und führten selbst politische Vereinigungen an. Einige prominente Mullahs wurden sogar zu Warlords. Sie hofften, durch die ideologische Unterstützung der Taliban ihrem Ziel (dem Religionsstaat) ein Stück näher zu kommen. Die Bevölkerung war aufnahmebereit für die radikale islamische Rhetorik, denn sie waren der Mudjaheddin überdrüssig, die zu kriminellen Bandenführern verkommen waren. Aber der strahlende Stern der Taliban und ihrer verbündeten Mullahs verblasste schnell durch die Unfähigkeit der neuen Regierung, das Volk zu versorgen und die gleichzeitige rigorose Unterdrückung jeder abweichenden Meinung. Wie sich die religiösen Autoritäten innerhalb des neuen Staatsaufbaus positionieren werden, ist noch unklar.

Die **Stammesordnung** hat auch heute noch bei einigen Ethnien, besonders bei den Pashtunen, eine politische Bedeutung. Bei den pashtunischen Gruppen wird eine bestimmte Führungsposition aufgrund von Charaktereigenschaften erreicht. Ein Mann muss sich sein Ansehen und Prestige erarbeiten und sich den Ruf als „Ehrenmann" verdienen. Es ist notwendig, den Führungsanspruch immer wieder zu verteidigen und zu beweisen, dass er zu Recht besteht. In der pashtunischen Gesellschaft sind egalitäre und demokratische Elemente zu finden. Idealerweise ist der Führer „der Erste unter Gleichen", der seine Legitimation daraus bezieht, dass er den Verpflichtungen seinen Anhängern gegenüber nachkommt.

Diese Führungspersönlichkeiten werden oft als **Khan** bezeichnet. Das Wort Khan entstammt der mongolischen Sprachfamilie und wurde ursprünglich mit „Fürst" oder „Herrscher" übersetzt. Heute steht der Begriff für eine Persönlichkeit, die hohes Ansehen genießt und politisch (zumindest auf lokaler Ebene) einflussreich ist. Wichtige Eigenschaften sind seine Urteilsfähigkeit und seine Redegabe, die er auf Dorfversammlungen unter Beweis stellen muss. Der Khan bietet seiner Gefolgschaft Sicherheit, Unterstützung in Notfällen und die Vertretung ihrer Interessen im politischen Gefüge des Staates und erhält im Gegenzug Loyalität. Er bemüht sich, seiner Gruppe Vorteile durch seine Verbindungen zu staatlichen Stellen zu verschaffen. Ähnliche Funktionen haben auch die lokalen Bürgermeister und Dorfvorsteher. Die Macht eines Khans wird an der Zahl seiner Anhänger gemessen, die ihn im Fall eines Konfliktes unterstützen. Trotz der Anerkennung seiner Macht kann er nicht ohne die Zustimmung seiner Gruppe Entscheidungen fällen. Die Gefahr, den Führungsanspruch zu verlieren, ist jederzeit gegeben.

Nicht immer wird eine Machtposition ausschließlich durch das persönliche Verdienst und die Charaktereigenschaften des Würdenträgers erlangt. In einigen Familien ist eine Konzentration von Khanen oder Maliks (Dorfvorstehern) zu beobachten, da häufig männliche Verwandte die Position übernehmen. Auch die **wirtschaftliche Situation** ist nicht unbedeutend, denn der Khan zeichnet sich durch Großzügigkeit und Gastfreundschaft aus (und die müssen finanziert werden!). Wenn ein Khan zur Gruppe der wohlhabenden Landbesitzer oder sogar Großgrundbesitzer gehört, sind die wirtschaftlichen Voraussetzungen in diesen Fällen gegeben.

Die extreme Form einer ländlichen Klassengesellschaft mit Großgrundbesitzern und landlosen Bauern als Pächtern und Landarbeitern wird oft als **Feudalismus** bezeichnet. Im traditionellen System bestehen zwischen Großgrundbesitzern und ihren Pächtern Abhängigkeitsverhältnisse und Austauschbeziehungen. Die eine Seite gibt Ernteanteile, Arbeitseinsatz und Loyalität – die andere Seite stellt Schutz, Hilfe und Interessenvertretung zur Verfügung. Ein solcher Feudalismus hat sich in Afghanistan in einigen nördlichen und südlichen Gebieten, beispielsweise im unteren Helmand-Tal, entwickelt.

Vor 1978 waren jedoch schätzungsweise 65 % der arbeitenden ländlichen Bevölkerung selbstständige Kleinbauern, nur 25 % hatten ihr Land gepachtet und 10 % waren als Landarbeiter angestellt, auch heute noch sind die Zahlen ähnlich verteilt. Die afghanische Gesellschaft ist also nicht wirklich als Feudalgesellschaft zu bezeichnen, obwohl diese Bezeichnung immer wieder verwendet wird.

Die **soziale Stellung der Würdenträger** veränderte sich durch das Entstehen moderner Staatsstrukturen und die Führungspositionen mancher Khane und Maliks wurden verfestigt. Die mächtigen und angesehenen Männer dienten der Regierung als Verbindungsglieder zu den schwer zugänglichen ländlichen Gebieten. Sie wurden für politische Zwecke instrumentalisiert und unliebsame regionale Machthaber kurzerhand abgesetzt. Weitere Veränderungen gab es in den Kriegsjahren: Khane wurden zu politischen Führern, Mudjaheddin-Kommandanten oder Warlords und auch ganz neue, aus dem Kriegsgeschäft stammende Führer kamen an die Macht.

Die Figur des Khans wurde teilweise von **Kommandanten oder Warlords** verdrängt. Im Krieg kam es auf andere Führungsqualitäten und taktische Kampferfahrung an, auch der Zugang zu Ressourcen oder der Anschluss an eine der Widerstandsparteien gewann an Bedeutung. Viele Khane flohen außer Landes und überließen ihre Positionen den Militärs. Das Verhältnis zwischen Kommandanten oder Warlords und ihren Anhängern zeigt durchaus auch Merkmale des alten Khan-Systems: Der Anführer muss seinen Status erwerben und dann gegen Rivalen verteidigen und kann sich nicht auf eine ständige und fest gefügte Gefolgschaft verlassen. Warlords verfügen über mehr Macht als einfache Kommandanten und befehligen große Militär- und Milizverbände. Viele Warlords pflegen noch immer gute Beziehungen zu ausländischen Mächten (besonders in den Grenzgebieten), über die sie ihren Einfluss und ihre Ressourcen vergrößern können. Wirtschaft und Politik verschmolzen zu einer **Kriegsökonomie:** Das Geld, das die Kriegsherren zur Festigung ihrer Machtposition und zur Entlohnung der Milizen benötigten, stammte – und stammt zum Teil auch heute noch – überwiegend aus Drogen-, Waffen- und Schmuggelgeschäften sowie der Erhebung von illegalen Schutzzöllen.

In den vielen kleinen Herrschaftsgebieten, die manchmal auch als **Fürstentümer** bezeichnet werden, hatten die Machthaber funktionierende Verwaltungen aufgebaut und schirmten ihren Herrschaftsbereich nach außen ab. Viele Kommandanten und ihre Gefolgschaft sind zur **Last und Bedrohung** für die Bevölkerung geworden. Die Warlords begannen, Sicherheit zu verkaufen und setzten immer mehr Gewalt ein, um wirtschaftliche Ziele zu erreichen. Auch wenn der Einfluss der Zentralregierung seit ihrer Etablierung Ende 2001 zunimmt, haben sich längst noch nicht alle Kriegssysteme und lokalen Fürstentümer aufgelöst. Während der Taliban-Herrschaft wurde die Macht der Lokalfürsten kontrolliert und beschnitten, einige wurden regelrecht aus ihren Positionen oder von den Ländereien vertrieben. Als die Taliban verschwanden, nahmen sich die Fürsten die Macht zurück und teilten das Land, in kleine Herrschaftsbereiche gegliedert, unter sich auf.

Es hat sich als problematisch erwiesen, die meist jungen Anhänger der ehemaligen oder amtierenden Kommandanten, die nichts als das Guerilahandwerk gelernt haben, zu entwaffnen und in eine friedliche Gesellschaft zu integrieren. Einige Khane, Kommandanten oder Warlords sind erfolgreich zurück in die traditionellen politischen Rollen geschlüpft oder haben ihren Platz in der staatlichen Struktur gefunden.

Über Macht und Einfluss im **städtischen Bereich** verfügen traditionell wohlhabende Familien, die als Unternehmer oder *Landlords* (Hausbesitzer im großen Stil) auftreten, und „Neureiche", die überwiegend durch Kriegs- und Drogengeschäfte zu Geld gekommen sind. Auch manche Regierungsangehörige und Politiker können zu den Machthabenden und Würdenträgern gezählt werden, viele rekrutieren sich aus den oben beschriebenen Gruppen des ländlichen und städtischen Umfeldes.

Das **staatliche bürokratische System** ist von Machtstrukturen durchzogen, höhere Beamte sind Autoritäten und haben großen Einfluss. Die unterschiedlichen bürokratischen Ebenen, die in den Kriegsjahren größtenteils zerstört wurden, befinden sich noch immer im Aufbau. Kapazitäten und gut ausgebildete Beamte fehlen, sodass die Besetzung vieler Ämter einen eher provisorischen Eindruck macht. Durch die in den Aufbaujahren ständig wechselnde Besetzung der Ämter, die sich dauernd verändernden Prozeduren und die unklaren Abläufe ist das System besonders für den Normalbürger und die Landbevölkerung nur sehr schwer zu durchschauen.

Die **Zuständigkeiten** sind nicht durchgängig geklärt – immer wieder wird der Antragsteller in ein anderes Büro geschickt, die Abläufe sind langwierig und simple Antragsverfahren können Wochen und Monate dauern. Diverse Formulare, Passfotos und Kopien sind notwendig und dubiose Gebühren fallen an – ohne ein paar unter dem Tisch zugeschobene Afghani-Scheine werden viele Anträge erst gar nicht angenommen. Die niedrigen Gehälter auf den unteren Rängen der Verwaltungsangestellten öffnen der **Korruption** Tür und Tor. Viele Afghanen äußern ihre Frustration über korrupte und unfähige Beamte, denen sie sich ausgeliefert fühlen. Eine Thematisierung auf höherer Ebene oder in der Öffentlichkeit scheint aber nicht stattzufinden. Ohne die Hilfestellung von Freunden oder Verwandten fühlen sich besonders Dorfbewohner im bürokratischen System verloren, häufig erreichen sie ihre Ziele auf dem Weg durch die Ämter gar nicht.

Beziehungen und Netzwerke machen das Leben bedeutend leichter und sind in Afghanistan eine grundlegende Voraussetzung für gesellschaftlichen Erfolg. Menschen werden ihrer Herkunft und ihren Beziehungen entsprechend eingeordnet und behandelt – für Verwandte und Freunde werden auch schon mal Regeln und Gesetze gebrochen. Ein charakteristisches afghanisches Gesellschaftsmerkmal ist die starke Verbindung von Position und Person. Einflussreiche und charismatische Führungspersönlichkeiten stehen im Mittelpunkt des Systems und lenken die Geschicke ihrer Anhänger und Gefolgsleute. Eine eher abstrakte und anonyme staatliche Verwaltung hat sich bisher, besonders in ländlichen Gebieten, als politischer und gesellschaftlicher Ordnungsfaktor wenig durchsetzen können.

FAMILIE UND VERWANDTSCHAFT

Die afghanische Familie

Die Familie als kleinste soziale Einheit ist von enormer Bedeutung für die afghanische Gesellschaft. Das Individuum ist fester Bestandteil seiner Familieneinheit und wird sein ganzes Leben lang eng mit ihr verbunden bleiben, für sie sorgen und von ihr versorgt werden. Keine andere soziale Einrichtung reicht auch nur annähernd an die Wichtigkeit der Familie oder auch der größeren Verwandtschaftszusammenhänge heran. Afghanen definieren sich als Mitglieder eines sozialen Ganzen und nicht (wie viele westliche Menschen) als Einzelpersonen, die ein selbstverantwortliches Leben führen und individuelle Selbstverwirklichung anstreben. Die afghanische Gesellschaft wird deshalb von Soziologen als „kollektivistisch" bezeichnet.

Kinder vor der großen Moschee in Herat

Kollektivistische und individualistische Gesellschaften

Die Bedeutung der Rolle des Individuums im Gegensatz zur Rolle des Kollektivs ist eine fundamentale Frage menschlicher Gesellschaften. Die meisten ländlichen, traditionell geprägten und weniger wohlhabenden Gesellschaften scheinen kollektivistisch geprägt zu sein. Erst wenn der Wohlstand eines Landes steigt, erhalten die Bürger Zugang zu Ressourcen, die es ihnen ermöglichen, ihren eigenen Interessen nachzugehen und sich einer mehr individualistischen Lebensweise zu nähern. In den individualistischen Gesellschaften sind die Familien klein und bestehen meist nur aus ihrem Kern. In vielen Fällen sind sie wie ein Patchwork mit Lebenspartnern und Kindern aus unterschiedlichen Ehen und Beziehungen zusammengesetzt.

In der kollektivistischen Gesellschaft Afghanistans hat die Gruppe den höchsten sozialen Stellenwert. Mitglieder kollektivistischer Gesellschaften leben in Großfamilien oder erweiterten Familien, was bedeuten kann, dass Eltern, Kinder, Großeltern, angeheiratete Verwandte und eventuell Tanten und Onkel zusammen in einem Haushalt oder zumindest in einem Haus leben, in dem mehrere Haushalte nebeneinander existieren können. Gruppensolidarität ist notwendig zum Überleben, ausgeprägte Individualität muss ihr untergeordnet werden. Die erweiterte Familie ist das Kernstück der afghanischen Gesellschaft. Kinder wachsen als Teil einer solidarischen Gruppe in Form der Familie auf, über die sie sich definieren und die ihnen Rang und Platz im Sozialgefüge zuordnet.

Die afghanische Großfamilie ist hierarchisch strukturiert. An ihrer Spitze steht ein **Familienvorstand,** der sich traditionell aus den ältesten Männern der Familie zusammensetzt. Die Familienältesten besitzen eine ausgeprägte, moralische Autorität und die anderen Mitglieder stehen in einem Abhängigkeitsverhältnis zu ihnen. Die Familie stellt in vielen Bereichen den einzigen Schutz für ihre Mitglieder gegen die Gefahren des Lebens dar und fungiert als Versorgungseinheit. Das Individuum ist dem Familienverband zu **lebenslanger Loyalität** verpflichtet – ein Bruch mit den Normen und Regeln der Gemeinschaft gehört zu den schlimmsten sozialen Vergehen. Die Loyalität äußert sich in Form von Gehorsam, respektvollem Verhalten, finanzieller Unterstützung und Teilnahme an verwandtschaftlichen Ereignissen wie Hochzeiten und Beerdigungen.

Traditionell wird die **väterliche Verwandtschaftslinie** anders bewertet als die mütterliche – bei ersterer werden vor allem Rechte und Pflichten betont, beispielsweise die Pflicht zum unbedingten Beistand in Krisen- und Konfliktzeiten. Brüder und vor allem auch die Söhne von Brüdern sehen sich oft als Rivalen und Konkurrenten, weil sie sich um das Erbe des Vaters oder Großvaters streiten könnten. In Krisenzeiten werden diese „Rivalen" aber solidarisch gegen Außenstehende vorgehen. Die Beziehungen zu den Verwandten der Mutter sind weniger kompliziert, sondern

eher liebevoll. Ihnen gegenüber gibt es kaum Verpflichtungen und keine materielle Konkurrenz. Während der Onkel väterlicherseits eine Respektsperson ist, fühlt sich ein Neffe bei dem Onkel mütterlicherseits in der Regel herzlich angenommen und kann eine lockere und freundschaftliche Beziehung pflegen.

Eine große Verwandtschaft bedeutet Stärke und bildet eine **stabile sozio-ökonomische Basis.** Zahlreiche Familienmitglieder können sich gegenseitig unterstützen und absichern. Bei ländlichen, stammesgesellschaftlich orientierten Gruppen wird die Notwendigkeit eines starken Familienverbands auch zu Verteidigungszwecken betont. Zahlreiche Nachkommen stellen aber auch einen ideellen Wert dar: Afghanen messen ihren Reichtum an der Größe der Kinderschar. Afghanische Familien sind aber auch deswegen sehr kinderreich, weil Familienplanung ein Verstoß gegen Vorschriften ist, die sich aus dem Koran ableiten lassen. Kinder sind erwünscht, denn in der Fortsetzung der eigenen Abstammungslinie liegt der eigentliche Sinn des Lebens. Außerdem müssen Eltern an ihre **Versorgung im Alter** denken und hoffen deshalb besonders auf viele Söhne, die

Vater und Sohn vor ihrem Laden

sich um sie kümmern und sie unterstützen werden. Auch die extrem frühen Eheschließungen tragen zu dem Kinderreichtum bei: Im Durchschnitt stehen einer afghanischen Frau im Lauf ihres verheirateten Lebens mindestens zehn Schwangerschaften bevor und sechs oder sieben der Kinder erreichen das Erwachsenenalter.

Die Familie lebt und arbeitet zusammen, nur die Töchter verlassen den Familienverband, wenn sie selbst heiraten und in das Haus des Ehemannes ziehen. Die Söhne bleiben im **Elternhaus,** wenn es genug Raum bietet, oder siedeln in der Nähe. Im städtischen Bereich gibt es allerdings eine starke Tendenz zu kleineren Familien und verheiratete Kinder gründen einen eigenen Haushalt. Meistens bleibt hier nur ein Sohn zurück, übernimmt später das Haus der Eltern und wird sie, gemeinsam mit seiner eigenen Familie, im Alter versorgen. Familien leben vielfach in enger Nachbarschaft mit Verwandten, sodass sich kleinere Dörfer oft aus einer oder mehreren Verwandtschaftsgruppen zusammensetzen.

In afghanischen Familien existiert ein **fest gefügtes Rollenverständnis** der Geschlechter und besonders auf dem Land gibt es wenig Spielraum, die Grenzen dieser Rollen auszudehnen. Besonders jüngere Familienmitglieder und Frauen ordnen sich aufgrund ihres geringeren sozialen Status unter, das betrifft alle wichtigen Lebensbereiche wie Erziehung, Schule, Beruf und Partnerwahl. Afghanistans neue Verfassung garantiert Frauen volle Bürgerrechte, im Alltag sind allerdings Tradition und Kultur mächtiger als Gesetzestexte.

Schwiegertöchter bekleiden nach wie vor eine äußerst schwache Position in der Familie. Sie sind sehr jung, kommen als Fremde in ein neues Haus, haben noch keine Kinder und vor allem noch keine Söhne, die sie stärken und ihnen das Leben erleichtern könnten. Oftmals wird ihnen in den ersten Jahren mit Misstrauen begegnet, weil man sich ihrer moralischen Integrität und Ehrenhaftigkeit noch nicht sicher ist – in dieser Zeit leben sie unter einer besonders strengen Kontrolle. Für die älteren Frauen im Haus sind Schwiegertöchter häufig eine willkommene Gelegenheit, selbst Macht auszuüben und einen Teil der Hausarbeit umzuverteilen.

Meistens dienen die von einzelnen Familienmitgliedern erwirtschafteten Erträge dem **gemeinsamen Unterhalt,** die Verteilung und Entscheidung über Verwendungszwecke übernimmt der Familienvorstand. In vielen Fällen investiert die Familie in die Ausbildung eines Mitglieds und erwartet später eine Gegenleistung in Form von Unterstützung. Auch Familienmitglieder, die im **Ausland** leben, sind nicht frei von Verpflichtungen in finanzieller und moralischer Form. Kehrt eine Person, die im Ausland gelebt hat, zurück in die Familie, wird sie schnell wieder die gewohnten Verhaltensweisen annehmen, wird sich unterordnen und in das System einfügen.

Hat das Familienmitglied durch seine Ausbildung und das Leben im Ausland an Status und Ansehen gewonnen und verfügt über größere finanzielle Möglichkeiten, kann sich die Position in der Familie verändern und der Einfluss vergrößern.

Größere finanzielle Investitionen werden meistens vom Familienrat entschieden und Familienmitglieder ohne Einkommen oder ältere Verwandte werden selbstverständlich unterstützt. Die Familie hat somit auch **Sozialversicherungscharakter,** was besonders in einem staatlichen System wichtig ist, in dem es keine Altersversorgung, Krankenkassen, Arbeitslosenunterstützung oder Ähnliches gibt. Ein drastisches Bespiel für die Hilflosigkeit einer Einzelperson in einer solchen Gesellschaft ist der **Krankenhausaufenthalt.** Auch wenn die eigentliche Behandlung und medizinische Versorgung in einem staatlichen Krankenhaus kostenlos ist, erwarten Ärzte fast immer inoffizielle Geldbeträge, ohne die sie erst gar nicht mit der Behandlung beginnen. Neben dieser finanziellen Belastung übernimmt die Familie auch die praktische Versorgung des Patienten, denn es gibt kaum Pflegepersonal in den Kliniken. Das kranke Familienmitglied wird gewaschen, bekocht und gefüttert und jedes notwendige Medikament wird von den Angehörigen eigenständig gekauft und aus der Apotheke ins Krankenhaus gebracht. Ohne Familie keine Behandlung – auf einen Kranken kommen drei bis vier Verwandte, die sich um ihn kümmern und die Zeit bei ihm im Krankenhaus verbringen. Viele Kliniken haben den notwendigen „Aufenthaltsraum" für Familienmitglieder, zum Bespiel in geräumigen Innenhöfen, direkt mit eingeplant. Dort kann dann übernachtet und gekocht werden. Besonders Frauen lässt man nicht allein und schutzlos in Krankenhäusern zurück. Männliche Familienmitglieder wachen über jeden Behandlungsschritt und sind häufig sogar bei den Untersuchungen anwesend. Krankenhausaufenthalte sind oft eine doppelte Belastung für die Familien, da sie neben den Behandlungskosten auch eventuelle Verdienstausfälle für die betreuenden Familienmitglieder mit sich bringen.

Einhergehend mit der beschriebenen kollektivistischen Gesellschaftsform und der starken Identifikation mit der eigenen Gruppe wird eine Aufteilung in gesellschaftliche **Innen- und Außenräume** vorgenommen. Dem Innenbereich gilt die Aufmerksamkeit des einzelnen Menschen: Hier ist man verantwortlich, loyal, umsorgend, diesen Bereich gilt es zu beschützen und nach außen abzuschließen. Wer sich auf diesem abgeschirmten Territorium aufhält, gehört dazu, ist den anderen Gruppenmitgliedern verpflichtet, wird aber auch versorgt und unterstützt. „Außen" sind die Fremden, denen man zunächst misstrauisch begegnet. Der Außenbereich kann vernachlässigt werden, was sich häufig im Erscheinungsbild der Städte niederschlägt. Fürsorge und Wohlfahrt erstrecken sich oft nicht bis in diesen

Bereich, es sei denn, religiöse Regeln fordern Mildtätigkeit für Menschen außerhalb der eigenen Gruppe.

Innerhalb dieser Gruppe ist es notwendig und erwünscht, harmonisch zu leben und für ein ausgeglichenes und angenehmes Umfeld zu sorgen. **Harmoniefähigkeit** ist eine geschätzte Eigenschaft, direkte Konfrontation ist unerwünscht und gilt als unhöflich und unschicklich. Schon ein kompromissloses „Nein" gilt als respekt- und taktlos. In vielen westlichen Gesellschaften werden Kinder dazu erzogen, ihre eigene, individuelle Meinung auszudrücken – in Afghanistan gilt dies als unerwünschtes, vorlautes Verhalten, besonders bei jüngeren Menschen. Kinder orientieren sich an den Ansichten der anderen Gruppenmitglieder und bilden selten persönliche Meinungen. Auch Selbstkontrolle, Disziplin und Mäßigung sind erstrebenswerte Verhaltensweisen bei einem Leben in fest gefügten, großen Gruppen und der Notwendigkeit eines harmonischen Zusammenlebens.

Fremd oder zugehörig?

Hamish Khan, ein Kollege aus dem Ministerium, hatte uns zum Abendessen eingeladen. Wir – eine junge Mitarbeiterin und ich – freuten uns darauf, endlich seine ganze Familie kennen zu lernen, und eilten am Nachmittag in den Basar, um kleine Geschenke für seine Frau und die Kinder zu besorgen. Es war ein strahlend schöner Frühlingstag, gute Laune lag in der Luft und der Basarbesuch hätte sehr angenehm sein können, wenn wir nur nicht ständig den Röntgenblicken und Anzüglichkeiten der Männer ausgesetzt gewesen wären. Besonders aufdringlich und unverschämt war eine Gruppe Jugendlicher, die uns auf Schritt und Tritt folgte und den gesammelten Schatz ihrer Sprachkenntnisse an uns ausprobierte. Wir beschleunigten den Einkauf und traten schließlich den Rückweg an.

Der abendliche Empfang im Hause Hamish Khans war ausgesprochen herzlich – die Familie wartete schon auf uns und hatte die köstlichsten afghanischen Speisen zubereitet. Der Hausherr stellte uns seine Kinder vor; sechs waren zur Stelle, nur eines fehlte. Der älteste Sohn hatte sich verspätet. Als er heimkam, machte der stolze Vater uns miteinander bekannt. Wir begrüßten Hamid und stellten zuerst erschrocken und dann schmunzelnd fest, dass wir uns bereits kannten. Der Sohn des Gastgebers war der Wortführer der kleinen Gruppe, die uns den Einkaufsbummel verdorben hatte. Hamid stand da wie zu Stein erstarrt, schaute zwischen seinem Vater und uns hin und her und senkte dann den Blick. Wir begrüßten ihn aber wie einen Fremden und erwähnten nicht, dass wir uns schon früher begegnet waren.

Im Laufe der Zeit entwickelte sich eine enge Freundschaft zwischen Hamish Khans Familie und uns. Hamid behütete und beschützte uns, wann immer wir etwas in der Stadt erledigen mussten oder uns Sehenswürdigkeiten anschauen wollten. Niemand traute sich uns zu belästigen, wenn er dabei war. Ob die Verhaltensänderung dadurch hervorgerufen wurde, dass wir nun „zugehörig" waren und wie Verwandte behandelt wurden, oder ob ihn sein schlechtes Gewissen plagte, haben wir nicht erfahren. Über die erste Begegnung im Basar wurde nie gesprochen.

Kinder und Erziehung

Fünf Finger sind Brüder, aber sie sind nicht gleich.
(Afghanisches Sprichwort)

Zu den ersten Erfahrungen eines afghanischen Kindes gehört die durch Alter und Geschlecht gebildete **Hierarchie der Familie.** Der älteste Mann befindet sich hier meistens in einer gehobenen Position, die jüngste Frau und die Kinder in den unteren. Kinder lernen sehr früh, den ihnen zugeordneten Platz im Familiengefüge einzunehmen, denn Eltern und ältere Geschwister sind Autoritätspersonen, die Gehorsam erwarten. In Großfamilien fällt ein Familienrat, bestehend aus den ältesten Männern, die Entscheidungen für die ganze Gruppe. Die Dominanz der Älteren über die Jüngeren endet erst bei ihrem Tod – dann rücken die Söhne in die entsprechenden Positionen auf.

Mütter oder generell ältere Frauen können in der Familie ebenfalls eine gewisse Machtposition erlangen. Ihre Einflussnahme beschränkt sich allerdings in den meisten Fällen auf familiäre Bereiche, zu den wirtschaftlichen haben sie weniger Zugang. **Macht und Ansehen der Frauen** wachsen mit ihrem Lebensalter, besonders wenn sie viele Söhne zur Welt gebracht haben. Mütter streben eine enge emotionale Bindung zu ihren Söhnen an und sind bemüht, sie auch in fortgeschrittenem Alter an sich zu binden, sodass **Söhne** gerne bereit sind, die Positionen ihrer Mütter zu vertreten und quasi stellvertretend für sie zu sprechen. Dadurch haben Frauen eine Möglichkeit gefunden Einfluss auf Familienentscheidungen zu nehmen. Die Bevorzugung männlicher Kinder lässt sich daher vielleicht auch auf diesen Umstand zurückführen. **Mädchen** haben wenig Einfluss im Familiengefüge und verlassen bei ihrer Heirat – das geschieht auf dem Land schon im Alter von zwölf bis dreizehn Jahren – sowieso das elterliche Haus und gehören dann zu einer anderen Familie. Außerdem spielen sie bei der Altersversorgung der Eltern eine viel geringere Rolle. Brüder sind sich ihrer Bevorzugung durchaus bewusst und oft spielen sie diesen Vorteil ihren Schwestern gegenüber aus. In manchen Familien kommandieren Brüder ihre Schwestern herum, lassen sich von ihnen bedienen und ernennen sich selbst zu ihren gestrengen Tugendwächtern.

Afghanen bringen Kindern viel Liebe entgegen und bieten ihnen im Rahmen der Familie **Nähe, Wärme und Fürsorge.** Kleinere Kinder werden nie allein gelassen, es ist immer ein Familienangehöriger da, der sich um sie kümmert. Großmütter und Tanten, die im Haushalt leben oder zu Besuch kommen, übernehmen oft die Aufsicht der Kinder, um die Mutter, die vielleicht schon mit dem nächsten Kind beschäftigt ist, zu entlasten.

Den ganzen Tag über haben Kinder engen Kontakt zu einem Erwachsenen oder zu den älteren Geschwistern, die sehr früh schon Verantwortung für die Kleinen übertragen bekommen. Sie werden ständig herumgetragen und nehmen Anteil an allen Geschehnissen des Alltags. Auch nachts sind sie nicht allein, sondern schlafen im Kreise der Familie – meistens teilen sich viele Familienangehörige wenige Räume. Körperliche Nähe und ständige Gesellschaft von anderen Menschen wird als natürlicher Zustand erfahren, Alleinsein als befremdlich und unangenehm. Auch Männer spielen oft mit den kleinen Kindern und Söhne heften sich früh an die Fersen der Väter oder älteren Brüder, um die Freizeit mit ihnen zu verbringen oder bei Arbeiten zur Hand zu gehen. Auch kleine Mädchen können zunächst ihre Bewegungsfreiheit genießen, sobald sie sich aber dem Puber-

Freunde auf dem Spielplatz

tätsalter nähern, werden sie enger an Haus und Hof gebunden und orientieren sich zunehmend an den Tätigkeiten ihrer Mütter.

Zu den zentralen Werten, die Kindern als **Erziehungsideale** vermittelt werden, gehört die Übernahme von sozialer Verantwortung, besonders für die eigene Familie. Sie äußert sich sehr früh in der **Fürsorgepflicht** von älteren Geschwistern, denen im Gegenzug **Respekt** entgegengebracht werden muss. Es wird Wert auf die Entwicklung der Harmonie- und Anpassungsfähigkeit, auf Konfrontationsvermeidung und **Höflichkeit** gelegt. Ohne diese Fähigkeiten würde das Zusammenleben in großen Gruppen sehr erschwert werden. Kinder lernen indirekt zu kommunizieren und die Stimmungen ihres Umfeldes in Verhalten und Kommunikation einzubeziehen.

Ein weiterer zentraler Wert ist das Ehrgefühl. Das Kind lernt „sein Gesicht zu wahren". Jungen erkennen, dass ihre **Ehre** mit Ansehen und Status zusammenhängt und sie zu einem starken und wehrhaften Mann heranwachsen müssen, der seine Familie ernähren und verteidigen kann. Als Bruder wacht er über die Ehre seiner Schwestern, später über die seiner Frau und Töchter. Mädchen erfahren, dass ihre Ehre mit **Keuschheit** und moralisch einwandfreiem Lebenswandel verbunden ist. Ihr Verhalten richtet sich danach aus, diesbezügliche Regeln und Kleidungsvorschriften zu befolgen und ihre Ehre „zu hüten".

Die **Wertschätzung von Gästen** und ihre angemessene Betreuung wird bereits in der Kinderstube vermittelt. **Religiosität** und **Patriotismus** sind weitere grundlegende Inhalte der afghanischen Erziehung.

Während der Kindheit sollen Fertigkeiten und Tugenden erlernt werden, die ein gesellschaftlich akzeptiertes und integriertes Gruppenmitglied vorweisen muss. **Bekanntes und Tradiertes** hat einen hohen Stellenwert und wird unverändert vermittelt und wiederholt – gemäß der traditionellen Übermittlung der Koraninhalte. Dieser Ansatz steht im Gegensatz zu den Erziehungsidealen westlicher Gesellschaften, die einen Menschen befähigen sollen, mit unbekannten und unerwarteten Situationen fertig zu werden und eine positive Einstellung Neuem gegenüber zu entwickeln. Kinder werden dazu angehalten, zu hinterfragen, zu diskutieren und zu kritisieren, afghanische Kinder dagegen lernen zu wiederholen, zu bewahren und die übermittelten Inhalte im Interesse der sozialen Harmonie zu akzeptieren.

Die **Schule** ist ein weiteres hierarchisches System, mit dem die Kinder im Laufe ihrer Erziehung konfrontiert werden. Zwischen Lehrern und Schülern herrscht dasselbe, auf Rang, Alter und Autorität basierende, ungleiche Verhältnis wie im familiären Umfeld. Der Lehrer ist das Zentrum des Schuluniversums, er wird mit großem Respekt behandelt. Der Erziehungsprozess orientiert sich an der Person und nicht an den zu lernenden Inhalten, die Äußerungen des Lehrers werden oft als Ausdruck persönlicher Weisheit angesehen. An seiner Person oder den von ihm vermittelten Lehrinhalten wird **keine Kritik** geübt, selbst Diskussionen sind unüblich. Schüler sprechen nur, wenn sie dazu aufgefordert werden. Freie Meinungsäußerung oder gar Widerspruch sind in der Klasse nicht erlaubt. Die körperliche Züchtigung wird als legitimes Erziehungsmittel angesehen und auch von den Eltern unterstützt. Ein Umgang von Lehrern und Schülern auf gleichberechtigter und partnerschaftlicher Ebene ist ungewohnt. Das Autoritätsverhältnis zwischen Lehrern und Schülern bleibt ein Leben lang bestehen.

Partnerwahl und Hochzeit

Frauen sind die Zwillingshälften der Männer.
(Ausspruch des Propheten *Muhammad*)

Die Hochzeit gehört in Afghanistan zu den größten und wichtigsten Ereignissen im Leben eines Menschen und seiner Familie. Die **Wahl des Ehepartners** ist in den meisten Fällen keine Frage der persönlichen Entscheidung, sondern eine Familienangelegenheit. Der Familienvorstand und die Mütter, aber auch ältere Verwandte beraten und überlegen, ob – in erster Linie – der familiäre Hintergrund stimmt und – in zweiter Linie – welche Partner zusammenpassen. Der **soziale Status** und die **wirtschaftlichen Hintergründe** der beiden Seiten müssen übereinstimmen. Durch die Heirat gehen zwei Gruppen und nicht nur zwei Individuen eine Verbindung ein, weshalb ein harmonisches Verhältnis zwischen den beiden Familien der eigentlich entscheidende Faktor für die Wahl ist.

Ehen werden in Afghanistan üblicherweise arrangiert, selbst gewählte Beziehungen zwischen jungen Leuten sind (außer in sehr modernen Familien) unerwünscht. Sehr häufig werden Ehepartner aus dem Kreis der eigenen Verwandtschaft ausgesucht. Im traditionellen Sinn soll diese Auswahl den **Zusammenhalt der verwandtschaftlichen Gruppe** stärken und verhindern, dass eventueller Landbesitz in fremde Hände gerät. Innerhalb der Verwandtschaft sind auch die Familienverhältnisse besser bekannt, sodass eher Schwiegersöhne und -töchter mit tadellosem Ansehen in die eigene Familie geholt werden können.

Gerade bei der **Auswahl der potenziellen Schwiegertochter** sind ihr guter Ruf und die Unbescholtenheit ihres Lebenswandels – dazu gehört, dass sie keinerlei voreheliche Erfahrungen gemacht hat und jungfräulich in die Ehe kommt – von höchster Wichtigkeit. Später entdeckte „dunkle Flecke" in ihrer Vergangenheit können den Familienfrieden empfindlich stören und sogar zu gewalttätigen Auseinandersetzungen zwischen den Familien führen. Ein Missverhalten der Schwiegertochter und bis zu einem gewissen Grad auch das ihrer Verwandten, wirkt sich schädigend auf den Status der neuen Familie aus. Da die eigenen Töchter nach ihren Verheiratungen das elterliche Haus verlassen, ist der Ersatz durch Schwiegertöchter besonders auf dem Land wichtig, wo jede Arbeitskraft in Haus, Hof und auf den Feldern gebraucht wird.

Idealerweise sollen sich die zukünftigen Ehepartner vor der Hochzeit nicht kennen und sich erst am Hochzeitstag sehen – „wenn der Schleier gelüftet wird". In modernen städtischen Familien haben sich die Heiratskandidaten aber oft schon vorher gesehen, kennen sich vielleicht sogar aus Universität oder Beruf oder haben zumindest in der oft mehrjährigen **Verlobungsphase** Fotos ausgetauscht.

Besonders in ländlichen Gebieten und bei pashtunischen Gruppen gilt ein Cousin oder eine **Cousine ersten Grades** als besonders gute Partie. Diese Art der Verbindungen wird oft über viele Generationen fortgesetzt. Die Cousins kennen sich meistens bereits oder sind sogar miteinander aufgewachsen. Die junge Frau zieht in diesen Fällen nicht in eine fremde Familie und die Schwiegermutter ist gleichzeitig ihre Tante. In einigen Fällen werden die Heiratskandidaten einander auch schon bei ihrer Geburt versprochen.

Unter Studenten und berufstätigen jungen Menschen in der Stadt gibt es auch Gelegenheiten, eigene Bekanntschaften zu schließen und **Heiratspartner auszuwählen** – oder zumindest wird es gelegentlich versucht. Aber selbst wenn sie die Möglichkeit haben, sind besonders junge Mädchen sehr vorsichtig, weil sie wissen, dass eine falsche Wahl Auswirkungen auf ihr gesamtes weiteres Leben haben kann. Viele junge Leute trauen es sich gar nicht zu, einen passenden Heiratspartner für sich selbst auszusuchen. Die meisten Jugendlichen nehmen eher die Kontrolle der Eltern über intime und persönliche Entscheidungen in Kauf.

Eine **emotionale Beziehung** soll sich erst nach der Hochzeit zwischen den Ehepartnern entwickeln. Es besteht immer noch das Ideal, dass sich die Partner an ihrem Hochzeitstag zum ersten Mal sehen, aber besonders im städtischen Raum involvieren viele Eltern ihre Kinder auch in die Entscheidung oder fragen sie zumindest nach ihren Vorstellungen.

Bei wirtschaftlich sehr schlecht gestellten Bevölkerungsgruppen werden Eheschließungen oft unter dem Gesichtspunkt rein **wirtschaftlicher Interessen** gesehen. Junge heiratsfähige Mädchen in der Familie zu haben, bedeutet Kapital, denn für sie muss bei der Verheiratung ein **Brautpreis** gezahlt werden. Es wird immer wieder über Fälle berichtet, in denen Eltern aus ökonomischer Not keinen Wert mehr auf eine passende Verbindung legen, sondern die Tochter an den Höchstbietenden „verkaufen". Der Brautpreis wird somit zum Kaufpreis, auf die Wünsche des Mädchens wird keinerlei Rücksicht genommen. Die Kosten für die Mitgift, die Brauteltern für ihre Töchter aufbringen müssen, sind in den meisten Fällen sehr viel niedriger als der zu entrichtende Brautpreis.

Die nach islamischem Recht vorgeschriebene **Zustimmung zur Ehe** wird meistens nur pro forma eingeholt. Die völlig eingeschüchterten Mädchen würden eine Ablehnung gar nicht wagen. Es kommt oft vor, dass junge Mädchen mit bedeutend älteren Männern verheiratet werden. Diese suchen dann vielleicht nach einer „preisgünstigen" Zweitfrau, sind kriegsversehrt oder verwitwet und brauchen dringend eine Arbeitskraft und Beaufsichtigung für ihre Kinder zu Hause.

Junge Frauen, die aus unglücklichen Ehen flüchten, haben es sehr schwer, wieder Aufnahme in ihrer eigenen Familie zu finden. Sie haben den Eltern Ärger bereitet – vielleicht fordert der Ehemann das Geld zurück – und **Schande** über die Familie gebracht. Manchmal werden die Mädchen und Frauen sogar von den verlassenen Ehemännern oder ihren eigenen Familien umgebracht – **Ehrmorde** gelten als Kavaliersdelikte. Junge Mädchen, die im Kabuler Frauengefängnis wegen „moralischer Vergehen" einsitzen, schildern grausame Schicksale. Um die Frauen und Mädchen nach Unstimmigkeiten oder Auseinandersetzungen, die häufig mit Ehrverlust verbunden sind, loszuwerden, bezichtigen Ehemänner oder Eltern sie der unterschiedlichsten Delikte und sie landen im Gefängnis, oft ohne Verfahren und Verurteilung. Aber selbst bei einer eventuellen Entlassung gibt es keinen Weg zurück – Vertreter internationaler Organisationen sind meist die einzigen, die sich um die Mädchen kümmern.

Die Eheschließung erfolgt in Afghanistan generell in jungen Jahren, besonders in ländlichen Gebieten ist das **Heiratsalter der Mädchen sehr niedrig.** In der Regel sind sie bei Einsetzen der Pubertät verlobt und heiraten im Alter von 13 bis 14 Jahren. Die Eheschließung kann aber durchaus noch früher erfolgen. Manchmal ziehen die verlobten oder verheirateten Mädchen schon mit sieben oder acht Jahren in das Haus des Bräutigams (der oft auch nicht viel älter ist). Die Ehe wird dann bei Erreichen der Pubertät vollzogen. Einige Eltern sind froh, wenn die Tochter früh ihren Verantwortungsbereich verlässt und sich die Schwiegerfamilie um die Versorgung und moralische Beaufsichtigung des Mädchens kümmern muss.

Das Heiratsalter der städtischen Bevölkerung ist wesentlich höher und viele Familien achten darauf, dass ihre Töchter zumindest ihre Schulausbildung abschließen. Aber auch hier findet die Verlobung oft schon Jahre vorher statt. Der Zeitraum von meistens ein bis drei Jahren dient als Probezeit, in der die Familien sich gegenseitig kennenlernen können und austesten, ob sie miteinander harmonieren. Manchmal können auch die Verlobten selbst schon Kontakt zueinander aufnehmen und sich kennenlernen, dies ist aber nicht immer der Fall. Der zeitliche Vorlauf dient den Familien auch zur Vorbereitung für die Hochzeit.

Bei den Volksgruppen Afghanistans gibt es eine Fülle von unterschiedlichen **Traditionen rund um die Hochzeit.** Auch die jeweiligen Bräuche im städtischen und ländlichen Bereich haben verschiedenartige Ausprägungen. Eine Schilderung dieser Variationen und der Regeln in Bezug auf die Gestaltung der Verlobung, Familienbesuche vor der Hochzeit, die Art der Geschenke, die Form des Brautpreises oder der Mitgift etc. könnte allein ein ganzes Buch füllen. Identisch ist bei allen Gruppen, dass die Familien von Bräutigam und Braut langwierige und kostspielige Hochzeitsvorbereitungen treffen und die Feierlichkeiten einen glanzvollen Höhepunkt des afghanischen Lebens darstellen. Die Verwandten bemühen sich, das zukünftige Ehepaar mit allem Notwendigen für das gemeinsame Leben auszustatten. Dies geschieht in Form einer **Mitgift** seitens der Brauteltern und einem **Brautgeld** von der Familie des Mannes. Die Gaben reichen von Haushaltsgegenständen bis hin zu Ländereien und Häusern sowie möglichst vielen prachtvollen Kleidern und Goldschmuck für die Braut. Auch die Angehörigen werden mit traditionellen Geschenken (Kleidern und Schmuck) bedacht. Bei ärmeren Familien sind es oft nur ein paar notwendige Haushaltsgegenstände, die dem Brautpaar mitgegeben werden können, einige bestickte Tücher und ein kleines Schmuckstück. Jeder, ob arm oder reich, bemüht sich, die Hochzeit so prachtvoll wie möglich zu gestalten, denn es ist nicht nur ein Fest der Freude, sondern hebt auch den Status und das Ansehen der Familie. Ausgerichtet und bezahlt wird die Feier meistens von den Eltern des Bräutigams, aber auch da gibt es Unterschiede und moderne Familien teilen die Kosten manchmal auf.

Die **Hochzeitsfeierlichkeiten** ziehen sich immer über mehrere Tage hin. Bei einigen Volksgruppen werden sie durch die Verabschiedung des Mädchens von ihrer eigenen Familie eingeleitet. Dieses Fest findet unter den weiblichen Verwandten im Elternhaus der Braut statt. Für den Bräutigam wird eine Art Junggesellenfeier mit seinen eigenen männlichen Angehörigen und Bekannten arrangiert. Die eigentliche Hochzeit findet einen oder mehrere Tage später statt.

Traditionelle Hochzeiten auf dem Land sind oft sehr farbenprächtig, mit viel Musik und Tanz und beziehen alle Verwandten und das ganze Dorf mit ein, die dann auch die ganze Zeit beköstigt werden müssen. Auch bei städtischen Hochzeiten reist die gesamte Verwandtschaft an – die Feier findet entweder im eigenen Haus oder im Saal eines großen Hotels statt. In Kabul sind einige *Wedding Halls* errichtet worden, die ausschließlich für diese Zwecke gemietet werden können. Die Hochzeiten im städtischen Stil sind mit **enormen Kosten** verbunden. Allein die Anmietung des Saales und ein mittelklassiges Buffet für eine durchschnittliche Zahl von 500 Gästen kostet viele Tausend Afghani – oder US-Dollar, denn größere Beträge werden gern in der Fremdwährung in Rechnung gestellt. Dazu kommen dann noch all die Geschenke, die Kleider, der Schmuck ... Manche Familie verschuldet sich über Jahre hinaus, um dem Sohn eine prächtige Feier zu ermöglichen. Die Hochzeiten der Reichen in Kabul – und davon gibt es nicht wenige – sind im Bereich der Superlative einzuordnen. Es muss dann das teuerste Hotel mit dem besten Essen sein, Hochzeitskleider aus Europa oder Amerika, Goldschmuck aus Dubai und es werden Tausende von Gästen eingeladen.

Im Mittelpunkt der Aufmerksamkeit von Gästen und Fotografen steht natürlich das geschmückte und bewegungslos auf einer Bühne sitzende **Hochzeitspaar.** Fotos und Filme von dem Ereignis sind sehr wichtig und werden ein Leben lang stolz vorgezeigt. Die Braut hat fast den ganzen Tag in einem Schönheitssalon verbracht und wurde bis zur Unkenntlichkeit geschminkt. Nun sitzt sie – mit Gold behangen, die Hände mit Henna verziert – in ihrem prächtigen Hochzeitskleid auf der Bühne. Es gehört zum guten Ton, dass die Braut den ganzen Abend über kaum ein Wort spricht und noch nicht einmal den Blick hebt, um die Hochzeitsgäste zu betrachten. Nur für die Fotografen gibt es einen scheuen Augenaufschlag.

Die Schar der Gäste wird häufig in **männliche und weibliche Hochzeitsgesellschaften** aufgeteilt, die dann jeweils für sich feiern. Moderne Familien veranstalten aber gemischte Hochzeitsfeste in den Hotels oder *Wedding Halls.* Endlose Reihen von Gästen ziehen an den Angehörigen des Brautpaares vorbei und sprechen ihre Glückwünsche aus, unzählige Hände werden gedrückt und gute Freunde umarmt. Auf einem Tisch neben dem Eingang türmen sich die Geschenke. Die Gäste bewundern ausgiebig das glanzvolle Paar, aber auch die prachtvolle Aufmachung und der Schmuck der anderen Gäste wird zur Kenntnis genommen. Verwandte und gute Freunde dürfen sich mit dem Brautpaar und dessen Familien fotografieren lassen. Zu vorgerückter Stunde stürzt sich auf ein Zeichen die gesamte Hochzeitsgesellschaft auf das Buffet. In kürzester Zeit verschwinden Berge von Reis, Fleisch und anderen afghanischen Köstlichkeiten. Traditionelle Musikgruppen sind fester Bestandteil der Feierlichkeiten. Die Afghanen tanzen sehr gern und viele sind erleichtert, dass die Verbote der Taliban, die sich auch auf harmlose Vergnügungen wie Musik und Tanz erstreckten, aufgehoben wurden.

Hochzeiten sind eine hochwillkommene Möglichkeit, die weitläufige Verwandtschaft und Freunde wiederzusehen, die zu diesem Anlass aus allen Landesteilen und auch aus dem Ausland anreisen. Traditionell wird auch die Gelegenheit genutzt, sich nach möglichen Heiratspartnern für noch ledige Kinder umzuschauen.

Eine ganz besondere Beziehung:
Männer und Frauen in Afghanistan

Die politische Dimension

Frauen schaukeln mit einer Hand die Wiege,
mit der anderen Hand die Welt.
(Pashtunisches Sprichwort)

Die gesellschaftliche Stellung und die Lebensbedingungen der Frauen in Afghanistan waren in den letzten Jahren der Taliban-Herrschaft und nach ihrem Sturz Ende 2001 ein beliebtes Thema der Medien. Besonders die Auswirkungen der rigiden Regeln dieses Regimes auf den weiblichen Teil der Bevölkerung erregten öffentliches Interesse und lenkten den Blick internationaler Akteure auf Afghanistan. Die Betrachtungen und Diskussionen bewegten sich hauptsächlich auf politischer Ebene: Es wurde über die Verdrängung der Frauen aus der Öffentlichkeit berichtet, über **Berufsverbote und den Schleierzwang.** Verhüllte Frauengestalten in der *Burqa*, dem sackartigen Überwurf, der nur den Blick durch ein Stoffgitter ermöglicht, wurden zu einem vertrauten und gleichzeitig abschreckenden Bild in Zeitungen und Fernsehberichten. Viel wurde über die Beziehung zwischen afghanischen Männern und Frauen geschrieben – aber eigentlich meinte man damit das **Verhältnis der Taliban zu den Frauen.**

Die Beziehung zwischen Männern und Frauen in **Familie und Alltag** war und ist selten Gegenstand der Betrachtung. Afghanische Männer und Frauen leben in verschiedenen Welten und sind doch aufeinander angewiesen. Viel mehr als es beispielsweise in westlichen Gesellschaften der Fall ist, wo es zwar keine aufgeteilten Lebensräume gibt, aber doch jeder seinen eigenen Weg gehen kann.

Die Frauenfrage wurde seit Anfang des 20. Jahrhunderts immer wieder zum **Politikum zwischen afghanischen Modernisten und Traditionalisten.** Sie nimmt eine Schlüsselposition in all den Reformversuchen der Vergangenheit und der Gegenwart ein. Die meisten Versuche, die Position der Frauen in Familie und Beruf zu verbessern und sie an der Gestaltung von Politik und Gesellschaft zu beteiligen, konnten sich nur ansatzweise durchsetzen. Und dann auch nur in Kabul und anderen großen Städten, da die gebildete und wirtschaftlich gut situierte, städtische Mittel- und Oberschicht aufnahmebereit für diese Neuerungen war. Die ländliche Bevölkerung lehnte Veränderungen der bestehenden Situation ab: Sie sah die **traditionellen Machtverhältnisse** in Gesellschaft und Familie in Ge-

fahr und befürchtete einen kulturellen Sittenverfall. Da der Staat oft nur als abstraktes Gebilde und Fremdkörper im eigenen Land wahrgenommen wurde, versuchte man immer wieder, sich dem staatlichen Einfluss zu entziehen. Diese Situation ist im Großen und Ganzen bis heute so geblieben.

Während des **Widerstandskampfes gegen die sowjetischen Invasoren** gehörte es zu den Aufgaben der Mudjaheddin, die Frauen vor den „gottlosen Kommunisten" zu schützen. Frauen sind ebenso wie Männer verantwortlich für die Familienehre und gleichzeitig lebenswichtiger Garant für das Fortbestehen der Familie. Die männlichen Verwandten – in Krisenzeiten auch die ganze Gemeinschaft – sind verpflichtet, den Frauen als einem besonders verletzlichen Teil der Gesellschaft Schutz und Versorgung zu gewähren. Besonders in dem nachfolgenden Bürgerkrieg sahen die jungen, undisziplinierten Kämpfer Frauen aber auch als Plünderungsgut an und verfuhren mit ihnen willkürlich und nach Belieben. Entführungen, Vergewaltigungen und Zwangsehen sind feste Bestandteile von Kriegshandlungen. Sie bedrohen nicht nur Leib und Leben der Frauen, sondern dienen auch dazu, die Moral der feindlichen Gruppe zu brechen und ihre Ehre zu verletzen.

Mädchenklasse einer höheren Schule beim Computerunterricht

Fast drei Jahrzehnte andauernder Krieg lösten fest gefügte **Familienverbände** auf, die Basis der afghanischen Gesellschaft. Viele Männer verließen ihre Familien und zogen in den Krieg. Große Flüchtlingsbewegungen fanden innerhalb des Landes statt, Millionen von Afghanen suchten in den Nachbarländern Iran und Pakistan Zuflucht und wer die finanziellen Möglichkeiten hatte, gründete eine neue Existenz in Europa, Amerika oder Australien. Viele Frauen mussten plötzlich den Familienvorstand ersetzen und ihre Kinder allein versorgen. Diese Frauen, die keine andere Wahl hatten als sich gesellschaftsuntypisch zu verhalten, gerieten immer wieder in Konflikt mit konservativen Kräften im eigenen Land und im Exil.

Auch das Leben in Flüchtlingslagern hatte Auswirkungen auf das Geschlechterverhältnis. Der kriegsbedingte Verlust von Status und Besitz machte die Frau zum einzig verbleibenden Symbol der Ehre für die Männer. Die Beibehaltung der kulturellen Werte, die durch die Frauen verkörpert wurden, war der einzige Weg, die Selbstachtung zu wahren. Der allgemeine Kontrollverlust wurde durch eine **verstärkte Kontrolle über Frauen** kompensiert. Der Ausschluss der Frauen aus der Öffentlichkeit wurde mit islamischen und traditionellen Argumenten gerechtfertigt und ideologisch untermauert.

Die **Taliban** versuchten ein weiteres Mal, die Frauen ins Zentrum ideologischer Diskurse zu stellen. Sie rechtfertigten ihr rigoroses Vorgehen mit der Notwendigkeit, jene Afghanen zu bekämpfen, die sich nicht an wahrhaft islamischen Werten orientierten, sondern sich gegenseitig bekämpften und Frauen als Kriegsbeute unter sich aufteilten. Auch in ihrem Herrschaftskonzept nahm die Frau eine Schlüsselposition ein. Der Schutz und die Kontrolle der Frauen war für die Taliban ein Ausdruck von Sicherheit und vollständig umgesetzter islamischer Lebensweise.

Dieses Schutz- und Kontrollprinzip zog die totale **Verdrängung der Frauen** aus der Öffentlichkeit nach sich. Die Kontrolle über Frauen wurde aus dem privaten Bereich herausgelöst und dem Taliban-Staat übertragen. Aber gerade dort, wo die Taliban selbst herkamen – aus den armen, am wenigsten entwickelten und von traditionell organisierten Stammesverbänden bewohnten Südprovinzen Afghanistans – hatten sie am wenigsten Erfolg. Die in diesen Gebieten **intakten Autoritätsstrukturen** ließen keine Einflussnahme von außen zu, das Alltagsleben veränderte sich durch die Geschlechterpolitik der Taliban kaum. Auch wenn viele Afghanen die Wertvorstellungen und Ansichten der Taliban teilten und befürworteten, rief deren radikale und extreme Umsetzung mit staatlichen Machtmitteln Ablehnung hervor.

Die städtische Gesellschaft dagegen konnte keine Gegenkräfte mobilisieren – hier waren die Frauen der „Abteilung zur Förderung der Tugend und zur Verhinderung des Lasters" ausgeliefert. Hauptleidtragende dieser Politik waren moderne Frauen aus den städtischen Mittelschichten, denen nur der Rückzug in *Purdah* blieb ...

Purdah oder die Ausgrenzung der Frauen

Mit einem Flügel kann ein Vogel nicht fliegen!
(Afghanisches Sprichwort)

85 % der afghanischen Frauen sind Analphabetinnen, ihr Anteil an den Erwerbstätigen im Land ist extrem niedrig und ihr Einfluss in Wirtschaft und Politik gering. Diese Fakten sind Folgen der Ausgrenzung afghanischer Frauen aus dem öffentlichen Leben und dem eingeschränkten Zugang zu Schulen und anderen Ausbildungseinrichtungen. Die Benachteiligung von Frauen war während der Taliban-Zeit extrem, aber das **traditionelle Purdah-System** hat sie auch zu früheren Zeiten schon in die verborgenen Bereiche der Gesellschaft verwiesen. Was bedeutet *Purdah* und wo liegt der Ursprung dieses Systems?

Der Begriff *Hijab,* der aus dem Koran stammt, bezeichnet die islamische Vorstellung von moralischer Zurückhaltung. Frauen, die sich in der Öffentlichkeit verschleiern oder das Haus nur sehr selten verlassen, leben in *Purdah,* was wörtlich „Vorhang" bedeutet. Der Begriff wird auch verwendet, um die **Trennung der Geschlechter im alltäglichen Leben** zu bezeichnen und die Abgrenzung der Frauen von der Öffentlichkeit.

Die **Verschleierung** wird unterschiedlich je nach sozialer oder religiöser Situation gehandhabt. Im ländlichen Raum bedecken Frauen eigentlich immer und überall ihren Kopf – draußen und auch drinnen. Manche Frauen tragen große Umhangtücher, die den ganzen Körper und Kopf verhüllen, andere die *Burqa,* einen sackartigen Überwurf, der die Frau völlig unkenntlich macht und bei dem selbst die Augen durch ein Maschennetz verdeckt sind. Einige Frauen verhüllen in geschlossenen Räumlichkeiten beispielsweise nur den Kopf als Respektsbezeugung, wenn Ältere den Raum betreten, wenn der Muezzin zum Gebet ruft und während des Gebetes. Moderne Frauen im städtischen Bereich tragen häufig nur ein Kopftuch zu langen Röcken oder Hosen und Mänteln.

Verschleierung hat einen stark schichtenabhängigen Charakter, denn arme Familien können auf die Mitarbeit der Frauen nicht verzichten, und die macht eine komplette Verschleierung in vielen Fällen unmöglich. Auch bei Nomadinnen stellt sich die Lebenssituation anders dar. Aufgrund fehlender Häuser und der hohen Mobilität der Gruppen können sich die Frauen nicht in Privatgemächer zurückziehen. Sie bewegen sich relativ frei in der Öffentlichkeit – unter Einhaltung der üblichen Kleidungs- und Anstandsregeln.

Die **Trennung der Geschlechter** erfolgt im räumlichen Sinne wo immer es möglich ist: Häuser, Schulen und öffentliche Einrichtungen werden in Männer- und Frauenräume, die gleichzusetzen sind mit Außen- und Innenbereichen, aufgeteilt. Auch öffentliche Verkehrsmittel erfahren diese Zweiteilung, denn Männer und Frauen haben eigene Sitzreihen. Ein Großteil des afghanischen Lebens spielt sich hinter Mauern und in Häusern ab: das Familienleben, die Freizeit und gegenseitige Besuche werden vor fremden Blicken abgeschirmt.

Es ist schwer zu beurteilen, wie weit *Purdah* ihre Begründung im **Islam** findet oder eher in lokalen Traditionen, die sich stark an einem Konzept von Ehre und Schande ausrichten. Der Islam garantiert den Frauen zumindest theoretisch gewisse Rechte und eine gesellschaftliche Anerkennung ihres Status als rechtschaffene Ehefrau und Mutter sowie gläubige Muslimin. Im traditionellen Leben auf dem Lande oder bei den ärmeren Schichten in den Städten bleibt von diesen theoretischen Rechten nicht viel übrig und die Frauen haben kaum Möglichkeiten ihre Rechte einzufordern.

Männer und Frauen sind dem islamischen Verständnis folgend von Natur aus ungleich. Sie sollen sich in unterschiedlichen Tätigkeitsbereichen ergänzen. Dem Mann wird die Rolle des Familienoberhauptes, des Be-

035af Foto: ha

schützers und Versorgers zugeteilt. Die Frau führt den Haushalt, gebiert und erzieht die Kinder und hat ansonsten gehorsam zu sein. Sie ist aber nicht der Willkür des Mannes ausgeliefert, denn der Koran legt die **Rechte und Pflichten der Muslimin** in jedem ihrer Lebensabschnitte fest. Das Einvernehmen der Frau ist zur Eheschließung erforderlich, es können Eheverträge abgeschlossen werden, um die ehelichen Verbindungen zu regeln, und das Brautgeld ist als Versorgungsgrundlage gedacht. Beides, Ehevertrag und Brautgeld, sollen der rechtlichen und wirtschaftlichen Absicherung der Frau dienen, die auch in der Ehe voll geschäftsfähig und Verwalterin ihres Eigentums bleibt. Besondere Wertschätzung erfährt die Frau in islamischen Gesellschaften in ihrer **wichtigsten Rolle als Mutter.**

Dem Mann ist es erlaubt, bis zu vier Frauen zu heiraten, allerdings sollte er die Vorgaben des Korans zur Gleichbehandlung aller Frauen erfüllen. Bleibt die erste Ehe kinderlos, nehmen Männer oft eine zweite Ehefrau, mehrere Gattinnen können aber auch eine Frage des Status sein. Auch in den Bereichen **Scheidung und Erbe** haben Männer den größeren rechtlichen Handlungsspielraum. Der Mann kann sich von seiner Frau trennen, wenn er die Scheidungsformel *Talaq* dreimal ausspricht. Für Frauen ist die Scheidung aber nur unter ganz bestimmten Umständen rechtlich möglich. Sie wird wegen der sozialen Diskriminierung so gut wie nie gefordert. Eine Tochter erbt nur die Hälfte des Anteils, der ihrem Bruder vom väterlichen Erbe zusteht und die Ehefrau lediglich ein Viertel oder Achtel vom Besitzes ihres Ehemannes. Brüder und Söhne erhalten also immer den größten Teil des Erbes. Häufig werden Schwestern genötigt, ihren Teil des Erbes den Brüdern zu überschreiben, „damit das Land in nicht zu kleine Parzellen unterteilt wird", wie die Rechtfertigung oftmals lautet.

Ein anderer Grundpfeiler der Geschlechtertrennung sind die traditionellen Vorstellungen von **Ehre und Schande,** die sich bei allen afghanischen Ethnien, aber besonders ausgeprägt bei den Pashtunen finden. Identität und Status eines Mannes sind abhängig von seiner Ehre. Kann er seinen männlichen und gesellschaftlichen Aufgaben nicht gerecht werden, wozu u. a. die Kontrolle seiner Umgebung und damit auch der Frauen gehört, schadet er seinem Status als Ehrenmann. Die Frau symbolisiert die Familienehre und muss geschützt werden, denn „draußen" ist sie feindlichen Kräften ausgesetzt. Gleichzeitig kann sie die Männerwelt durch ihre bloße Anwesenheit in Versuchung führen – durch ihre Abschirmung wird also nicht nur die Frau geschützt, sondern die Männer schützen auch sich selbst. Durch *Purdah,* die Isolation der Frauen und die Beschränkung des

Der erste Gang zur Wahlurne – eine Wählerin in Kabul

Zwei Schritte vorwärts, ein Schritt zurück

Mutige Frauen, die sich für ihre Rechte und die ihrer Geschlechtsgenossinnen einsetzen, haben es schwer in Afghanistan und leben zudem auch noch sehr gefährlich. Präsident Karzais Frauenbeauftragte in Kandahar, einer der konservativsten Provinzen des Landes und ehemalige Hochburg der Taliban, musste ihren Einsatz für die Frauenpolitik mit dem Leben bezahlen. Safia Ahmadjan, eine kluge und geachtete 65-jährige Frau, begann ihre politische Karriere als Schulleiterin. Als Teil von Karzais Regierung und **Vertreterin des Frauenministeriums** kümmerte sie sich in der neuen Ära des afghanischen Staates um Frauenfragen in Kandahar. Sie wurde von einem Täter aus dem Kreis der neu erstarkten Taliban-Bewegung erschossen, als sie mit dem Taxi zum städtischen Frauenzentrum fahren wollte. Ahmadjan war keine Frauenrechtlerin, die mit flammenden Reden das Schicksal der Frauen ändern wollte, sie hielt sich immer streng an die islamischen Regeln und die Traditionen der Pashtunen. Aber auch ihre Klugheit hat ihr am Ende nichts genützt – Hunderte von Frauen betrauerten den Verlust bei ihrer Beerdigung in der großen Moschee von Kandahar. Die Frauen im Süden Afghanistans haben einen weiteren Hoffnungsschimmer verblassen sehen.

Auch die Vertreterinnen des Frauenministeriums in der Stadt Kapisa erhalten seit geraumer Zeit Drohbriefe, die sie dazu bewegen sollen, ihr Amt aufzugeben. Für Frauen wie sie sei kein Platz in dem **islamischen Staat Afghanistan,** hieß es in dem Anschreiben, sie sollten sich auf ihre traditionellen Rollen besinnen.

Die internationalen Geberländer unterstützen ein Programm, dass bis zum Jahr 2010 eine deutliche Erhöhung des Frauenanteils in Politik und Verwaltung bewirken und den Prozentsatz der Lehrerinnen um 50 % und den der Studentinnen um 35 % steigern soll. Aber gerade Lehrerinnen, Studentinnen, Krankenschwestern und Politikerinnen werden oftmals **von konservativen Kräften eingeschüchtert** und bedroht. Der hart erkämpfte und lang ersehnte Platz in der Öffentlichkeit und im Berufsleben soll ihnen wieder streitig gemacht werden.

Kontaktes mit dem anderen Geschlecht auf den Ehemann und die männlichen Verwandten, soll Ehebruch und damit die Verletzung der männlichen Ehre verhindert werden. Der Ehemann muss sicherstellen, dass seine Abstammungslinie mit leiblichen Kindern fortgesetzt wird. Die gesamte Familie kann im Falle eines Ehebruchs der Frau ihre Ehre verlieren und handelt dann auch kollektiv, um die Übeltäter zu beseitigen und somit die Familienehre wiederherzustellen.

Innerhalb jeder Gesellschaft gibt es **unterschiedliche kulturelle Sphären** von Frauen und Männern – im Falle Afghanistans ist diese Spaltung sehr ausgeprägt. In der männlichen Sphäre, die gleichzeitig auch die Öffentlichkeit darstellt, fehlen Frauen fast gänzlich, sodass es den Anschein hat, die afghanische Gesellschaft würde nur von Männern gestaltet. Näher betrachtet ist das Bild schon differenzierter, denn natürlich können Frauen in ihren eigenen Familien Einfluss nehmen und auch Macht durch Söhne oder Ehemänner ausüben, aber trotzdem fehlt die weibliche Komponente in vielen öffentlichen Bereichen.

Die Geschlechtertrennung beeinflusst das Denken und Handeln der Menschen im Land und hat natürlich auch Auswirkungen auf den Arbeitsalltag und das Leben der **Ausländer.** Neuankömmlinge in Afghanistan sind immer wieder erstaunt über das eigenartige, frauenlose Erscheinungsbild der Gesellschaft. Besonders ausländische Männer beklagen nach einigen Monaten Aufenthalt den Mangel an vertrautem und natürlichem Umgang mit Frauen. Ausländer, die in einer gemischt-geschlechtlichen Gesellschaft aufgewachsen sind, empfinden ihr frauenloses Umfeld als befremdlich und unnatürlich.

Traditionelle Beziehungen

Eine gebrochene Hand kann arbeiten, aber ein gebrochenes Herz nicht!
(Afghanisches Sprichwort)

Abseits der politischen Bühne das alltägliche Leben in Afghanistan betrachtend, wird deutlich, dass den Menschen viele der oben aufgezeigten Zusammenhänge gar nicht bewusst sind. Das Zusammenleben der Geschlechter im Nachkriegs-Afghanistan dreht sich um eine einzige schwere Aufgabe: den Lebensunterhalt zu erwirtschaften und eine Schar von hungrigen Kindern aufzuziehen.

Zur Veranschaulichung des alltäglichen Miteinanders wird aus einem Dorf im Hazarajat, einem unzugänglichen Teil Afghanistans, berichtet. Hier leben Männer und Frauen in festen verwandtschaftlichen Gruppen und viele haben das Dorf nie verlassen. Ihre Beziehungen sind nicht von der Suche nach persönlichem Glück geprägt, sondern von dem Vorsatz, ihre soziale Rolle als Teil der Familie auszufüllen. Die Familien haben die Partner füreinander ausgesucht, oft waren ganz pragmatisch wirtschaftliche oder verwandtschaftliche Gründe ausschlaggebend. Die jungen Menschen akzeptieren die Familienentscheidung in den meisten Fällen, eigene Erwartungen – sofern vorhanden – sind zweitrangig. Viele dieser Verbindungen werden zu guten und stabilen Partnerschaften – auch **ohne romantische Liebe.** Natürlich ist die Liebe hier ebenso ein Thema: Menschen verlieben sich, doch das ist keine Bedingung für die Ehe, sondern wird eher als Schwärmerei abgetan. Romantische Gefühle für jemanden, der nicht von der Familie als Heiratspartner ausgesucht wurde, bleiben häufig für immer unausgesprochen. Sollten sich die Betroffenen doch einander offenbaren und vielleicht sogar eine heimliche Beziehung anstreben, gehen sie ein hohes Risiko ein. Entdeckt das familiäre Umfeld die Romanze, werden die Liebenden möglichst unauffällig voneinander getrennt – sofern sie noch kein Aufsehen erregt haben. Im schlimmsten Fall folgt eine Bestrafung, die häufig tödlich endet. Für das betroffene Mädchen gibt es oft keinen anderen Ausweg als den Tod, da ihre Ehre unwiederbringlich beschmutzt ist. Heimlich verliebte Paare, die ihr Heil in der gemeinsamen Flucht aus dem Dorf sehen, werden gnadenlos verfolgt und die Angehörigen werden nicht eher ruhen, bis sie die Flüchtigen aufgespürt haben. Für solche Paare hält das Schicksal kein freies, sorgloses Leben bereit!

Nach ihrer eigenen **Vorstellung von Glück** gefragt, schildern die Frauen aus dem ländlichen Umfeld ein Leben ohne Krieg und Not, eingebettet in eine funktionierende Familie. Sie schwärmen von einem Ehemann, der die Familie versorgen kann, seine Ehefrau gut behandelt und sie in Familienentscheidungen mit einbezieht. Zu ihrem Glück gehören auch Kinder – gesunde, kräftige Kinder, die eine sorgenfreie Zukunft haben und die Altersversorgung ihrer Eltern darstellen. Persönliche Selbstverwirklichung und romantische Liebe finden sich selten in dem Gedankengut der

035af Foto: ha

Frauen. Eine harmonische Beziehung und ein vertrauensvolles Miteinander stellt sich manchmal auch im Laufe der Ehe ein – Verliebtsein scheint keine Grundvoraussetzung dafür zu sein.

Männer, die nach ihrer Vorstellung von persönlichem Glück befragt wurden, äußerten sich ähnlich wie die Frauen. Einige bedauerten, zum Zeitpunkt ihrer Eheschließung zu jung gewesen zu sein und keinen Einfluss auf die Auswahl der Partnerin gehabt zu haben. Männer, die es in späteren Lebensjahren zu Wohlstand bringen, holen oft das Vermisste nach und suchen sich eine zweite, junge Frau nach ihren eigenen Neigungen. Auch in diesen Fällen übernimmt die Familie des Mannes die Organisation der Eheschließung und der Hochzeitsfeierlichkeiten, aber die Initiative geht meistens von den zu diesem Zeitpunkt schon älteren Männern aus. Das Glück, das aus vielen solcher Verbindungen erwächst, bleibt allerdings meist sehr einseitig.

Die romantische Liebe, Sehnsucht und Leidenschaft müssen sich im traditionellen Afghanistan meist mit einem Platz in der **Dichtung und in Volksliedern** begnügen. Hier ein Auszug aus einem Gedicht des pashtunischen Poeten *Khushal Khan Khattak:*

Manche sagen: Blicke nimmer
auf der Schönen Angesicht!
Doch die Augen sind geschaffen
für das Schauen - oder nicht?
Ein Kuss meines Mundes   sagst du
ist die beste Medizin!
Für die Herzenswünsche wünsch' ich
solche Heilung - oder nicht?
Du trinkst meines Herzens Blut; doch
dafür ist mein Herz ja da -
Denn für dich, Blutdürst'ge, ist es
doch geschaffen - oder nicht?

(*Khuschal Khan Khatak,* übersetzt von *A. Schimmel,* in: Pakistanische Literatur. M. D. Ahmed, 1986)

Im **sozialen Bereich** sind Männer und Frauen wenig voneinander abhängig, weil viel Zeit mit Gleichgeschlechtlichen verbracht wird. Im Arbeitsbereich ist die Abhängigkeit dafür umso größer. Durch die ausgeprägte

Eine Familie beim Schreinbesuch in Herat

Arbeitsteilung sind Frauen und Männer aufeinander angewiesen und der Haushalt kann nur funktionieren, wenn jeder seinen Beitrag leistet. Frauen konzentrieren sich dabei mehr auf das Haus und die Beaufsichtigung der Kinder, allerdings müssen sie in bäuerlichen Gesellschaften auch oft auf den Feldern mithelfen und kümmern sich teilweise um das Vieh. Auch Männer verrichten harte Arbeit auf den Feldern, bringen die Ernte ein, bauen Häuser und bessern Bewässerungsanlagen aus. Als Händler, Handwerker oder Arbeiter sind ihre Tätigkeiten auf den außerhäuslichen Bereich gerichtet. Mit ihrer größeren Bewegungsfreiheit stellen sie die Verbindung zur Öffentlichkeit her, die Frauen in den meisten Fällen verwehrt bleibt. Die Familien müssen fest zusammenhalten, um dem kargen Boden das eigene Überleben und das der Haustiere abzutrotzen. Strom gibt es nicht und das Wasser wird von den Frauen aus einer nahen Quelle in Eimern herbeigeschleppt.

Von Bürgerrechten und der Gleichstellung der Frau wird in diesem Dorf nicht gesprochen – Armut ist das vordringlichste Problem. Ärztliche Versorgung brauchen sie (das nächste Krankenhaus ist 70 Kilometer entfernt) und Schulen für die Kinder, die zurzeit stundenlange Fußmärsche in Kauf nehmen müssen. Ungebildet sind die Menschen in diesem Dorf, das durch ein Korsett aus Traditionen und Verwandtschaftsbeziehungen zusammengehalten wird. Keine der Frauen hier kann Lesen und Schreiben, Einflüsse von außen sickern nur spärlich in die Gemeinschaft. Die **Frauen sind die Bewahrerinnen der überlieferten Traditionen.** Sie erziehen ihre Söhne und Töchter zu angepassten Gruppenmitgliedern. Sie befürworten die Verheiratung ihrer Töchter, sobald die Pubertät einsetzt – weil es sich so gehört und weil sie selbst in diesem Alter verheiratet worden sind. Diese Frauen schicken bevorzugt ihre Söhne in die Schule und verwöhnen sie, weil ihre Altersversorgung von diesen Söhnen abhängt und sie ihren eigenen Einfluss auf die Familie durch die verbündeten Jungen erweitern können. Frauen führen ihre schwierige Lebenssituation meistens nicht auf die Unterdrückung durch ihre Männer zurück – **Armut und Unwissenheit** betrifft die ganze Gemeinschaft. Positive Veränderungen und eine Verbesserung der Lebensbedingungen von Männern und Frauen können langfristig nur durch Bildungsmöglichkeiten und eine Öffnung nach Außen erreicht werden.

Afghanistans Gesellschaft ist tief geprägt durch **patriarchale Strukturen.** Männer sind es gewohnt zu herrschen und die Geschicke ihrer Familien zu lenken. Dieses Verhalten ist ganz selbstverständlich und wird selten hinterfragt. Auseinandersetzungen und Diskussionen innerhalb der Familien werden oft durch ein „Machtwort" beendet. Vieles, was Menschen mit westlicher kultureller Prägung als bewusste Unterdrückung bezeichnen würden, geschieht aber nicht aus Willkür. Auch **afghanische Männer** stehen unter starken Zwängen und hohem gesellschaftlichen Druck, der ihr Handeln bestimmt. Männer, die nicht gesellschaftskonform funktionieren und ihre zugewiesene Rolle ausfüllen, genießen kein Ansehen. Zweifel an seiner Mannhaftigkeit sind schnell ausgesprochen, und das bedeutet Statusverlust. Ein weiteres wirksames Druckmittel ist das Infragestellen der Fähigkeit eines Mannes, als rechtschaffener Muslim zu leben. Dem traditionellen Islam zufolge ist der Mann das Oberhaupt der Familie und der Hüter der Tugend seiner Frauen. Schwache Durchsetzungskraft kann also schnell mit mangelnder Glaubensstärke gleichgesetzt werden.

Viele Frauen haben auch nie gelernt, Entscheidungen zu treffen und fühlen sich damit schnell überfordert. Aufgrund fehlender Bildung und der Abgeschiedenheit ihrer Lebensweise kennen sie kaum alternative Rollenmodelle – weder Männer noch Frauen stellen das althergebrachte System in Frage. Auch Frauen sind oft eifrige Verfechterinnen der traditionellen Lebensweise und üben Druck aus auf Frauen, die sich außerhalb der gesellschaftlichen Normen bewegen.

Moderne Beziehungen

Aus Kabul wird von einem jungen Ehepaar berichtet, das die Gelegenheit hatte, ein ganz **anderes Lebensmodell** für sich zu entwerfen. Die Familien des Paares haben in den frühen Kriegsjahren das Land verlassen und in Amerika und Deutschland neue Existenzen aufgebaut. Die Kinder sind im Ausland aufgewachsen und haben dort ihre Universitätsausbildung abgeschlossen.

Die junge Frau war die erste ihrer Familie, die nach Afghanistan zurückkehrte. Sie gehört zu den **Frauen,** die in den Kriegszeiten ihre Familien ganz allein versorgen mussten oder die sich neue Existenzen im Ausland aufgebaut haben und die jetzt als Ärztinnen, Ingenieurinnen und Juristinnen am Wiederaufbau des Landes mitarbeiten. Als Bauingenieurin hat sie maßgeblich die Renovierung des elterlichen Hauses vorangetrieben und baut jetzt Schulen im Auftrag einer internationalen Organisation.

Inzwischen ist sie mit ihrem Cousin verheiratet, der mit einem Teil seiner Familie aus Amerika zurückgekehrt ist. Der Vorschlag wurde von Familienseite geäußert – die jungen Leute, die sich nur „aus der Ferne" kannten, trafen sich bei einer Familienfeier, fanden sich sympathisch und haben der Ehe zugestimmt. Glück gehabt – es hätte auch anders kommen können. Die Zugehörigkeit zu einer angesehenen, gut situierten Familie schützt nicht vor einer erzwungenen Verbindung aus wirtschaftlichen oder machtpolitischen Erwägungen! Hinter den undurchdringlichen

Familienfassaden spielen sich oft Tragödien ab. Gesellschaftliche Zwänge und verwandtschaftliche Verpflichtungen stürzen viele junge Menschen ins Unglück.

Auch in **modernen, westlich orientierten Familien** spielt der verwandtschaftliche Rahmen eine große Rolle, aber die einzelnen Familienmitglieder haben doch größere Handlungsspielräume als in traditionell ausgerichteten Gemeinschaften. Es wird Wert auf gute Schulen und eine fundierte Ausbildung gelegt und Frauen erhalten Möglichkeiten und Unterstützung, sich zu qualifizieren und selbstverantwortlich zu leben und zu arbeiten.

In diesem Umfeld suchen sich junge Menschen ihre **Ehepartner** oft selbst aus. Das Einverständnis der Eltern bleibt zwar in den meisten Fällen Grundvoraussetzung, aber die jungen Leute trauen sich, ihnen Schul- oder Studienfreunde vorzustellen, mit denen sie eine Beziehung eingehen möchten. Schwierig wird es manchmal, wenn Partner aus einem anderen Kulturkreis gewählt werden. Gerade für Afghaninnen ist es kaum akzeptabel, die Ehe mit einem Ausländer zu schließen, auch wenn der Heiratskandidat zum Islam übergetreten ist. Afghanische Männer, die eine ausländische Partnerin wählen, haben es da viel leichter.

Die meisten Familien dieser wirtschaftlich besser gestellten Schicht hatten das **Land während des Krieges verlassen** und lebten in den Nachbarländern oder im europäischen bzw. amerikanischen Ausland. Sie haben sich teilweise den dortigen kulturellen Verhaltensweisen angepasst und die Kinder sind als Deutsch-Afghanen oder Amerika-Afghanen aufgewachsen. Auch wenn sie in ihrem traditionellen Familienumfeld sozialisiert wurden, kommen diese jungen Menschen mit einem ganz anderen, in Afghanistan als „westlich" bezeichneten Verständnis von der Beziehung zwischen Mann und Frau zurück in ihre Heimat. Die Auslands-Afghanen bringen viel **Veränderungspotenzial** nach Afghanistan – zumindest in das städtische Umfeld. Einerseits liegt hierin sicherlich eine Chance für das Land, andererseits rufen die Rückkehrer immer wieder Misstrauen bei den traditionellen Elementen der Gesellschaft hervor.

Viele **Väter und Ehemänner** übernehmen in diesen fortschrittlichen Familien nicht die Rolle der Kontrollinstanz, sondern sind Förderer ihrer Töchter und Ehefrauen und geben ihnen Rückhalt in einer Gesellschaft, die aktiven und selbstständigen Frauen noch immer sehr skeptisch gegenübersteht. Auch in diesen Familien verläuft die Arbeitsteilung der Geschlechter meistens in traditionellen Bahnen, aber oftmals vorhandenes Dienstpersonal und weibliche Verwandte entlasten die Frauen bei den haushaltlichen Pflichten und der Kindererziehung und verschaffen ihnen somit Freiräume, die sie mit eigener Berufstätigkeit füllen können.

Ehre und Schande

Afghanen sind bemüht, ihren Lebenswandel nach den Idealvorstellungen von Ehre und Anstand auszurichten. Ein anerkanntes Mitglied der Gesellschaft muss in der Lage sein, die eigene Familie und auch größere Gruppenverbände, zu denen es gehört, zu verteidigen und für sie zu sorgen. Der **Ehrenmann** ist gläubiger Muslim, versucht, sein Ansehen in der Gesellschaft zu vergrößern und zeichnet sich durch Mut und Stolz aus. Die Gastfreundschaft ist ein hoher Wert und wird durch Großzügigkeit und ein „offenes Haus" demonstriert. Der Ehrenmann ist sehr auf seinen **tadellosen Ruf** bedacht, der durch sein eigenes unehrenhaftes Verhalten, das seiner Familienmitglieder und besonders seiner Frau, Schwestern oder Töchter beschädigt werden kann. Ehrverletzungen ziehen sofortige Reaktionen nach sich, die Vergeltung und „Ehrmorde" beinhalten können und manchmal in jahrelange Familienfehden münden.

Das Idealbild der **ehrenhaften Frau** beinhaltet Keuschheit vor der Ehe und bedingungslose Loyalität der eigenen Familie gegenüber. Niemals darf Zweifel an dem tadellosen moralischen Verhalten der Frau entstehen, denn eine Verletzung der Ehre lässt sich nicht rückgängig machen. Wird die Ehre befleckt – und sei es nur durch Verdächtigungen oder üble Nachrede – nimmt der Ruf der ganzen Familie Schaden. Gesellschaftliche Sanktionen sind dann unvermeidlich und nicht selten wird die Schande erst durch den Tod der Schuldigen getilgt. Die rigorose Umsetzung der Ehr- und Moralvorstellungen ist Ursache vieler Familientragödien und trägt auch dazu bei, die Handlungsfreiheit von Frauen sehr einzuengen.

Viele dieser **modernen Frauen** beziehen Position gegen die Benachteiligungen, die ihnen in ihrer eigenen Gesellschaft widerfahren, aber sie leiden auch unter dem schlechten Ruf, den Afghanistan durch die ungleiche Behandlung der Geschlechter weltweit erworben hat. Die Frauen kämpfen für die Verbesserung ihrer Lebensumstände in dem Wissen, dass sich dafür die ganze Gesellschaft verändern muss – und sie sind stolz darauf, Afghaninnen zu sein. Sie sind stolz auf ihre Familien und auch auf ihre Männer.

ALLTAGSLEBEN IN AFGHANISTAN

Kommunikative Verhaltensweisen

Begrüßungen

Begegnen sich zwei afghanische Männer, reichen sie einander die Hände – das Ergreifen beider Hände verstärkt die Herzlichkeit der Handlung. Kräftiges **Händeschütteln** im deutschen Sinne ist eher ungewöhnlich. Oft reichen sich Männer die Hand und nähern sich dann zusätzlich einander in einer angedeuteten Umarmung, wobei sich die jeweils rechten Schultern berühren. Frauen begrüßen sich mit einem leichten Händedruck oder umarmen sich, wenn sie näher bekannt sind. Förmlicher wird die Begrüßung, wenn man die Rechte aufs Herz legt und den Kopf leicht neigt. Männer und Frauen grüßen sich nur verbal oder machen die Andeutung

Wahlplakate in Kabul

einer Kopfverbeugung. Männer halten untereinander oft auch die Hände fest und benutzen die freie Hand, um sie zusätzlich auf den Arm des Gegrüßten zu legen. Gleichzeitig werden die verbalen Begrüßungen und eine oft endlos erscheinende Reihe von Glückwünschen und Fragen nach dem Wohlergehen des Gegenübers und seiner Familie geäußert und mehrfach wiederholt. Die Antworten auf solche Fragen sind stereotyp, es kommt dabei nicht auf den Wahrheitsgehalt an.

Die gebräuchlichen **Grußformeln** lauten *Salam Aleikum* (Friede sei mit dir) und als Entgegnung *Wa-Aleikum Salam* (und mit Dir), als Kurzversion wird lediglich *Salam* verwendet. Pashtunen begrüßen sich auch mit *Staray Ma Schay* (Werde nicht müde). Zum Abschied sagt man *Khoda Hafez* oder im pashtunischen Sprachraum *Khoday Paman,* beides kann mit „Gott schütze dich" übersetzt werden.

Es ist unüblich und gilt als unhöflich und respektlos, sich im Sitzen zu begrüßen. Beim **Eintritt von Autoritätspersonen** oder älteren Familienmitgliedern und Verwandten erheben sich alle im Raum anwesenden Personen. Sozial angesehene oder mächtige Personen erheben sich weder im Familienkreis noch in Ämtern, wenn „Rangniedrigere" eintreten. Verwandte und Familienmitglieder begrüßen einander oft sehr herzlich, umarmen sich und küssen die Kinder. Das Küssen der Hände von älteren Menschen oder sozial hochgestellten Persönlichkeiten ist eine traditionelle Respektsbezeugung. Ältere Verwandte legen im Gegenzug oft ihre Hände in einer beschützenden und segnenden Geste auf die Häupter der Jüngeren. Sehr hochgestellte Personen, etwa religiöse und politische Würdenträger, reichen huldvoll ihre bewegungslos hängende Hand zum Gruße, die von den Anhängern oder Bittstellern mit beiden Händen leicht berührt wird. Viele Afghanen lehnen aber solche Unterwürfigkeitsgesten ab.

Wie sollten sich **ausländische Besucher** in afghanischen Grußsituationen verhalten?

Ausländische Frauen müssen bei der Begrüßung von Afghaninnen keine besonderen Verhaltensmaßnahmen beachten: Je nach Enge der Beziehung reicht man sich die Hand oder umarmt sich. In Grußsituationen mit afghanischen Männern ist es oft angebracht, einfach abzuwarten, ob die Hand ausgestreckt wird oder nicht. Eine Ausländerin, die nicht in diese passive, abwartende Rolle geraten möchte, kann einen freundlichen verbalen Gruß mit einem Lächeln oder einer leichten Kopfneigung anbieten. Manche Afghanen sind unsicher, wie sie sich einer westlichen Frau gegenüber verhalten sollen. Obwohl sie sonst Frauen nicht mit Handschlag begrüßen, möchten sie der Westlerin gegenüber höflich sein und sie auf ihre Art begrüßen oder ihr vermitteln, wie modern und aufgeschlossen sie sind. Für viele Männer, besonders im traditionellen ländlichen Raum, gehört die körperliche Kontaktaufnahme mit fremden Frauen nicht zu ihrem Verhaltensrepertoire. Oft übersehen sie die Ausländerin zunächst völlig, bis sich ein offizieller Gesprächsanlass findet. Unangenehme Situationen entstehen, wenn Männer die von der Grüßenden hingehaltene Hand ignorieren oder erklären, dass sie aufgrund religiöser Motive lieber auf eine Berührung verzichten möchten.

Männer untereinander haben bei der Begrüßung keine besonderen Verhaltensweisen zu beachten. Manchmal erscheint es distanzgewohnten Ausländern seltsam, von einem Mann umarmt zu werden oder ihm länger Hand in Hand gegenüberzustehen. Diese Vertraulichkeit ist aber lediglich ein Ausdruck der Wertschätzung des Gegenübers. **Ausländische Männer** sollten einheimischen Frauen nur dann ihre Hand reichen, wenn sie selbst diesen Gruß anbietet, ansonsten beschränkt man sich lieber auf einen freundlichen verbalen Gruß mit einer angedeuteten Verbeugung.

Gesprächskultur und soziale Beziehungen

Eine böse Wunde kann verheilen, aber ein böses Wort nicht!
(Afghanisches Sprichwort)

Afghanen sind äußerst kommunikativ – sie unterhalten sich gern und viel. Selten treffen sich zwei Bekannte, die nicht zumindest ein kurzes Gespräch führen – und selten sitzen mehrere Personen schweigend beisammen. Schweigen und Alleinsein sind für Afghanen höchst unsoziale Zustände und verursachen Unbehagen.

Zu Beginn eines Gespräches findet meist ein langes **Abfrageritual** statt, in dem man sich gegenseitig nach dem Wohlbefinden des Gesprächspartners, seiner Familie und der Kinder erkundigt. Erst wenn diese Erkundigungen mehrmals hin und her gegeben wurden, beginnt die eigentliche Konversation. Bei der ersten Unterhaltung wird man als Gast nach der Familie, dem Familienstand, dem Heimatland und der Arbeitsstelle gefragt. Diese Fragen helfen dem Gesprächspartner sein Gegenüber einzuschätzen und sowohl sozial als auch **gesellschaftlich einzuordnen.** Anschließend erkundigt man sich meistens danach, ob er oder sie sich in Afghanistan wohl fühlt, warum man sich einen so schwierigen Arbeitsort ausgesucht hat und wie man beispielsweise mit der dürftigen Wasser- und Stromversorgung zurechtkommt. Besonders Frauen interessieren sich für Familienstand und Kinderzahl, das Alter und Geschlecht der Kinder, ihre Schulausbildung und vieles mehr. Oft wird der Verwunderung darüber Ausdruck gegeben, dass man als Frau so lange von der Familie wegbleiben und allein in einem fremden Land arbeiten kann: „Hat der Ehemann tatsächlich nichts dagegen?" Später, wenn die Gesprächspartner näher miteinander bekannt sind, wird nach diesem Abfrageritual über das Wetter, die Alltagsprobleme oder die Arbeit gesprochen. Afghanen, die viel mit Ausländern zusammenarbeiten, passen sich oft dem knappen und auf das Wesentliche bezogenen **westlichen Kommunikationsstil** an und schränken die Abfragerituale stark ein. Natürlich können auch Ausländer ihr Gegenüber ausfragen, allerdings sollten sich Männer nicht ausdrücklich nach dem weiblichen Teil des familiären Umfeldes erkundigen. Frauen sind diesen Beschränkungen nicht unterworfen.

Bei **formellen Anlässen** achten Afghanen auf eine bestimmte Gesprächsordnung: Ältere Menschen, gesellschaftliche Würdenträger und Vorgesetzte haben das Recht auf das erste und letzte Wort, auch ihre Monologe werden selten unterbrochen. Deutlich wird dies besonders bei offiziellen Versammlungen, bei politischen Veranstaltungen und wenn hohe Regierungsbeamte anwesend sind. Formelle Zusammenkünfte werden mit einer Koranrezitation eröffnet. Dann folgen meistens mehrere Ansprachen, in denen die Gäste begrüßt werden und der Anlass des Treffens dargestellt wird. Ehrengäste werden gebeten, ebenfalls ein paar Worte an die Versammelten zu richten. Wenn die Reden vorüber sind – und das kann einige Zeit dauern –, wendet man sich dem eigentlichen Inhalt der Versammlung zu. Das Ende der Zusammenkunft wird oft von einer abschließenden kleinen Rede angekündigt: Die Gäste danken für die Einladung und verabschieden sich. Es kann sich als sehr nützlich erweisen, ein paar wohlgesetzte und höfliche Worte vorbereitet zu haben, denn der Gast kommt ganz bestimmt zu Wort.

Auch in der Schule, Universität oder auf der Arbeitsstelle wird möglichst auf die formelle, festgelegte Gesprächsordnung geachtet. Wohlerzogene Kinder und Jugendliche sprechen in der Regel nur, wenn sie gefragt werden. Besonders auf dem Land herrscht die Ansicht vor, dass Frauen und Mädchen sich mit verbalen Äußerungen zurückhalten und anderen den Vortritt lassen sollen. Berufstätige Frauen in der Stadt sind natürlich nicht in solchem Maße von diesen Einschränkungen betroffen. In reinen Frauenrunden sind die Regeln gelockert, besonders ältere Frauen können sehr resolut sein. Auch unter guten Freunden oder Kollegen gibt es keine formelle Gesprächsordnung.

Man unterhält sich nicht nur, um Neuigkeiten auszutauschen oder jemanden zu überzeugen. Viele Gespräche dienen eher dazu, freundliche soziale Beziehungen herzustellen oder aufrechtzuerhalten. Ein Gespräch

oder ein Besuch braucht keinen speziellen Anlass. **Höflichkeitsbesuche** bei den lokalen Honoratioren sind immer dann angebracht, wenn Ausländer in offizieller Mission unterwegs sind und sich länger vor Ort aufhalten wollen. Der Umgang mit Behörden gestaltet sich erheblich leichter und erfolgreicher, wenn durch Höflichkeitsbesuche rechtzeitig eine verbindliche Atmosphäre aufgebaut wurde. Die Gesprächsthemen sind dabei zweitrangig und können sehr allgemein bleiben. Auch bei kurzen Höflichkeitsbesuchen wird Tee serviert – ihn abzulehnen wäre auch bei armen Leuten eine Kränkung. Nachdem der Tee ausgetrunken ist, verabschiedet sich der Besucher – oder er bleibt noch, falls ernsthafte und problematischere Gespräche geführt werden müssen.

Traditionell werden größere Probleme, die beispielsweise ein ganzes Dorf betreffen, in einer **Ratsversammlung** *(Djirga)* besprochen. Diese Ratsversammlung wird formell einberufen. Jeder Betroffene kann an ihr teilnehmen und hat Rederecht. Die lokalen Autoritäten, meistens ältere und angesehene Männer, dominieren aber oft mit ihren Meinungen die Versammlung. Üblicherweise nehmen Frauen nicht an *Djirgas* teil. Die Versammlung ist zeitlich nicht begrenzt und es wird nicht abgestimmt. Sollte bis zum Schluss widersprochen werden oder zieht sich ein Teil der Teilnehmenden zurück, gilt die *Djirga* als gescheitert. Die Unterlassung der Gegenrede bedeutet Zustimmung und ein gefasster Beschluss ist für alle verbindlich. Verstöße gegen einen Djirga-Beschluss können drakonische Strafen nach sich ziehen, die manchmal sogar in den Ausschluss aus der Gemeinde münden. Unter dem zunehmenden islamistischen Einfluss wurde vielerorts der arabische Begriff *Shura* stellvertretend für *Djirga* eingeführt, die Art der Versammlung ist aber weitestgehend gleich geblieben.

Kritik und schwierige Themen

Der Mensch stolpert mehr über seine Zunge als über seine Füße.
(Ausspruch des Propheten *Muhammad*)

Kritik wird in Afghanistan sehr vorsichtig gehandhabt. Direkte Kritik kann sehr verletzend wirken und sollte immer behutsam und höflich angebracht werden. Afghanen sind es gewohnt, schwierige Themen zunächst zu umgehen und Kritik am Gegenüber sehr geschickt zu verpacken, sodass viel Gespür notwendig ist, um den tatsächlichen Inhalt zu erkennen. Natürlich gibt es auch Ausnahmen, aber in den meisten Fällen wird Kritik indirekt ausgesprochen und in schwerwiegenden Fällen das „Gespräch unter vier Augen" gesucht.

Es gibt in Afghanistan wenige wirkliche **Tabuthemen,** aber negative Äußerungen über die Religion und zum geringeren Teil auch über die Stellung der Frau und damit verbundene Ehrvorstellungen sollten möglichst unterlassen werden. Männer erkundigen sich nicht ausführlich nach dem Wohlbefinden weiblicher Verwandter oder Bekannter. Solche sehr persönlichen Fragen sind erst angebracht, wenn die Gesprächspartner näher bekannt sind und abzuschätzen ist, wie solche Fragen aufgefasst werden. Zu den gesellschaftlichen Tabuthemen gehören auch Prostitution und Homosexualität. Es ist anzuraten, in Gesprächen und Diskussionen nicht gleich mit Ablehnung und Entrüstung auf Themen wie „Unterdrückung von Frauen" oder „Verschleierung" zu reagieren. Menschen haben immer soziokulturelle Gründe für ihre Verhaltensweisen und empfinden sie meist als völlig gerechtfertigt. Es stellt selten ein Problem dar, im Kreise von afghanischen Gesprächspartnern die eigene Meinung zu vertreten oder zu diskutieren – von vorschnellen Verurteilungen und direkten, schonungslosen Angriffen sollte man allerdings Abstand nehmen.

Ein schwieriges Thema kann auch das Verhalten gegenüber ethnischen oder religiösen Minderheiten sein, deren Existenz oder Diskriminierung oft einfach abgestritten wird. Über **Religion** zu sprechen ist recht beliebt. Auch der nichtmuslimische Ausländer wird gern in Diskussionen verwickelt, über die Vorzüge des Islam belehrt und nach dem eigenen Glauben befragt. Das Christentum gilt als ehrbare Religion, weil es zu den drei großen „Religionen des Buches" gehört. Trotzdem sind durchaus auch Christen gemeint, wenn freitags in Moscheen gegen die unmoralische Lebensweise der **Ungläubigen** gewettert wird. Von einem ehrbaren Menschen wird erwartet, dass er zu seinem Glauben steht. Eine kritische Haltung der eigenen Religion gegenüber oder sogar offen demonstrierter Atheismus stoßen selbst bei modernen Afghanen auf Unverständnis. Es ist empfehlenswert, im Gespräch mit eventuellen atheistischen Überzeugungen behutsam umzugehen und einer Diskussion unter Umständen eine geschickte Wendung zu geben, denn es existieren noch immer gedankliche Verknüpfungen von Atheismus und Kommunismus, die zu einer unberechtigten negativen Bewertung des Gesprächspartners führen können.

Harmonie und gute Atmosphäre

Die richtige Antwort für einen Dummkopf ist Schweigen.
(Afghanisches Sprichwort)

Für den Ausgang eines Gesprächs ist die Atmosphäre fast ebenso entscheidend wie das Gesagte selbst. Gilt es einen skeptischen Gesprächspartner zu überzeugen, wird man sich zunächst einmal um eine besonders **freundliche Stimmung** bemühen. Der Gastgeber befindet sich dabei in der günstigeren Position, denn er kann die äußeren Umstände des Gesprächs besser beeinflussen. Bei wichtigen Gesprächen ist es vorteilhaft, gut über die persönlichen Verhältnisse und das soziale Umfeld des Gegenübers informiert zu sein. Es ist unüblich, zu früh mit dem Hauptthema zu beginnen, eher wird es auf verschlungenen Pfaden eingekreist. Zunächst begnügt man sich mit dem Austausch von Allgemeinplätzen, um ein **Klima des allgemeinen Konsenses** zu schaffen.

Afghanen widersprechen ungern: Selbst wenn ihr Gesprächspartner absolut konträrer Meinung ist, werden sie möglichst Themen suchen, bei denen sie zustimmen können. Auch bei Umfragen muss man mit dieser **Form der Höflichkeit** rechnen und darf nicht vorschnell auf Zustimmung schließen, nur weil niemand „nein" gesagt hat. Mancher Ausländer merkt erst, wenn es an die Verwirklichung eines scheinbar gemeinsam gefassten Beschlusses geht, dass es diese vermeintliche Absprache gar nicht gegeben hat. Ein recht sicheres Indiz für unterschiedliche Vorstellungen ist die Taktik des Gegenübers, das Thema zu wechseln, bevor das Gespräch darauf kommt, wie der Verhandlungsgegenstand verwirklicht werden soll. In solchen Fällen macht es wenig Sinn, weiterzudiskutieren – man sollte stattdessen einen neuen Verhandlungstermin festlegen. Traditionell wird in derartigen Situationen ein Schlichter einberufen, der die Gesprächsführung übernimmt, beiden Parteien nacheinander das Wort erteilt und schließlich einen Lösungsvorschlag unterbreitet. Bei konfliktträchtigen Gesprächen werden auch neutrale Vermittler und Zeugen eingeladen.

Es ist ein typisches Phänomen des afghanischen Gesprächsverhaltens, dem Gesprächspartner überwiegend **positive Rückmeldungen** zu geben. Wird diese scheinbare Zustimmung als ein realer Gesprächsausgang oder als „Abmachung" aufgefasst, können sich später Enttäuschungen ergeben, wenn die Resultate ausbleiben. Dem Gespräch oder der Zusage zufolge lassen sich beispielsweise benötigte Unterlagen scheinbar problemlos beschaffen und schwierige Aufgaben in kürzester Zeit erledigen. Zu gegebener Zeit liegen dann aber weder die Unterlagen vor noch ist die Aufgabe erledigt. Was ist geschehen? Wo liegt das Missverständnis? Eine positive Antwort bedeutet nicht, dass die Aufgabe wirklich in kurzer Zeit zu bewältigen ist oder dass man sich überhaupt sofort darum bemüht. „Kein Problem!" wird auch versichert, wenn von vornherein klar ist, dass ein Vorhaben nicht realisierbar ist. „Neinsagen" würde aber bedeuten, dass man erst gar keinen guten Willen zeigt. Doch die gute Absicht ist ja vorhanden und man möchte den Gesprächspartner gern zufrieden und wohl gestimmt sehen. Afghanen lehnen eine Bitte oder Anfrage nicht gern ab und geben erst einmal eine positive Rückmeldung oder bleiben bestenfalls neutral.

Gute Manieren

Gutes Parfum wird durch seinen Duft berühmt, nicht durch die Ankündigung seines Herstellers.
(Afghanisches Sprichwort)

Selbstbeherrschung und Körperkontrolle gehören zu den Vorgaben, die ein gut erzogener Afghane berücksichtigen sollte. Diese idealen Verhaltensweisen beruhen teils auf islamischen und teils auf traditionellen Vorstellungen. Afghanen achten darauf, eine ausgewogene Gestik und Mimik zur Schau zu stellen. Jungen werden sehr früh zu Selbstbeherrschung und Zurückhaltung in der Öffentlichkeit und zu **Respektsbezeugungen und Höflichkeit** Älteren und Autoritätspersonen gegenüber angehalten. Auch Frauen gehen außerhalb der privaten Sphäre mit emotionalen Ausdrucksformen eher sparsam um. Emotionen kann man gegenüber Freunden und Verwandten freien Lauf lassen, aber nicht gegenüber Fremden. Wer überzeugen will, muss freundliche Gelassenheit zeigen und verbirgt jeden Ärger, falls das Gespräch eine ungünstige Wendung nimmt.

Das unverhohlene und **direkte Deuten auf Personen,** womöglich noch mit dem Zeigefinger einer Hand, beweist in Afghanistan nicht nur schlechtes Benehmen, sondern kann im traditionellen dörflichen Umfeld auch Schaden anrichten. Man glaubt, dass unter unglücklichen Umständen der „böse Blick" auf die angezeigte Person gerichtet wird. Die in einigen westlichen Kulturen übliche Geste des Herbeizitierens mit dem sich hin- und herbewegenden Zeigefinger gilt als obszöne Geste. Afghanen winken mit der ganzen Hand, wobei die Handfläche nach unten gedreht ist und die Finger geschlossen hin- und herbewegt werden.

Die Augen haben in der nonverbalen Kommunikation eine besondere Bedeutung, denn der **Blickkontakt** ist eine sehr intensive Kommunikationsform. Für Frauen ist es oft die einzige, die ihnen zur Verfügung steht, weshalb die Augen auch oft besonders sorgfältig geschminkt werden. Nichtverwandte Frauen und Männer blicken sich nicht direkt an. Wird ein direkter Blick mit einem Lächeln kombiniert und in Richtung eines nichtverwandten Mannes gesandt, kommt das in einer Gesellschaft, die Kontakte zwischen Männern und Frauen auf ein Minimum reduziert, einer sexuellen Aufforderung gleich. Augen gelten als geheimnisvoll und ihnen wird im magischen und erotischen Zusammenhang eine große Bedeutung zugeschrieben. Letzteres erklärt sich sicherlich daraus, dass bei ver-

Ost trifft West – Unterschiedliche Kommunikationsmodelle

In kommunikativen Situationen suchen Afghanen die Bedeutung nicht nur im gesprochenen Wort, sondern auch im Kontext, das heißt, die Umgebung, die Gesprächsatmosphäre und Symbole haben eine große Bedeutung. Die Inhalte werden oft indirekt ausgedrückt, man lässt sich einen größeren Interpretationsspielraum. Gern wird zunächst ein angenehmes Umfeld geschaffen und man erörtert positive Angelegenheiten, sodass in der Gruppe zunächst ein Konsens entsteht. Ein Problem wird langsam eingekreist und schließlich „durch die Blume" angesprochen, die **offene Konfrontation wird vermieden.**

Menschen aus westlichen Kulturen sprechen direkt aus, was sie vermitteln wollen. Sie thematisieren und problematisieren ohne Umschweife, das Umfeld hat wenig Bedeutung. Ihr Interpretationsspielraum ist dadurch eingeschränkt und sie können indirekte kleine Hinweise und mitschwingende Untertöne nicht richtig deuten. Detaillierte Informationen sind für sie ein wichtiger Bestandteil der Kommunikation: **Es wird Klartext geredet!** Die Diplomatie bleibt dabei oft auf der Strecke. Aus den unterschiedlichen Kommunikationsstilen können Missverständnisse erwachsen. Die Afghanen fühlen sich „vor den Kopf gestoßen" und unverstanden und die Westler sind unzufrieden, weil sie „einer Sache nicht auf den Grund gehen" konnten und, nach ihrer Meinung, die schnelle und eindeutige Problemlösung ausbleibt.

Angehörige westlicher Kulturen stellen in der Kommunikation die **Sache** eindeutig vor die Person. Im Vordergrund steht die Vermittlung von Informationen und Fakten, besonders die arbeitsbezogene Unterhaltung wird gern kurz und knapp gehalten. Small Talk ist eine eher unwichtige Zeitüberbrückung, denn man will schnell zur Sache kommen. Afghanen sind auf die **Person** konzentriert. Gespräche dienen auch dazu, eine intensive Beziehung zum Gesprächspartner aufzubauen. Viele Angelegenheiten werden in Afghanistan nicht durch sachliche und logische Erörterungen geklärt, sondern abhängig von der Persönlichkeit des Gegenübers entschieden. Wenn man etwas erreichen möchte, verlässt man sich nicht auf geschriebene Regeln und Vorgaben, sondern wendet sich an eine Person und nutzt Beziehungen. Afghanen vertrauen auch auf **mündliche Absprachen.** Westler dagegen bevorzugen **schriftliche Vereinbarungen:** Es gilt, was schwarz auf weiß geschrieben steht.

In westlichen Kulturen wird der Wert des **individuellen Rechts** und einer allgemeinen Gerechtigkeit sehr hoch geschätzt. Dieses Recht ist einklagbar und mit der Klärung von Ursachen und Schuld verbunden. In Afghanistan stehen soziale Verpflichtungen und **Loyalität** im Vordergrund. Beziehungen und ein harmonisches Umfeld sind wichtiger als die Klärung von Angelegenheiten und die Einklagbarkeit von Recht.

Bei Afghanen gilt Unbeherrschtheit nicht nur als unhöflich, sondern stört auch das allgemeine Harmoniebedürfnis. Man bemüht sich, auch in Augenblicken des Zorns, eine gedämpfte Sprechlautstärke beizubehalten. Besonders Respektspersonen gegenüber bleibt man höflich und dezent und widerspricht ihnen nicht, auch wenn sie ganz eindeutig im Unrecht sind. Es wird als deutsche Unart angesehen, zu laut und unbeherrscht zu sprechen, alles diskutieren zu wollen und jedem „die Meinung zu sagen".

schleierten Frauen oft nur die Augen sichtbar sind. In der afghanischen Poesie nehmen schöne Augen und ihre Wirkung einen breiten Raum ein.

Und noch ein Hinweis: So distanziert sich Männer und Frauen in kommunikativen Situationen und im Alltag verhalten, so nah sind sich gleichgeschlechtliche Menschen. Die **Körperdistanz** in einer Männergruppe z. B. ist kleiner als in westlichen Kulturen. Bekannte sitzen sehr eng zusammen, was beim Gast – der durchaus in diese Runde integriert wird – zunächst Befremden hervorrufen kann. Befreundete Männer zeigen ein sehr vertrautes, körperliches Verhalten: Sie schlagen sich spaßhaft auf Arme, Schultern und Beine, umarmen sich und gehen entspannt und selbstverständlich Hand in Hand spazieren.

Mündliche Überlieferung

Die mündliche Überlieferung von geschichtlichen Ereignissen hat in Afghanistan aufgrund der hohen Zahl von lese- und schreibunkundigen Menschen eine große Bedeutung. Gesang und Erzählungen sind **traditionelle Unterhaltungsformen.** Dem gesprochenen Wort wird ein hoher Wert beigemessen und redegewandte, dichterisch begabte Menschen sind geschätzte Zeitgenossen. Erzählungen, Lieder, Heldenepen und islamische Legenden sind ein Schatz, der von allen ethnischen Gruppen im Land geteilt wird. Er enthält die geschichtlichen Erinnerungen und Fundamente des Selbstverständnisses eines Volkes. Bei geschichtlichen Begebenheiten geht es gar nicht so sehr um den Wahrheitsgehalt: Abhängig von der Person des Erzählers werden Ereignisse ausgeschmückt, verändert und umgedeutet, um das Publikum zu fesseln und zu unterhalten. Auch heute noch entstehen Erzählungen und **Lieder mit historischem Inhalt,** die inzwischen nicht nur in persönlichem Austausch vermittelt, sondern auch durch moderne Unterhaltungsmedien verbreitet werden. Dazu gehören religiöse Gesänge, die sich an Heilige richten und um ihren Beistand und Schutz bitten, aber auch Kriegslieder. In ihren Texten werden Erinnerungen an kriegerische Ereignisse auf eine Weise weitergegeben und verarbeitet, die nicht objektiv sein muss und nicht immer der Meinung der gerade herrschenden Regierung entspricht. Die **propagandistische Bedeutung** dieser Form der Überlieferung ist nicht zu unterschätzen. Auch die Heldenverehrung lebt auf diese Weise fort: Populäre Führer wie *Ahmed Shah Masud,* aber auch viele andere haben in der volkstümlichen Tradition ihren festen Platz.

Bei der Volksgruppe der Tadschiken ist eine **epische Dichtungstradition** lebendig geblieben, die für den persisch-sprachigen Kulturraum Afghanistans historische und literarische Bezugspunkte herstellt. Der persische Dichter *Ferdousi* trug eine Sammlung von 60.000 epischen Versen zusammen, in denen die Taten persischer Könige und Helden von den Anfängen der Geschichte bis zur Islamisierung im 8. Jahrhundert beschrieben werden. Einige Sänger und Erzähler können Teile des *Schahnahma* (Königsbuch) auswendig vortragen und genießen hohes Ansehen.

Bei den Pashtunen bildet die Entstehung und Entwicklung der Stammesstruktur mit ihren Verbänden und Clans einen wichtigen Inhalt von Legenden. Das Wissen um die eigene Herkunft wird auf diese Weise eingeprägt und weitergegeben.

Religion im Alltag

Vertraue auf Gott - aber binde zuerst dein Kamel fest.
(Ausspruch des Propheten *Muhammad*)

Religiöse und traditionelle Handlungen

Es gibt eine unübersehbare Zahl von religiösen und traditionellen Handlungen, die wichtigsten sollen hier behandelt werden. Die Auswahl beschränkt sich auf solche Verhaltensweisen, die zum Verständnis der Gesellschaft notwendig sind oder die Besucher Afghanistans direkt betreffen.

Um an den Unterschied zwischen Theorie und Praxis zu erinnern: Die meisten Afghanen sind zwar bedingungslos von ihrem Glauben überzeugt, praktizieren aber bei weitem nicht alle religiösen Rituale regelmäßig. Viele Gläubige beten nur gelegentlich und auch an *Zakat,* der islamischen Almosensteuer, wird gerne gespart. Es begibt sich auch nicht jeder, der es sich leisten könnte, auf die *Hadj,* die Pilgerreise nach Mekka, und Verstöße gegen das Fastengebot im heiligen Monat Ramadan sind immer wieder zu beobachten. Die Zeit der islamistischen Indoktrinierung hat allerdings Spuren hinterlassen: Öffentlicher Druck und gesellschaftliche Kontrolle bezüglich der **Einhaltung der islamischen Regeln** haben sich verstärkt.

Zwei Dinge sind den Muslimen besonders heilig: **der Koran** und **das Brot.** Beide sind von Gott gegeben und dürfen auf keinen Fall beleidigt und beschmutzt werden. Das heilige Buch darf nicht den Boden berühren und um es vor Schmutz und grobem Zugriff zu schützen, wird es meistens in einem sauberen Tuch an einem geschützten Ort verwahrt. Man soll den

Koran nur aufschlagen, um in frommer Absicht darin zu lesen und er darf nicht im Regal neben profanen Büchern stehen. Wenn man einen Koran im Gepäck mit sich führt, so darf man nicht auf dem Gepäckstück sitzen. Und wenn er mit der Post verschickt wird, ist das Paket entsprechend zu kennzeichnen, damit es auch unterwegs ehrerbietig behandelt werden kann. Gläubige dürfen niemals abfällig über ihr heiliges Buch sprechen und auch Fremde sollten ihm diesen Respekt erweisen. Sowohl der Koran als auch das Brot sollen mit der reinen, rechten Hand berührt und nicht auf den Boden gelegt oder fallen gelassen werden. Viele Afghanen heben Brot von der Straße auf, wenn sie dort welches finden und legen es auf eine Erhöhung.

Es erwartet niemand, dass auch Ausländer die **Fastengebote** einhalten, aber der Gast sollte während des Ramadan seine Mahlzeiten in Abgeschiedenheit einnehmen, um eine Provokation zu vermeiden. Das gilt auch für das Rauchen, das den Fastenden ebenfalls verboten ist. Köchen dagegen kann durchaus zugemutet werden, im Ramadan auch tagsüber zu arbeiten. Die Vorbereitungen für die oft opulente abendliche Mahlzeit beginnen häufig schon am Mittag. Arbeitskraft und Konzentration sind während des Fastenmonats oft eingeschränkt und öffentliche Institutionen schließen in den frühen Nachmittagsstunden, es wird nur mit halber Kraft

gearbeitet. Ausnahmen vom Fasten gelten für muslimische Reisende, Schwangere, Kinder und Kranke. Ihnen ist es erlaubt, die versäumten Fasttage zu einem späteren Zeitpunkt nachzuholen.

Der religiöse Feiertag der Woche ist der **Freitag.** Obwohl er als offizielles Wochenende gilt, ist es nicht verboten, freitags zu arbeiten. Auch die Geschäftsleute, die *Basaris,* dürfen ihre Läden offen halten. Behörden, Ministerien und die meisten Betriebe haben allerdings am Freitag geschlossen. Traditionell beginnt das muslimische Wochenende am Donnerstagnachmittag mit dem Moscheebesuch. Auch die Teilnahme am großen Freitagsgebet, das um die Mittagszeit nach einer Predigt stattfindet, gehört zum Ablauf des Wochenendes.

Für alle Gläubigen, besonders aber für Frauen, entstehen aus religiösen Vorschriften auch **Anstands- und Kleidungsregeln:** Beide Geschlechter sollen ihren Kopf bedecken, um Demut vor Gott zu beweisen. Religiöse Geistliche bedecken immer ihr Haupt in der Öffentlichkeit, auch beim Gebet sind Kopfbedeckungen obligatorisch. Frauen verhüllen zusätzlich ihr Haupt beim Ruf des Muezzins zum Gebet und bei Koranrezitationen, die häufig vor Veranstaltungen stattfinden.

Es ist Vorschrift, fünfmal am Tag die **Gebete** zu verrichten, egal wo man sich gerade aufhält, am Arbeitsplatz oder unterwegs. In Flughäfen gibt es beispielsweise spezielle Wasch- und Gebetsplätze. Bei Busfahrten kommt es vor, dass der Wagen anhält, alle Insassen inklusive Fahrer aussteigen und sich am Straßenrand zum Gebet niederlassen. Vor jedem Gebetsvorgang finden – sofern möglich – rituelle Waschungen statt. Frauen beten zu Hause, um sich nicht der Öffentlichkeit aussetzen zu müssen.

Die **Beschneidung der männlichen Kinder** ist Bedingung für ihre Aufnahme in die muslimische Gemeinde. Traditionell werden die Neugeborenen nach vierzig Tagen beschnitten (so lange dauert die durch die Geburt verursachte Unreinheitsperiode). Die Beschneidung ist meistens mit einer Feier im Familien- und Verwandtenkreis verbunden.

Muslime müssen beim Verzehr von Fleisch die **rituelle Reinheit** des Nahrungsmittels beachten. Das Fleisch darf nur von geschächteten Tieren stammen. Ein Tier ist *halal,* also rein geschlachtet, wenn das Blut beim Schlachtvorgang vollständig abgelassen wurde. *Haram* (verboten) sind für die Gläubigen Aas, Schwein, Blut und das Fleisch von kranken und versehrten Tieren. Erlaubt sind beispielsweise Schaf, Ziege, Rind, Büffel, Kamel, Geflügel und Fisch; Pferdefleisch ist umstritten.

Da Worte, Taten und auch das Äußere des Propheten Vorbildcharakter haben und nachgeahmt werden, schmücken sich muslimische Männer gern mit einem **Bart,** den *Muhammad* den Überlieferungen zufolge trug. Er wird von der islamischen Geistlichkeit als Indikator für Gottesfürchtigkeit gewertet – ein bartloser religiöser Würdenträger findet kaum Akzeptanz in Afghanistan. In konservativen Gruppen wird das Barttragen sogar mit muslimischer Identität gleichgesetzt. In der Taliban-Zeit herrschte aus diesem Grund ein **Bartzwang,** der für alle erwachsenen Männer galt.

Der ausgeprägte **Rechts-Links-Symbolismus** in der afghanischen Kultur wird ebenfalls auf religiöse Überlieferungen zurückgeführt. Laut Koran hält jeder Mensch am Tag des jüngsten Gerichts das Verzeichnis seiner guten Taten in der rechten Hand und das der schlechten Taten in der linken Hand. Die Geretteten werden zu der Gruppe auf der rechten und die Verdammten zu der Gruppe auf der linken Seite Gottes geschickt. Die Zuordnung des Guten zur rechten und des Bösen zur linken Seite ist aber sicherlich älteren Ursprungs, denn sie findet sich auch bei anderen Kulturen. Alle „reinen" Tätigkeiten werden mit der rechten Hand ausgeführt, sie wird zum Gruß gereicht, zum Essen benutzt und mit ihr übergibt man Dinge an andere Menschen. Die linke unreine Hand dient zur Reinigung des Körpers und bleibt bei vielen anderen Handlungen passiv.

Es ist üblich, in afghanischen Häusern die **Schuhe** auszuziehen und barfuß oder in Haussandalen herumzulaufen. Es ist ungehörig, mit den Füßen auf andere Menschen zu zeigen oder die (als unrein geltenden) Fußsohlen demonstrativ zu präsentieren. Während des Einnehmens der Mahlzeit auf dem Boden sollten die Füße nicht auf dem als Essfläche dienenden Tuch stehen. Die meisten Afghanen nehmen im Schneidersitz auf dem Boden Platz, manchmal schlagen sie auch ein Bein unter, das andere wird angezogen und aufgestellt. Frauen sitzen oft mit untergeschlagenen, seitlich angelegten Beinen.

Konservative religiöse Gruppierungen in Afghanistan sind **Musik, Tanz und Filmen** gegenüber sehr negativ eingestellt, obwohl sich ein Verbot nicht eindeutig aus den religiösen Schriften ableiten lässt. Lediglich Musik und Rezitationen zur religiösen Erbauung werden akzeptiert, selbst klassischer Tanz ist nicht als traditionelle Kunstform anerkannt. Musik und Tanz sind jedoch sehr beliebt, wenn auch meist auf die eigenen vier Wände beschränkt. Auch indische Filme erfreuen sich großer Beliebtheit und Plakate leichtbekleideter Schauspielerinnen finden sich in vielen Schaufenstern. Trotzdem nehmen die Diskussionen um Sängerinnen und Ansagerinnen im Fernsehen kein Ende. Im Jahr 2005 ist eine junge Fernsehmoderatorin, die sich für den Geschmack konservativer Kreise zu unkonventionell verhielt, unter mysteriösen Umständen ums Leben gekommen. Die **Nutzung des Internets** eröffnet eine weitere Möglichkeit des Zugangs zu unterschiedlichen Quellen von Unterhaltung. In den Städten sprießen Internetcafés aus dem Boden und sind ständig von jungen Männern belagert. Das unkontrollierte Surfen in den Netzen der Welt und der unbeschränkte Zugang zu Informationen, Musik, Filmen und auch Pornographie erregt das Missfallen vieler, um das Seelenheil der Jugend besorgter Gemüter in Afghanistan.

Das **Verbot der bildhaften Darstellung** von Personen basiert auf der Vorstellung, dass nur Gott Wesen erschaffen kann und Nachbildungen eine Anmaßung des Menschen darstellen. Deshalb hat sich die künstlerische Schaffenskraft im islamischen Kulturraum auf die Ornamentik konzentriert. Viele Innen- und Außenausstattungen von Gebäuden, Moscheen und Grabmalen sind überaus reich mit Ornamenten verziert und geschmückt. Viele Figuren aus buddhistischen Zeiten, die noch heute in Afghanistan ausgegraben werden, haben ihre Gesichter oder Köpfe eingebüßt, weil ihre Erschaffer gegen das Verbot der bildlichen Darstellung verstießen. Aus diesem Grund zerstörten die Taliban auch die großen **Buddha-Statuen in Bamiyan.** Die traditionelle, reiche Schnitzkunst der Bewohner Nooristans im Nordosten des Landes erregte ebenfalls das Missfallen der religiösen Eiferer, weil Figuren in ihrem Zentrum stehen. Die Taliban zerhackten die hölzernen Statuen, ließen die Bruchstücke aber unbehelligt. Inzwischen konnten sie im Nationalmuseum in Kabul wieder zusammengesetzt und repariert werden und sind Inhalt einer wunderschönen Ausstellung.

Tiere werden nach ihrem Nutzen eingestuft: Sie liefern Eier, Milch, Fleisch und leisten Hilfe beim Lastenschleppen oder der Feldarbeit. Sie werden mehr als Gebrauchsgegenstände angesehen und weniger als Wesen mit eigener Daseinsberechtigung. Tierpflege wird nur praktiziert, wenn beispielsweise eine Kuh oder ein Kamel erkrankt und seine Milchleistung oder Arbeitskraft gefährdet ist. Tierisches Leid wird selten wahrgenommen und Mitleid mit Tieren existiert kaum. Offensichtlich zartbesaitete Seelen setzen sich der Gefahr aus, belächelt oder verhöhnt zu werden. Hunde werden überfahren und bleiben verletzt am Straßenrand liegen, Esel werden unentwegt geprügelt, weil sie nicht schnell genug riesige Lasten befördern, Pferde brechen entkräftet auf der Straße zusammen, Hühner sind mehr tot als lebendig, wenn sie nach dem Transport auf dem Fahrradgepäckträger schließlich am Kochtopf landen.

Traditionell gibt es kaum **Haustiere** in Afghanistan. Eine Ausnahme bilden Singvögel, die wegen ihres schönen Gesangs gerne in Käfigen im Haus gehalten werden. Nomaden haben meist Hunde – große, kräftige und gefährliche Tiere – zu Schutz- und Hütezwecken. Hunde gelten als unreine Tiere und sind im Allgemeinen nicht sehr beliebt; Ausnahmen bilden aber teure Wach- oder Kampfhunde. Schausteller veranstalten blutige Tierkämpfe und die Menschen erfreuen sich am Nervenkitzel und wetten auf ihre Favoriten. Pferde werden als Reittiere und Prestigeobjekte geschätzt – besonders dann, wenn sie als Buzkashi-Pferde ausgebildet sind (zu Buzkashi siehe Exkurs). Die westliche Einstellung zu Haustieren, die ein enges Verhältnis zwischen Mensch und Tier sowie fürsorgliches Verhalten seitens der Tierhalter beinhaltet, wird von Afghanen mit Spott oder Verachtung kommentiert.

Wie tief der Hund auf der Werteskala der Lebewesen steht und wie die Haustierhaltung beurteilt wird, lässt sich an einem verächtlich verwendeten Begriff erkennen: Afghanen, die während der Kriegsjahre nicht in ihrem Heimatland waren, sondern im Westen gelebt und gearbeitet haben und nun nach Afghanistan zurückkehren, werden als „Hundewäscher" bezeichnet.

Das **Verhältnis zum eigenen Körper** und dem der Mitmenschen wird von religiösen und traditionellen Vorstellungen geprägt. Das Zurschaustellen des nackten Körpers ist für Männer und Frauen und größere Kinder verboten. Die Frauen unterliegen strengeren Vorschriften und bedecken ihren kompletten Körper, aber auch Männer achten auf korrekte Kleidung. Schwere körperliche Arbeit wird schon mal ohne störendes Hemd verrichtet, aber die Beine bleiben meistens bekleidet. Die traditionelle weite Hose wird auch während des Badevergnügens in Seen oder Flüssen getragen. Frauen gehen – sofern es überhaupt in Frage kommt und dann auch nicht in Anwesenheit von Männern – vollständig angekleidet ins Wasser. Sportliche Aktivitäten unternehmen Mädchen und Frauen komplett bekleidet und mit Kopftuch.

„Sauberkeit ist der halbe Glauben", sagt ein afghanisches Sprichwort. Es ist Pflicht eines jeden Muslims sich vor den Gebeten zu reinigen. Hände, Füße und Gesicht müssen gewaschen werden und eine gründlichere Reinigung steht an, wenn seit dem letzten Gebet eine Verunreinigung, wie z.B. Geschlechtsverkehr, stattgefunden hat. Die Lebensumstände bestimmen oft den Umfang der **Körperhygiene,** denn in vielen Dörfern gibt es weder Toiletten noch Badezimmer und das Wasser wird von weither geholt. Besonders in den trockenen Jahreszeiten reichen die knappen Wasservorräte nicht für ausgiebigen Waschgebrauch.

Frauen gelten während ihrer **Menstruation** als unrein. Ihnen wird von dem Besuch heiliger Plätze abgeraten und sie sind auch vom Fasten befreit. In der Öffentlichkeit wird nicht über das Thema Menstruation und alles, was damit verbunden ist, gesprochen und sogar im Familienkreis ist es tabu. Nur wenn Frauen unter sich sind, können sie sich frei unterhalten. Auch die Schwangerschaft wird mit weiter Kleidung und großen Tüchern verborgen. Eine hochschwangere Frau wird das Haus kaum noch verlassen. Die Geburt gilt als verunreinigender Vorgang, erst nach vierzig Tagen erreichen Mutter und Kind wieder einen Zustand der Reinheit. Nach diesem Zeitraum wird der Haarflaum des Säuglings abrasiert, um ihn von der Verunreinigung durch die Geburt zu befreien.

Frauen mit entsprechenden Möglichkeiten und dem nötigen finanziellen Hintergrund nehmen viel Mühe mit ihrer **Schönheitspflege** auf sich. In den Städten gibt es Schönheitssalons, die vor Verlobungen und Hochzeiten aufgesucht werden. Bräute verbringen hier viel Zeit: Sie lassen sich grell schminken, das Haar zu kunstvollen Gebilden auftürmen und Hände und Füße mit feinen Henna-Ornamenten verzieren. Nach Stunden ist die Verwandlung perfekt und die puppenhaft angemalte und geschmückte Braut wird von ihren weiblichen Verwandten und Freundinnen abgeholt.

Der zerriebene Samen der Hennapflanze wird häufig im Rahmen der Schönheitspflege und für zeremonielle Zwecke benutzt. Männer und Frauen färben ihre ergrauenden Haare mit **Henna** und ehrwürdige alte Männer schrecken nicht davor zurück ihre langen Bärte feuerrot einzufärben. Henna ist auch ein Symbol für Fruchtbarkeit und wird deshalb reichlich bei Hochzeiten verwendet. Braut und Bräutigam und auch die Familienmitglieder erhalten Verzierungen an Händen und Füßen. Der Henna-paste werden auch heilende und kühlende Eigenschaften zugeschrieben.

Einige **Farben** haben in Afghanistan eine symbolische Bedeutung. Grün ist die Farbe des Islam – Moscheen, Schreine und Fahnen sind deshalb oft in Grün gehalten wie auch die Turbane von einigen religiösen Gruppie-rungen. Für Mystiker stellt die Farbe Grün „die höchste Wirklichkeit" dar. Weiß gilt als Farbe der Reinheit und die religiöse Geistlichkeit bedient sich ihrer gern. Die Gewänder der Hadj-Pilger müssen makellos weiß sein und so ist auch das Leichentuch, mit dem der Mensch seine letzte Reise antritt. Rot dagegen ist die Farbe der Freude, des Lebens und der Fruchtbarkeit, sie findet bevorzugt bei Hochzeiten Verwendung. Schwarz wird mit den Zwölfer-Schiiten in Verbindung gebracht, die häufig schwarze Kleidung und Fahnen tragen.

Auffällig ist die **bunte Ausstattung der Derwishe** und *Malangs,* die als Wanderprediger oder „Verrückte" durch das Land ziehen. Sie steht in kras-sem Gegensatz zu der dezenten Farb- und Kleidungswahl der Afghanen. Der Wandernde hat einen mit Glöckchen und bunten Amuletten behäng-ten Stab bei sich, betet die Gebetskette *(Tasbeh)* – der islamische *Tasbeh* wird teilweise auch Rosenkranz genannt – mit 11, 33, 99 oder 1000 Per-len, von denen jede einzelne einen Namen Gottes symbolisiert, und trägt einen farbenprächtigen, aus 99 Teilen zusammengesetzten Mantel. Dieser Flickenmantel soll seinen Weg in den Westen gefunden haben und in das Kostüm des „Harlekins" umgewandelt worden sein.

Den Buchstaben des Alphabets und Zahlen werden Symbolwerte zuge-ordnet, die auf altindische und altarabische Traditionen zurückgehen. Je-der Buchstabe des arabischen Alphabets entspricht einem Zahlwert, ad-diert man die Zahlenwerte eines Wortes, kann sich eine symbolische und magische Bedeutung ergeben. Die Mystiker haben sich ausgiebig mit **Zahlenmagie** beschäftigt und ganz besonders mit der mystischen Bedeu-tung des Namen *Muhammads.* Auch bei Amuletten spielt die Zahlenma-gie eine Rolle, denn die Berücksichtigung bestimmter Zahlenwerte und Symbolgehalte soll zu Glück, Wohlstand und Gesundheit verhelfen und negative Kräfte abwehren. Die Zahlen fünf und sieben haben eine beson-dere Bedeutung in volkstümlichen islamischen Vorstellungen: Der Islam steht auf fünf symbolischen Grundpfeilern, fünf Gebete am Tag sind Vor-schrift, fünf wichtige Personen gibt es in der religiösen Vorstellung der Schiiten, die „Hand der Fatima" mit fünf abgespreizten Fingern soll Böses abwehren. Der starke Symbolgehalt der Zahl sieben – die Eröffnungssure des Korans hat sieben Verse, die Kaaba in Mekka wird siebenmal umrun-det – findet sich auch in anderen asiatischen Ländern, beispielsweise in den Vorstellungswelten der Buddhisten und Hindus.

Zum Schluss noch einige häufige **Gesten und Ausrufe:** Stoßgebete, die gelegentlich auch im Verlauf eines normalen Gespräches vorkommen (Oh Gott, wenn doch nur ...), begleitet man dadurch, dass mit der rechten Hand über das Kinn oder den Bart gestrichen wird. Die gleiche Geste ist obligatorisch, wenn man an einem Grab, besonders dem eines Heiligen oder Märtyrers, vorübergeht oder -fährt. *Inshallah* („So Gott will") wird an viele Sätze gehängt, die Planungen beinhalten oder auf Zukünftiges deuten. Damit wird betont, dass das Schicksal und die Zukunft in Gottes Händen liegen. „Im Namen Allahs des Allmächtigen, des Allerbarmers", *Bismillahirrahmanirrahim,* ist eine Beschwörungsformel, mit der um Heil und gutes Gelingen gebeten wird. Vor vielen Handlungen, Reden und Unternehmungen wird diese Beschwörung ausgesprochen.

Geburt und Sterben

Afghanen empfinden ihr Leben als eingebettet in einen größeren gesellschaftlichen und religiösen Zusammenhang. Sie definieren sich weniger als Individuen, sondern vielmehr als Teil ihrer Familie und einer fest gefügten Religionsgemeinschaft. Der Mensch ist im afghanischen Weltbild kein einsames Einzelwesen, sondern Bestandteil eines Sozialgefüges. Er akzeptiert die ihm zugeschriebenen Rollen und Regeln und hat wenig Veranlassung, Zweifel an Sinn und Zweck seines Lebens und Existenzängste zu entwickeln. Auf dem Lande ist der Mensch zusätzlich in den Ablauf der Natur integriert, er lebt mit den Jahreszeiten, der Aussaat, der Ernte und den Tieren. Er findet seinen Platz im natürlichen Gefüge und fühlt sich aufgehoben.

Ein neuer Erdenbürger wird freudig begrüßt, denn Kindersegen bedeutet Reichtum und eine starke Familie. Besonders männliche Nachkommen sind der Stolz ihrer Eltern und die **Geburt** eines Jungen wird mit einem Freudenfest gefeiert. Die Aufnahme in die islamische Gemeinde erfolgt bei Mädchen und Jungen durch die Namensgebung, für Jungen ist zusätzlich die spätere Beschneidung vorgeschrieben. Wenige Tage nach der Geburt wird ein Mullah ins Haus gerufen, der dem Neugeborenen den Gebetsruf, *Asan,* ins Ohr singt. Bei Mädchen ist die Anwesenheit eines Geistlichen nicht zwingend. Für die Beschneidung des Jungen gibt es keinen genauen Zeitpunkt. Sie sollte bis zum Erreichen des Schulalters stattgefunden haben, wird meistens aber schon im Kleinkindalter durchgeführt. Die **Eheschließung,** die in Anwesenheit eines Mullahs vollzogen

Kindersegen bedeutet Reichtum und eine starke Familie

wird, ist das wichtigste Fest im Leben der Afghanen, denn es kennzeichnet einen weiteren Lebensabschnitt und verleiht einen neuen sozialen Status.

Mit zunehmendem **Alter** gewinnt der Mensch an Wert und Achtung und davon profitieren besonders Frauen, die in der Jugend eine schwache Position in der Gesellschaft einnehmen. Das Alter ist nicht mit Schrecken verbunden, denn alte Menschen werden in ihren Familien gepflegt, beschützt und in das alltägliche Leben miteinbezogen. Schlecht steht es allerdings um Betagte, die keine Familie mehr haben, denn der Staat verfügt über keinerlei Versorgungseinrichtungen wie beispielsweise Rentenkassen oder Pflegeheime.

Der alte Mensch stirbt schließlich idealerweise im Kreise der Familie. Krankheit, Schwäche und Tod werden als Schicksal eines jeden Menschen akzeptiert und nicht ausgegrenzt. Wenn die Lebenszeit abgelaufen und der Mensch am Ende seines Weges angekommen ist, wird sein Leichnam von der Familie rituell gereinigt und in saubere weiße Tücher gehüllt, damit er in einem reinen Zustand ins Jenseits hinübergehen und vor Gott treten kann. Der Tote wird noch an seinem **Sterbetag** beerdigt. In einer langen Prozession tragen männliche Verwandte und Freunde den Leichnam, der manchmal zusätzlich mit einem grünen Tuch bedeckt ist, auf einer Bahre zum Friedhof. Der Dorfmullah begleitet sie, um die rituellen Gebete zu sprechen. Nach dem letzten Gebet wird der Leichnam, nur in ein weißes Tuch gehüllt, in die Erde gelegt. Er wird so gebettet, dass sein Gesicht in Richtung der heiligen Stadt Mekka liegt. Die Frauen besuchen das Grab zu einem späteren Zeitpunkt. Nach der Beerdigung werden die Gäste, alle Verwandten und manchmal das ganze Dorf mit Essen versorgt. Vierzig Tage nach der Beerdigung wird eine Gedenkfeier für den Verstorbenen abgehalten, bei der Koransuren gelesen und Gebete gesprochen werden. An diesem Tag und auch bei der zweiten Gedenkfeier, die ein Jahr nach dem Todestag stattfindet, werden die Gäste mit Mahlzeiten bewirtet.

Schicksalsvorstellungen

Was mein Herz verlangte, geschah nicht, was Gott wollte, wurde getan.
(Afghanisches Sprichwort)

Die Einbettung in eine religiöse Schicksalsvorstellung und ein **tiefes Gottvertrauen** prägen das Weltbild der Afghanen. Man glaubt, dass es ein **vorgezeichnetes Schicksal** für jeden Menschen gibt und unternimmt oft gar keinen Versuch, sich gegen bestimmte Geschehnisse aufzulehnen. „Gott allein weiß, warum er unsere Wege hierhin oder dorthin lenkt", ist oft von Gläubigen zu hören. Krankheit und Tod gehören zum persönlichen Schicksal und müssen akzeptiert werden. Mit unerschütterlichem Gleichmut werden oft auch Ereignisse hingenommen, die mit einfachen Vorsichtsmaßnahmen hätten verhindert werden können. Ausländische Besucher stehen immer wieder fassungslos vor tragischen Unfällen, die viele Menschenleben kosten, ohne dass jemals Maßnahmen zur Vorbeugung ergriffen würden. Dennoch gilt das Leben als sehr kostbar und schützenswert, weil es von Gott gegeben ist. **Selbstmorde und Abtreibungen** sind verboten, denn der Mensch hat nicht das Recht zu töten, was Gott erschaffen hat. Neues Leben hervorzubringen ist eine religiöse Verpflichtung und deshalb sind alle Gläubigen angehalten, zu heiraten und Nachkommen zu zeugen.

Das Gefühl der Einbettung in gesellschaftliche und religiöse Zusammenhänge und die Annahme Gottes als Schicksalslenker haben den Afghanen sicherlich geholfen, Zeiten der Verunsicherung durch Gewalt, Verluste und Not durchzustehen. Vielleicht kann diese Einstellung auch einen Beitrag dazu leisten, Kriegswunden zu heilen und Traumata zu verarbeiten.

Khan, Ustad und Engineer-Sahib – das Dilemma mit den Namen

Namen für muslimische Jungen werden bevorzugt aus den „99 Schönen Namen Gottes" gewählt, die der Prophet **Muhammad** einem Hadith zufolge aufgezählt hat, 84 dieser Namen stehen wörtlich im Koran. Der hundertste Name Allahs soll unaussprechlich sein und ist den Menschen unbekannt. Auch Mädchen erhalten gern **Namen aus dem Umkreis des Propheten** wie *Fatima* oder *Ayscha* (Tochter und Ehefrau des Propheten). Beliebt sind außerdem Namen lokalen Ursprungs, die oft Phänomene der natürlichen Umgebung beschreiben, wie Blumen, den Mond oder einen bestimmten Berg. Gern werden Namen aus Zusammensetzungen gebildet, wie z. B. *Eid-e Gul* (Festtags-Blume) oder *Bibi Gul* (Schwester-Blume). Innerhalb der Familie nennt man sich selten beim persönlichen Vornamen, sondern verwendet verwandtschaftliche Bezeichnungen. Besonders für Männer gilt es als unschicklich, nicht näher bekannte Gesprächspartner nach den Namen von Ehefrau oder älteren Töchtern zu fragen. In ländlichen Gebieten ziehen Frauen es vor, sich über Verwandtschaftsbeziehungen zu definieren und zu benennen: Ich bin die Tochter, Frau, Mutter von so und so.

Familiennamen haben in Afghanistan keine Tradition, man begnügt sich zumeist mit dem einen Namen, den die Eltern ausgewählt haben. Um den eigenen Ursprung näher zu bestimmen, wird manchmal zusätzlich der Name des Vaters, des Herkunftsortes oder des Stammes genannt. Da in den heutigen modernen Zeiten Familiennamen aber für Anträge und Ausweise notwendig sind, wandelt man diese angehängten Ortsnamen, den Namen des Vaters oder die Stammesbezeichnung zu „ordentlichen" Familiennamen um. Auch Titel können im Zuge dieses Prozesses zu Namen werden wie beispielsweise *Khan* („Herr" im Sinne von Statusbeschreibung). In Ausweisen und Papieren ergibt sich durch diese – durchaus nach Gelegenheit oder Lebensalter wechselnde – Auswahl ein ziemlich uneinheitliches Bild. Ein Mensch kann überhaupt keinen oder unterschiedliche Nachnamen haben und auch einzelne Familienmitglieder teilen nicht zwingend denselben Familiennamen. In der Übersetzung ergeben sich dann noch viele unterschiedliche Schreibweisen. Gern werden in Kombination mit der Anrede *Sahib* (Herr) auch Titel benutzt wie *Doktor-Sahib, Engineer-Sahib* oder *Ustad* (Lehrer, Meister). Der aus Mekka zurückgekehrte Pilger darf sich fortan *Hadji* nennen und benutzt diesen Titel als Namenszusatz und in Verbindung mit „Herr" als vollständigen Namen: *Hadji Sahib!* Frauen benutzen nach der Pilgerreise den Titel *Hadja*.

Bei der – zumindest für Ausländer – manchmal etwas verwirrenden Zusammensetzung der Namen stellt sich oft die Frage, wie eine Person angesprochen werden sollte. Die **Anrede** ist zunächst *Khanum* für Frauen und *Agha* für Männer. Hochgestellte Persönlichkeiten werden im internationalen Kontext mit *Madame* und *Sir* angesprochen, Minister und Ministerinnen mit *Your Excellency* – diese letzten drei Anreden werden ohne Namenszusatz gebraucht. Wer beim Gebrauch der gewöhnlichen Anrede unsicher ist, welcher der Namen auf der Visitenkarte der Nachname ist, sollte zunächst alle angegebenen Namen verwenden. Später kann man dann nachfragen, wie der Gesprächspartner genannt werden möchte oder hört während des Gespräches, wie Afghanen diese Person ansprechen. Eine Faustregel kann hier aufgrund des Variantenreichtums nicht gegeben werden.

Ein amtliches **Meldesystem** mit Geburts-, Heirats- und Sterberegister ist nur rudimentär vorhanden. Viele ältere Menschen in ländlichen Gebieten können ihr Lebensalter nur schätzen, da es keinerlei Aufzeichnungen gibt. Auf das genaue Geburtsdatum mit Monat und Tag wurde nie Wert gelegt, die in Ausweispapieren stehenden Daten sind oft nur Schätzwerte oder Phantasiegeburtstage.

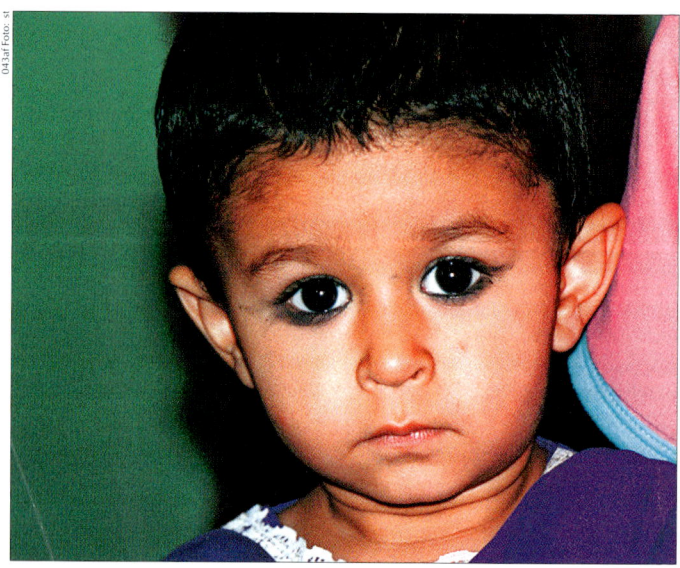

Aberglauben

*Komm doch, Sahib, komm, begleite uns auf unserem Weg, und ich verkaufe
dir ein Zauberamulett, das dich zum König von Kafiristan machen wird!*
(Rudyard Kipling)

Djinns sind Geistwesen, an die Angehörige aller ethnischen Gruppen in
Afghanistan glauben. Die Geister haben meist nichts Gutes im Sinn, quälen und ängstigen die Menschen, machen sie krank und können von ihnen Besitz ergreifen. Verschiedene Erscheinungsformen psychischer Erkrankungen und Depressionen werden mit Djinn-Besessenheit erklärt. Religiöse Gelehrte, aber auch Dorfgeistliche sind in der Lage, *Djinns* mit Koransprüchen zu bannen und auszutreiben. Fäden und Bänder, die den Betroffenen umgebunden werden, „bespricht" man mit heiligen Formeln
und man beschreibt Papierstreifen mit Koransprüchen, welche in Amulette verpackt am Körper getragen werden sollen. Amulette können sehr viel-
gestaltig sein: Es gibt sie als Metall-, Stoff- und Lederhülsen und die kostbarsten sind kunstvoll aus Silber oder Gold gearbeitet. An verschiedenen
Körperteilen getragen, schrecken sie *Djinns* ab und schützen vor dem **bösen Blick**. Die grundlegende Ursache für den bösen Blick ist der Neid.
Konkrete Personen können mit dieser schadenstiftenden Gabe ausgestattet sein. Wenn diese Menschen auf den Wohlstand, die gesunden hübschen Kinder oder die Gesundheit und das Glück anderer Personen nei-
disch sind, aber nicht in ihren Besitz gelangen können, wollen sie zumindest Schaden anrichten, damit der beneidete Glückliche sein Leben auch
nicht mehr genießen kann. Der böse Blick kann bis zum Tod des Opfers
oder seiner Familienmitglieder führen und großen Schaden beim Vieh
oder der Ernte anrichten.

Bestimmte Gegenstände haben die Eigenschaft vor dem bösen Blick zu
schützen oder ihn zurückzuwerfen. Dazu gehören die oben beschriebenen **Amulette,** bestimmte Schmucksteine und Perlen sowie Steine in Au-
genform. Auch die unüberhörbaren rasselnden Ketten an Lastwagen sollen „böse Kräfte" vertreiben. In Autos finden sich oft verzierte Anhänger
mit Koransprüchen. Auf Kleidung und Gebrauchsgegenstände gestickte
Spiegelchen und kleine Schellen sollen ebenfalls den bösen Blick abwenden. Inzwischen werden die Spiegelchen auch als reine Schmuckelemen-
te auf Kleidung, Kissen, Decken und den bunten Käppchen der Männer

Gewappnet gegen den „bösen Blick"

verwendet, ohne die ursprüngliche Bedeutung der Spiegelverwendung zu kennen oder zu beachten.

Das Betonen der eigenen **Augen** durch Anmalen mit *Khol* oder *Kajal,* einer schwarzen Substanz aus zerriebenem Antimonerz, soll ebenfalls vor dem bösen Blick schützen. Sowohl Männer als auch Frauen nutzen dieses Mittel, besonders häufig wird es in den ländlichen Gebieten angewandt. Der Überlieferung nach soll das schwarze Pulver die Sehkraft stärken und natürlich dient es auch der Erhöhung der Attraktivität. Die Augen von Kleinkindern werden ebenfalls auffällig umrahmt, zusätzlich findet sich an Kind und Wiege ein reiches Sortiment unterschiedlichster Schutzamulette.

Feiertage und Feste

Die beiden bedeutendsten Feierlichkeiten des islamischen Afghanistans sind das **Opferfest** (*Eid ul-Azha* oder *Eid-e Qurban*) und das **Fest des Fastenbrechens** *(Eid ul-Fitr)* in Verbindung mit dem Fastenmonat Ramadan. Beide Feste ziehen sich über mehrere Tage hin, an denen sich die Familien auf die Vorbereitungen und Feierlichkeiten konzentrieren und das öffentliche Leben eingeschränkt ist. *Nauroz,* das Neujahrsfest, wird ebenfalls im ganzen Land gefeiert, auch wenn es streng genommen kein religiöser Feiertag ist.

Weitere wichtige Feiertage sind der **Geburtstag des Propheten** (*Milad-e Muhammad* oder *Maulid ul-Nabi*), der nach dem islamischen Kalender am 12. *Rabi ul-Awwal* gefeiert wird, und das **Ashura-Fest** am 10. *Muharram,* dem Tag, an dem die Schiiten des Martyriums von *Hussain,* dem Sohn *Alis,* gedenken. Er fiel in der Schlacht von Kerbela (680 u. Z.). Die Gemeinde besucht die Moschee und führt Passionsspiele auf, die Prozessionen mit Selbstgeißelungen beinhalten.

Die Afghanen richten sich nach dem **Sonnenkalender** (Shamsi), der am Tag des Frühlingsanfanges beginnt (21. März, in Schaltjahren 20. März). Für religiöse Zwecke und die Festlegung der islamischen Feiertage dient der **islamische Mondkalender.** Das Mondjahr besteht aus zwölf Monaten, die stets an Neumond beginnen, mit jeweils 29 Tagen. Der Mondkalender ist mit 354 Tagen elf Tage kürzer als der Sonnenkalender, weshalb sich die Feiertage im Lauf von 33 Jahren rückwärts durch das Sonnenjahr bewegen (pro Jahr verschieben sich die Feiertage um circa elf Tage). Die genaue Festlegung der Daten der islamischen Feiertage richtet sich nach der tatsächlichen örtlichen Mondbeobachtung. Aufgrund der geografischen Lage und der unterschiedlichen Zeitzonen ergeben sich zwischen den einzelnen islamischen Ländern Verschiebungen um einen oder mehrere Tage.

Während des **Fastenmonats Ramadan** nehmen die Gläubigen vom Morgengrauen bis zum Sonnenuntergang keine Speisen und Getränke zu sich, auch Rauchen und Geschlechtsverkehr sind verboten. Fastende verzichten selbst an heißen, staubigen Tagen auf das Ausspülen des Mundes. Gerade in der heißen Jahreszeit ist der Verzicht auf Flüssigkeit eine Tortur und das öffentliche Leben und die Arbeitszeiten sind stark eingeschränkt. Die Fastenzeit wird in Afghanistan sehr streng befolgt, viele Restaurants haben tagsüber geschlossen. Fällt Ramadan in die kühle Jahreszeit, gestaltet sich das Fasten erträglicher, außerdem sind die Tage dann auch kürzer. Kinder und Kranke sowie schwangere oder menstruierende Frauen sind vom Fasten ausgenommen, Nichtmuslime natürlich auch. Während dieser Zeit sollten Menschen, die nicht fasten, trotzdem nicht in der Öffentlichkeit essen oder trinken, sondern sich lieber auf die Abgeschiedenheit der eigenen vier Wände oder des Restaurants beschränken.

Am **Ende des Fastentages,** wenn die Sonne untergegangen ist und man einen *„schwarzen Faden nicht mehr von einem weißen unterscheiden kann",* wie einer islamischen Überlieferung zu entnehmen ist, wird das Abendgebet verrichtet und *Iftar,* die erste Mahlzeit des Fastenbrechens, eingenommen. Zu *Iftar* werden nicht nur besonders gute und reichliche Speisen gereicht, diese Abendmahlzeit ist auch ein ganz spezielles soziales Ereignis. Die Familien versammeln sich und man lädt Verwandte und Freunde ein. Feierlich wird das Schälchen mit den kandierten Datteln gereicht, mit denen schon der Prophet das Fasten gebrochen haben soll. Alle teilen das Gefühl – nicht nur auf religiöser, sondern auch auf sozialer Ebene – etwas zusammen geschafft und bewältigt zu haben und letztendlich dafür belohnt zu werden. Dieses Gefühl und die gemeinsame Aufgabe stärken die Gemeinschaft der Gläubigen. Noch vor dem Morgengrauen erhebt sich die ganze Familie von ihrem Nachtlager, um noch eine kleine Mahlzeit – oft Reste des großen Abendessens – zu sich zu nehmen, bevor wieder ein neuer Fastentag beginnt. In der Fastenzeit konzentrieren sich Muslime auf ihre Gebete und versuchen, den Ansprüchen ihrer Religion besonders gerecht zu werden. Man bemüht sich auch, in der Gemeinschaft Gutes zu tun. Kinder sind begierig, so früh wie möglich mit dem Fasten zu beginnen, denn dann sind sie dem Erwachsensein ein Stückchen näher gekommen und fühlen sich als vollwertige Mitglieder der Gemeinschaft.

Eid ul-Fitr, das **Fest des Fastenbrechens,** beginnt am *1. Shawwal,* wenn die höchsten religiösen Gelehrten den neuen Mond am Himmel gesehen haben. Da die Sichtung oft von der Witterung abhängt, lassen sich solche Feiertage nur schwer bestimmen. Das ganze Land wartet dann gespannt auf die Ankündigung. In den Dörfern versammeln sich die Verwandten, um gemeinsam zu feiern – alle Familienmitglieder versuchen, zu diesem bedeutenden Fest zusammenzukommen. Es wird mit Geschenken, neuer Kleidung und – wenn möglich – viel Fleisch von frisch geschlachteten Tieren gefeiert. Auch ärmere Mitglieder der Gemeinde werden bedacht und mit Fleisch und Kleidung beschenkt.

Das **Opferfest,** *Eid ul-Hazha,* wird am 10. *Zu al-hijja* gefeiert und ist gleichzeitig Höhepunkt der *Hadj,* der Pilgerreise nach Mekka. Das Fest dient dem Gedenken an *Abrahams* Bereitschaft, Gott seinen Sohn *Isaak* als Opfer darzubringen. Da ihm Gott erlaubte, stattdessen einen Hammel zu opfern, finden während des Festes in allen Siedlungen **Tieropfer** statt. Menschen reisen aus dem ganzen Land an, um dieses Fest mit ihren Angehörigen zu feiern. Man tauscht Eid-Karten aus, kleidet sich neu ein – die Schneider haben vor der Feier Hochkonjunktur, besonders im wohlhabenden städtischen Umfeld – und wünscht *Eid-Mubarrak,* ein gesegnetes Eid-Fest. Vor dem Feiertag floriert der Handel mit Opfertieren (Schafe, Kühe, Ziegen) und nach dem Fest sind manche Stadtteile regelrecht mit Schlachtresten überhäuft – so können sich auch Hunde und Katzen einmal im Jahr satt essen! Die Familien verbrauchen nur einen Teil des Fleisches selbst, eine große Portion wird an Verwandte verteilt und auch Bedürftige werden bedacht, die sich an diesem Tag vor den Häusern der potenziellen Spender versammeln.

Ausländer können der Ramadan-Zeit und den Eid-Feiertagen nicht entgehen, denn das komplette öffentliche Leben – Flugverbindungen, Verkehr, Öffnungszeiten – ist davon betroffen. Alle Büros und Projekte haben während *Eid* geschlossen und während des Fastenmonats Ramadan eingeschränkte Öffnungszeiten. Viele nutzen die Zeit zu einem Kurzurlaub und verlassen das Land. Es ist aber sehr interessant, an den Feierlichkeiten teilzunehmen und etwas über die religiösen Traditionen zu lernen. Warum nicht einmal mit Freunden gemeinsam die Erfahrung eines Fastentages machen und sich dann auf das abendliche Essen freuen? Einladungen zu *Iftar* werden oft ausgesprochen und die Familien freuen sich, zu dieser besonderen Gelegenheit Ehrengäste begrüßen zu dürfen. Freunde und Bekannte bekommen gern Eid-Karten zum Fest und Angestellte erwarten eine Aufmerksamkeit in Form eines zusätzlichen Gehaltes, Kleidung, Stoffen oder Süßigkeiten.

Das **afghanische Neujahrsfest** *Nauroz* wird am 21. (oder 20.) März gefeiert. Lange Zeit von den Taliban als „unislamisch" verboten, erfreut es sich als Frühlingsfest jetzt wieder großer Beliebtheit. Es ist ein willkom-

mener Anlass sich im großen Familienkreis zu treffen und nach dem langen, dunklen Winter unbeschwert und fröhlich zu feiern. *Nauroz* bedeutet „neuer Tag" und läutet mit Frühjahrsputz und speziellen Feiertagsgerichten das neue Jahr ein. Das Fest hat bei vielen Afghanen aber auch religiöse Bedeutung: Man besucht die Gräber von Familienangehörigen und betet für ihr Seelenheil. Schiitische Afghanen pilgern zu *Alis* Grab in Mazar-e Sharif, um die Fahne *Alis* aufzurichten. Auch Frauen nutzen diesen Tag inzwischen wieder, um mit ihren Kindern Schreine und Parks aufzusuchen.

Gewappnet mit speziell für den Neujahrstag zubereiteten Süßspeisen fahren die Familien ins Grüne, um gemeinsam den traditionellen Spaziergang auf dem ersten Frühlingsgrün zu unternehmen. *Samanak,* eine halbflussige Süßspeise, wird aus Weizen und Zucker hergestellt; zwei Tage lang muss das Gebräu unter gelegentlichem Umrühren vor sich hin köcheln. *Haft-Mehwah* ist eine Süßspeise aus sieben Früchten und Nüssen, die mehrere Tage lang zusammen eingeweicht werden.

Da auch das agrarische Jahr einen neuen Anfang nimmt, stellen Bauern ihre besten landwirtschaftlichen Produkte und das prächtigste Vieh in Kabul aus. Besonders im Norden des Landes wird *Buzkashi,* das wilde Reiterspiel, aufgeführt, um das Frühjahr zu begrüßen.

Beruf, Arbeitsleben und die Zeit

Das Berufsleben

Die wichtigsten Berufe in ländlichen Gebieten, wo ein Großteil der Bevölkerung lebt, sind die des Bauern und Viehzüchters. Daneben existieren verschiedene Berufsgruppen mit unterschiedlichem Status. Im **traditionellen Sektor** befinden sich die hochgestellten religiösen Würdenträger an der Spitze, Bauern, Hirten und Händler im oberen Bereich, Kleinhändler und Handwerker im mittleren, Hauspersonal und Hilfsarbeiter im unteren Bereich. Der **moderne Sektor** enthält städtische Berufe, die mit Technik, Industrie und Großhandel zu tun haben. Bürokratie und Militär füllen den **Staatssektor** aus. Die vormals starren Strukturen und die geringe Mobilität zwischen und in den einzelnen Sektoren haben sich durch die langen Jahre des Krieges, das Leben der Flüchtlinge im Ausland und die neuen beruflichen Möglichkeiten im Wiederaufbauprozess verändert. Junge, in den Nachbarländern ausgebildete Afghanen, die gute Englisch- und Computerkenntnisse haben, können im internationalen **Wiederaufbaugeschäft** in kürzester Zeit Karriere machen. Sie haben gute Verdienstmöglichkeiten, unabhängig von ihrem Geschlecht und dem ethnischen und sozialen Hintergrund. Wenn die Familien tolerant genug sind, ihren jungen Leuten bei der Berufswahl freie Hand zu lassen, wird es sehr schnell **Verschiebungen im traditionellen sozialen Gefüge** geben. In vielen Fällen erleichtert die wirtschaftliche Not auch Grenzüberschreitungen – so sind es oftmals junge Mädchen, die durch ihre Tätigkeit bei internationalen Organisationen die ganze Familie ernähren! Die größten Veränderungen finden natürlich im städtischen Bereich statt, in den Dörfern verläuft das Arbeitsleben noch nach den traditionellen Mustern. Die **Landflucht** wird jedoch das hier vorherrschende Bild in kurzer Zeit verändern.

Zwei Arbeitsbereiche werden von Afghanen als unangenehm bezeichnet: Tätigkeiten, die sozial erniedrigen, und monotone, einsame Tätigkeiten. Zu dem ersten Bereich gehört schwere **körperliche und schmutzige Arbeit,** wie beispielsweise die Abfallbeseitigung oder das Straßenkehren. Die Vorstellungen von sozial erniedrigender Arbeit gehen bei den verschiedenen ethnischen Gruppen auseinander. Körperliche Arbeit wird besonders von Paschtunen als niedrig eingestuft. Ackerbau, Viehzucht, Handel und kriegerische Tätigkeiten gelten als würdig für einen Paschtunen, der auf seine Ehre hält. Das **Handwerk** war traditionell nichtpaschtunischen Bevölkerungsgruppen vorbehalten, die vor allem in Ostafghanistan in abhängigen Kunden- und Auftraggeberbeziehungen zu den bäuerlichen Paschtunen standen, aber auch diese Abgrenzungen scheinen sich durch die Ereignisse der letzten Jahrzehnte zu verändern. In den Flüchtlingslagern der Nachbarländer haben viele Pashtunen neue Handwerke gelernt, bevorzugt in Bereichen der modernen Technik.

Intellektuelle Tätigkeiten erfreuen sich keines hohen Prestiges – es sei denn, sie sind mit Macht verbunden, wie es etwa bei höheren Beamten der Fall ist. Wenn ungünstige Lebensumstände zu erniedrigender Arbeit zwingen, dann sollte es wenigstens dort geschehen, wo man von Bekannten und Stammesangehörigen nicht gesehen wird, also in der Fremde. Afghanistan ist schwach industrialisiert und folglich gibt es kaum **Fabrikarbeit.** Diese geregelte, unpersönliche Arbeitsweise wird von den meisten Afghanen als unmenschlich und unnatürlich angesehen.

Einsamen Tätigkeiten versucht man zu entgehen, indem man sich mit Leuten zusammenschließt, die die gleiche Arbeit zu erledigen haben. Will ein Bauer ein Haus bauen, einen Wasserlauf ausheben oder die Ernte einholen, lädt er Verwandte und Freunde zur **Gemeinschaftsarbeit** ein. Wenn später einer der Helfer selbst um Beistand bittet, muss er selbstverständlich auch dort mithelfen. In den Dörfern können die alltäglichen handwerklichen Arbeiten, wozu auch der Hausbau gehört, von fast jedem Menschen ausgeführt werden. Nur das Schmieden, Töpfern, das Graben unterirdischer Bewässerungskanäle (*Kareze*) und andere Arbeiten, die Spezialwissen und besondere Werkzeuge erfordern, sind Spezialisten vorbehalten.

Besonders **beliebte Berufe** sind mit Prestige, einem Titel und wenn möglich Macht verbunden. So ist es erstrebenswert, eine höhere Position in der **Administration,** einem Ministerium oder der Regierung einzunehmen. Die medizinischen und **juristischen Arbeitsgebiete** sind interessant, weil sie mit Titeln wie Doktor, Rechtsanwalt oder Richter verbunden sind. **Technische Berufe** können ebenfalls einen relativ hohen Stellenwert haben. Das Fachwissen des Ingenieurs wird sehr geschätzt und *Engineer-Sahib* ist wie *Doktor-Sahib* nicht nur ein Titel, sondern auch eine Ehrenbezeichnung, die von einem respektvollen Umfeld als offizielle Anrede statt des eigentlichen Namens gebraucht wird. Lehrer- und **Polizeiberufe** sind nicht sonderlich beliebt, weil die erforderlichen Qualifikationen für diese Berufe gering sind und das Gehalt nicht ausreicht, um eine Familie zu ernähren. Die **Militärlaufbahn** ist nur reizvoll, wenn höhere Ränge erreicht werden können.

Viele Afghanen üben ungern Arbeiten aus, die außerhalb und vor allem unterhalb ihrer anerkannten **Spezialisierung** liegen. Es ist angebracht, bei Einstellungen den Arbeitsbereich vertraglich genau zu definieren. Viele Köche zum Beispiel erledigen vielleicht gerade noch die Einkäufe, lassen sich aber nicht zu anderen Tätigkeiten des Haushalts herab. Eine Rezeptionistin verlässt nur sehr zögerlich ihren Platz in der Rezeption, um aushilfsweise andere Bürotätigkeiten zu übernehmen.

Der in westlichen Ländern häufig anzutreffende „Heimwerker" kommt im städtischen Umfeld kaum vor. Ausbesserungen am Haus, Autoreparaturen und Gartenarbeit werden grundsätzlich in Auftrag gegeben oder vom häuslichen Personal, über das viele wohlhabende Afghanen verfügen, ausgeführt. Im ländlichen Raum sind Spezialisierungen und Arbeitsteilung nicht so ausgeprägt wie in den Städten.

Vor dem Ausbildungs- und Berufsverbot der Taliban waren Frauen im städtischen Raum verstärkt im Bildungs- und Gesundheitssektor vertreten. Lehrerin und Ärztin waren und sind akzeptable und **angesehene Berufe für Frauen.** Weibliche Fachkräfte sind in diesen Bereichen auch notwendig, denn traditionell sollten Mädchen und Frauen nur von weiblichen Lehrkräften unterrichtet und von Ärztinnen untersucht und behandelt werden. Beschäftigungen in Büros mit wenig Kontakt zur Öffentlichkeit sind für Frauen ebenfalls adäquat. Einen ganz **neuen Arbeitsbereich** bieten die unzähligen internationalen Organisationen, die Wiederaufbaumaßnahmen in Afghanistan planen und durch lokale Organisationen und Firmen umsetzen. Besonders für junge Afghanen, die einen Teil ihrer Jugend als Flüchtlinge im Ausland verbracht und dort Bildungsmöglichkeiten genutzt haben, bieten diese Jobs sehr gute Aufstiegs- und Verdienstmöglichkeiten.

Gerade auch für Frauen sind diese Stellen ein neuer Einstieg ins Berufsleben, da internationale Organisationen darauf achten, bevorzugt Frauen
einzustellen.

Arbeitseinstellungen

Die meisten Afghanen der wirtschaftlich schwächeren Schichten – dazu
gehört die Mehrzahl der Bevölkerung – **arbeiten sehr hart,** um ihren Lebensunterhalt zu verdienen. Ein Großteil dieser Arbeit wird körperlich verrichtet; Menschen verdingen sich als Tagelöhner und Arbeiter in den ver-
schiedensten Bereichen oder bestellen die Felder mit den einfachsten Gerätschaften. Frauen werden in ländlichen Gebieten stark von Tätigkeiten
wie Wasserholen, Brotbacken und Holzsammeln beansprucht. In vielen
Familien müssen auch die Kinder mitarbeiten, damit ein ausreichendes
Auskommen gewährleistet ist. Ihr direkter Beitrag zum Familienunterhalt
ist notwendiger als eine Schulbildung, die einer längerfristigen Perspektive
bedarf.

Einer der ersten Eindrücke, die ein Afghanistanbesucher gewinnt, ist der
von betriebsamen und aktiven Menschen, die mit den einfachsten Materialien und Werkzeugen geschäftig bauen und reparieren. Am Straßenrand werden Schuhe geflickt, zerbrochene Teekannen mühsam und sorgfältig zusammengeklebt und allerlei andere Dienste angeboten. Die weitreichende Zerstörung des Landes durch den lang anhaltenden Krieg
macht Wiederaufbauarbeiten in sämtlichen Bereichen notwendig und
überall nutzen die Menschen die Chance zur Neugestaltung ihres Landes.
Auch der Handel ist allgegenwärtig. In der Stadt scheint jeder einen kleinen Bereich für sich abgesteckt zu haben, in dem er aktiv ist.

Obwohl Afghanen **sehr arbeitsam** sind, pflegen sie die Einstellung, dass
man nur so viel arbeiten sollte, wie es zum Leben notwendig ist – und dies
gilt natürlich besonders für die Schichten, denen es wirtschaftlich relativ
gut geht. Die Arbeitszeiten sollten bequem sein, die Arbeitsstunden sich
auf ein vernünftiges Maß reduzieren und unnötiger Stress möglichst vermieden werden. **Familiäre Angelegenheiten haben immer Vorrang** und
für wichtige Familientreffen, Beerdigungen und Gratulationsbesuche zur
Geburt eines neuen Erdenbürgers wird kurzfristig frei genommen. Nicht
die Arbeit ist Sinn des Lebens, sondern ein vollwertiges Mitglied der sozialen Gruppe zu sein. Man nimmt sich viel Zeit für Gespräche und Besuche, wenn die Arbeitsbelastung nicht so hoch ist.

Polizisten-Ausbildung in Herat

Wird die Bedeutung von **Arbeit im interkulturellen Vergleich** betrachtet, zeigt sich, dass für Angehörige westlicher Kulturen die Arbeit einen zentralen Lebensinhalt darstellt. Sie wird als Möglichkeit zur Selbstverwirklichung und als Schlüssel zur individuellen Unabhängigkeit angesehen. Arbeit bedeutet für Afghanen, die Familie unterstützen und die Zukunft der Kinder sichern zu können. Durch ihre Stellung in der Arbeitswelt haben sie Zugang zu gesellschaftlichen Positionen, die mit Achtung und Ansehen verbunden sind. Westliche Menschen konzentrieren sich auf ihre persönliche Weiterentwicklung und Karrieremöglichkeiten, Afghanen bauen auf gesellschaftliche Bewährung und die Stärkung von Beziehungen und Netzwerken.

Das **Verhältnis zwischen Vorgesetzten und Arbeitnehmern** ist von einem ausgeprägten Autoritätsgefälle bestimmt. Respekt und Distanz charakterisieren die Beziehung, Anweisungen und Entscheidungen werden oft ohne Diskussion und Widerspruch hingenommen. Besonders bei jungen Menschen und Auszubildenden dominieren Befolgen und Nachahmen – eigene Meinungen und innovatives Verhalten sind zweitrangig. Das Idealbild des Vorgesetzten ist das des guten, strengen Vaters. Er ergreift alle Initiativen und geht auf seine Mitarbeiter zu. Der Chef muss sich um seine Untergebenen kümmern, denn in diesem Lebensbereich hat er die **Fürsorgepflicht.** Er bietet seinen Leuten Schutz und erwartet dafür ihre **Loyalität.** Offene Konfrontation wird vermieden, der Vorgesetzte wird nicht kritisiert und wenn, dann nur hinter seinem Rücken. Vorgesetzte genießen viele Privilegien und Statussymbole, die ihnen – nach gesellschaftlichem Verständnis – rechtmäßig zustehen.

Ausländer, die im Land arbeiten, machen oft die Erfahrung, dass Afghanen im Berufsleben **wenig Selbstständigkeit** oder Bereitschaft zur Übernahme von Verantwortung zeigen. Viele Mitarbeiter erwarten fachliche und personelle Führung und sind es gewohnt, nach Anweisungen zu arbeiten. Partnerschaftliches und kollegiales Verhalten des ausländischen Vorgesetzten kann leicht als Schwäche ausgelegt werden – Mitarbeiter werden durch die ungewohnte Handlungsweise verunsichert und wissen nicht, was von ihnen erwartet wird. Das **afghanische Führungsmodell** kann als bevormundend und alleinherrscherisch bezeichnet werden. Der Chef hat seinen Status aufgrund seiner Herkunft oder durch soziale Zuschreibung erhalten; gesellschaftlicher Erfolg begründet sich weniger auf individuelle Leistung als auf Gruppenzugehörigkeit. Das westliche Führungsmodell ist eher egalitär und kooperativ; der Vorgesetzte wird als „Erster unter Gleichen" angesehen, der seinen Status durch individuell erbrachte Leistung erlangt hat. Jeder kann sich durch Wettbewerb, Selbstmotivation und Risikobereitschaft nach oben arbeiten. In westlichen Systemen stehen Sach- und Fachlichkeit im Vordergrund. In Afghanistan sind **persönliche Treueverhältnisse** wichtiger als die Erledigung fachlicher Aufgaben. Der „Zuständige" im Westen ist der „Vertraute" in Afghanistan.

Vom Umgang mit der Zeit

Afghanen haben eine andere Einstellung zu dem **Phänomen Zeit,** als sie in den westlichen Gesellschaften zu finden ist. Zeit scheint in Afghanistan meist reichlich vorhanden zu sein und man lässt sein Leben nicht sklavisch von ihr bestimmen. Sie wird nicht akribisch verplant und aufgeteilt, um sie möglichst effektiv einzusetzen. Die oft kritisierte mangelnde Pünktlichkeit und Unverbindlichkeit von Angaben beruht auf einer anderen Einstellung zur Zeit und zu den Abläufen des täglichen Lebens. Schließlich können unvorhergesehene Ereignisse einen geplanten Ablauf jederzeit verändern. Flexibilität und auf die Situation bezogenes Handeln kennzeichnen das afghanische Verhalten. Besonders Deutschen wird nachgesagt, sie orientierten sich permanent an der Uhrzeit und schätzten exakte Planungen und Zeiteinteilungen. Afghanen sind mit **ungefähren Zeitangaben** zufrieden, die sich an den Tageszeiten orientieren. Besonders auf dem Land sind Uhren nicht ständig präsent und bestimmen nicht den Tagesablauf. Afghanen scheinen nicht ständig unter Druck zu stehen und an Zeitmangel zu leiden – vielleicht, weil es die deutsche Redewendung **Zeit ist Geld** nicht gibt!

Im modernen städtischen Leben und besonders in Kabul breitet sich das westliche **Modell der geregelten Zeit** des Arbeitsalltags jedoch immer mehr aus. Organisation, Planbarkeit und Pünktlichkeit haben auch dort Einzug gehalten – und die Zeit wird knapp. Diese Welt ist vom Lebenstempo der ländlichen Regionen Lichtjahre entfernt – wo sich die Menschen nach dem Mondkalender richten und sich an den Vorgängen in der Natur orientieren, die periodisch wiederkehren wie die Ernten und Jahreszeiten, und wo Zeitdruck noch ein Fremdwort ist.

Schreiner-Ausbildung in einem Dorf in Kabul

Die Bedeutung von Besitz

Essig, der kostenlos ist, schmeckt süßer als Honig.
(Afghanisches Sprichwort)

Armut und Wohlstand

Der lange Krieg hat die Besitz- und Wohlstandssituation in Afghanistan besonders bei der Stadtbevölkerung extrem verändert. Ein beträchtlicher Teil der Landbevölkerung lebte schon immer **am Rande des Existenzminimums,** durch den Krieg aber wurde die ganze Bevölkerung betroffen und eines Großteils ihres Besitzes beraubt. Häuser wurden zerstört und Ländereien verwüstet. Schmuck und andere wertvolle Gegenstände mussten verkauft werden, um die Flucht oder das Lebensnotwendigste zu finanzieren, zusätzlich ging Eigentum im Ausland oder auf der Flucht verloren. Viele Afghanen konnten nur ihr nacktes Leben retten, zerrissene Familienverbände wieder zusammenfügen und gemeinsam das Überleben meistern. Besonders Frauen, die ihre Ehemänner verloren und sich plötzlich mit ihren Kindern allein durchschlagen mussten, lebten und leben teilweise heute noch unter unvorstellbaren Bedingungen.

Auf der anderen Seite gibt es eine ganze Reihe von Menschen, die durch den Krieg wohlhabend geworden sind. Sie konnten ihre Machtbereiche nicht nur behalten, sondern teilweise sogar ausbauen. Hinter dem **neuen Reichtum** stecken oft Drogen- und Waffengeschäfte oder die Erpressung von Schutzgeldern und Handelszöllen. Viele Afghanen haben ihren Weg in Positionen gefunden, in denen sie ansehnliche Beträge der zum Wiederaufbau zur Verfügung gestellten Gelder zu ihrer eigenen Bereicherung abzweigen können.

Zu den **Prestigeobjekten** besonders der Stadtbevölkerung gehören Autos, Fernseher und Satellitenantennen sowie die inzwischen allgegenwärtigen Mobiltelefone und Computer mit Internetanschluss. Die meisten Produkte stammen aus dem Ausland, denn Afghanistan verfügt über keine Produktionsmöglichkeiten dafür. Am häufigsten werden chinesische, pakistanische und iranische Produkte gekauft, weil sie preisgünstig und leicht erhältlich sind. Beliebter sind allerdings europäische und amerikanische Waren, denen gute Qualität nachgesagt und ein hoher Wert beigemessen wird.

Es wird geschätzt, dass eine afghanische Großfamilie Anfang 2007 in Kabul ungefähr 15.000 Afghani im Monat zum Leben braucht (ein Euro entspricht im Januar 2007 sechzig Afghani). Diese für afghanische Verhältnisse relativ hohen Kosten entstehen durch die in den letzten Jahren in der Hauptstadt stark angestiegenen Lebensmittelpreise und durch hohe Mieten. Ein Lehrer oder ein Polizist verdient aber durchschnittlich nur 3000 Afghani im Monat und auch Arbeiter erhalten keine höheren Löhne. Angestellte in internationalen Organisationen oder Botschaften können an die erforderliche Summe leicht herankommen, besonders qualifizierte Afghanen erhalten oft um ein Vielfaches höhere Gehälter. Ein Kilo Kartoffeln kostet 12 Afghani und ein Kilo Reis 42 Afghani. Die Lebenshaltungskosten auf dem Land sind geringer: Hier kann eine große Familie mit schätzungsweise 7000 Afghani überleben. In ländlichen Gebieten wird die Versorgung des Haushaltes auch zusätzlich noch durch selbst Angebautes und Produkte aus der Tierhaltung ergänzt. Die Diskrepanz zwischen kleinen Einkommen und hohen Lebenshaltungskosten fördert gerade bei Staatsbediensteten korruptes Verhalten und zwingt viele Bauern, Drogenpflanzen anzubauen, mit denen sich weitaus höherer Profit machen lässt.

My home is my castle

Häuser gehören zum wichtigsten Besitztum der Afghanen. Sie sind so unterschiedlich wie Stadt und Land, wie die ethnischen Gruppen und die finanziellen Möglichkeiten. Es gibt alle möglichen Bauformen und -materialien: einfache Hütten aus Lehm, die von Mensch und Vieh geteilt werden; große viereckige pashtunische Höfe, die Wehranlagen gleichen; charakterlose Vorstadtsiedlungen und Marmorpaläste in den Stadtvierteln der Reichen.

Viele Häuser haben **Burgcharakter:** Sie sind von hohen Mauern umgeben und grenzen die Privatsphäre von der Außenwelt ab, um die weiblichen Familienmitglieder zu schützen und zu verbergen. Frauen sind in ihrer Bewegungsfreiheit oft auf ihre Behausung und den dazugehörigen Hof beschränkt, der möglichst großzügig geplant wird. Traditionell werden Häuser gern mit Höfen gebaut, denn aufgrund der sommerlichen Hitze spielt sich ein erheblicher Teil des Lebens im Freien ab. Frauen kochen und waschen dort, beaufsichtigen die spielenden Kinder, halten Hühner und verarbeiten Obst und Gemüse. Die Tiere, die innerhalb der Mauern gehalten werden, unterliegen der Obhut der Frauen. Oft schläft die Familie im Sommer auch draußen im Hof oder auf dem Dach.

Das Haus ist der Stolz einer Familie und Teil ihrer Identität. Landbesitz und Eigentum haben eine große Bedeutung und die Familien bemühen sich, diesen Besitz zusammenzuhalten und zu vergrößern. Land wird theoretisch an Söhne und Töchter vererbt, praktisch erhalten es fast immer die Söhne. Der Anspruch der Frauen und Töchter wird selten geltend gemacht. Manchmal wird auch Druck ausgeübt, damit sie ihren Brüdern das Land überschreiben. Wenn mehrere Söhne vorhanden sind, wird das Land zwar in Parzellen aufgeteilt, aber häufig gemeinsam bestellt. Die **Landfrage** ist auch einer der Gründe für die häufigen Eheschließungen zwischen Verwandten – die Ländereien der Verwandtschaftsgruppe können somit leichter zusammengehalten werden.

Die traditionelle räumliche Aufteilung des Hauses in eine **weibliche und eine männliche Sphäre** kann bei armen Familien oftmals nicht aufrechterhalten werden. Aber selbst in winzigen Häusern gibt es feste Regeln und die Privatsphäre muss unbedingt respektiert werden. Wenn Frauen anwesend sind, dürfen nur nah verwandte Männer Haus und Hof betreten. Männliche Gäste werden in einem **Dorfgasthaus,** der *Hujra,* untergebracht und umsorgt. Die *Hujra* steht getrennt von den anderen Häusern und wird manchmal von dem ganzen Dorf genutzt.

In größeren Häusern gibt es einen im äußeren Bereich gelegenen Raum, der für männlichen Besuch und offizielle Anlässe genutzt wird und mit dem abgetrennten Gasthaus verglichen werden kann. Selbst in vielen modernen Häusern gibt es noch eine gewisse Orientierung entlang dieser Richtlinien. Gastzimmer sind von außen zugänglich, das formelle Wohnzimmer wird auch als Herren- oder Besucherzimmer genutzt. Frauen halten sich meistens in den Familienräumen im inneren Bereich auf. Ausländische Frauen, die zu Besuch sind, haben die Wahl, in der Männerrunde zu sitzen oder sich bei den Frauen aufzuhalten.

Die **Möblierung** der Räumlichkeiten ist oft sehr einfach: Arme Familien haben Matten, vielleicht ein paar geflochtene Betten, Regale mit Geschirr und eine metallene Truhe, in der Kleider und persönliche Besitztümer verstaut werden. In größeren Häusern gibt es oft viel Platz zum Sitzen, traditionell Teppiche und Kissen und inzwischen auch die moderne Couchecke, ein paar Schränke, Tische und Stühle.

Mein und Dein

Achte auf dein Eigentum und du brauchst
deinen Nachbarn nicht einen Dieb nennen.
(Afghanisches Sprichwort)

Afghanen kennen bei Gegenständen des täglichen Gebrauchs traditionell keine konsequente Aufteilung in „mein" und „dein". Vieles im Haushalt wird ausgetauscht und von mehreren Menschen benutzt. Afghanen sind auch sehr großzügig, wenn es um persönliche Dinge wie Kleider, Schmuck oder technische Geräte geht. Dieser **Austausch** geschieht ganz

04·7af Foto: ha

selbstverständlich und innerhalb der erweiterten Familie es ist nicht notwendig, um Erlaubnis zu bitten. Durch das Zusammenleben von größeren
Gruppen auf engem Raum gibt es kaum eine persönliche Abgrenzung,
was auch die Besitztümer mit einschließt. Da die afghanische Gesellschaft
kollektivistisch organisiert ist und nicht individualistisch wie viele westliche, liegt das Besitzgefühl eher bei der Gruppe und nicht bei einer Einzelperson. In der Familie oder einer größeren, geschlossenen Gruppe werden viele Dinge als gemeinsames Eigentum betrachtet.

Menschen im ländlichen Raum verfügen über sehr **wenig persönlichen
Besitz.** Meistens sind nur ein paar allgemeine Gebrauchsgegenstände im
Haus vorhanden und viele Personen besitzen lediglich, was sie am Körper
tragen. Für diese Afghanen ist es zumindest befremdlich – wenn nicht un-
vorstellbar –, dass in westlichen Kulturen schon Kinder über eigene Zimmer mit ausschließlich persönlichen Sachen verfügen, die von niemand
anderem benutzt werden.

Geben und Nehmen erfolgt bei **Geschenken** zwanglos, nur bei großen
Ereignissen wie Verlobung, Hochzeit und Geburt sind Geschenke und der

Neue Felgen gefällig?

Austausch von materiellen Gütern von Bedeutung und können rituellen Charakter annehmen. Anlässlich der Eid-Feierlichkeiten werden beispielsweise Geschenke und Lebensmittel ausgetauscht, generell gibt es jedoch keine so ausgeprägte Geschenkkultur wie in westlichen Gesellschaften.

Das Geben fällt Afghanen sehr leicht. Es ist immer wieder erstaunlich, wie herzlich, **freigiebig und gastfreundlich** sich selbst die ärmste Familie erweist. Wenn man offen seine Bewunderung für einen bestimmten Gegenstand zeigt, kann es passieren, dass er ohne Zögern abgegeben wird und man ihn beim Verlassen des Hauses plötzlich in die Hand gedrückt bekommt. Geschenke, die aus dem Besitz eines anderen Menschen stammen und zu wertvoll erscheinen, sollten natürlich in solchen Situationen möglichst nicht angenommen werden. Im Vordergrund steht die Absicht, dem Beschenkten eine Freude zu machen, nicht so sehr der Gegenstand selbst. Geschenke verpflichten in den meisten Fällen nicht zu einer Gegenleistung und müssen nicht in gleicher Form erwidert werden. Gegengeschenke können aber erfolgen, wenn sich eine entsprechende Gelegenheit ergibt.

Verwandte und Freunde helfen sich häufig finanziell aus. Derjenige, der gerade gut versorgt ist und etwas Geld übrig hat, unterstützt andere – selbst wenn es sich um größere Ausgaben wie ein Flugticket nach Amerika handelt. Im Krankheitsfall werden Verwandte aus ländlichen Gebieten oft zu Bruder, Schwester, Cousin oder Onkel in die Stadt geschickt, damit sie sich dort um die Behandlung und Versorgung des Kranken kümmern können – und wenn es ihnen möglich ist, die Krankenhausrechnung begleichen.

Das edle Pferd

Die folgende Geschichte, die in einer Gegend spielt, in der viele Turkmenen leben, verdeutlicht die Bedeutung von Gastfreundschaft für die Afghanen. Der Pferdehändler Yakoob hatte wiederholt versucht, Anwar Begs schönes und edles Zuchtpferd zu kaufen – vergeblich, der Besitzer wollte sich nicht von dem Tier trennen. Eines Tages hörte Yakoob, das es seinem turkmenischen Freund finanziell sehr schlecht ginge. Sofort machte er sich auf den Weg zu Anwar Begs Haus, in der Hoffnung, die Notlage würde ihn zum Verkauf des Pferdes zwingen. Er wurde willkommen geheißen, wie ein Ehrengast behandelt und mit einer köstlichen Mahlzeit bewirtet. Als er sein Anliegen vorbrachte, entschuldigte sich der Gastgeber dafür, ihn enttäuschen zu müssen. Um ihm die traditionelle Gastfreundschaft zu erweisen und den Tisch reich decken zu können, hatte die Familie das edle Tier schlachten müssen. (Volkstümliche Überlieferung)

Korruption

Die Korruption überzieht Afghanistan wie ein Netz und ist in allen Bereichen und auf allen Ebenen zu finden. Der afghanische Außenminister *Rangin Dadfar Spanta* zählt Korruption neben Terrorismus und Drogenanbau zu den größten Problemen des Landes. Besonders die Ministerien und die Polizei sind für ihr korruptes Verhalten bekannt. Die persönliche Bereicherung scheint für viele afghanische Machthaber, aber auch für kleine Beamte völlig selbstverständlich zu sein. Eine besonders unglückliche Verbindung ist die Korruption mit dem Drogengeschäft eingegangen. Die Drogenwirtschaft, die ein riesiges Ausmaß angenommen hat, wird durch korruptes Verhalten ermöglicht und gestärkt. Selbst hohe Regierungsbeamte sollen in Drogengeschäfte verwickelt sein. Appelle an die Vertreter des Rechtssystems verhallen ungehört, denn auch weite Teile der Justiz gelten als bestechlich.

Das Phänomen Korruption kann aus zwei Blickwinkeln betrachtet und vielleicht auch erklärt werden. Zum einen existiert die Bestechlichkeit, die durch **Armut und Not** verursacht wird. In vielen Berufen verdienen die Menschen so wenig, dass sie ihre Familien mit dem regulären Einkommen nicht ernähren können. **Polizisten, Lehrer und Beamte** unterer Stufen erhalten winzige Gehälter, die zum Leben nicht ausreichen. Gleichzeitig befinden sie sich in Positionen, aus denen heraus sie bestehende Abhängigkeitsverhältnisse hervorragend nutzen können, um sich ein Zubrot zu verdienen. Der Beamte händigt das gewünschte (gebührenfreie) Formular erst für eine „Gebühr" von Tausend Afghani aus, der Polizist übersieht einen Gesetzesverstoß gegen ein kleines Bestechungsgeld und das Zeugnis des Schulkindes verbessert sich durch eine „Unterstützung" der Eltern gleich um einige Noten. Bei nächtlichen Verkehrskontrollen halten Polizisten in Straßenraubermanier die Hand auf und selbst am Flughafen lassen sich Ausreiseformalitäten mit einem kleinen Schmiergeld beschleunigen.

Leider fördern auch viele im Land lebende **Ausländer** diese Schattensysteme, indem sie sich mit Bestechungsgeldern ein bequemeres Leben erkaufen. Mit ein paar Tausend Afghani ist plötzlich die Stromversorgung gesichert und lange Schlangen am Flughafen werden spielend umgangen. Mit den Hürden der Korruption haben afghanische Bürger Tag für Tag zu kämpfen. Die Bewältigung des Alltags kostet Geld, das die meisten nicht besitzen. Dies führt bei vielen dazu, ebenfalls diese korrupten Verhaltensweisen anzunehmen. Der Universitätsdozent, der eben noch in einer Behörde geschröpft wurde, akzeptiert die Zahlung eines leistungsschwachen Studenten, dessen Eltern um den guten Abschluss des Sohnes bangen. Einerseits hat der Dozent vielleicht die moralischen Bedenken verloren, „weil es doch alle so machen", andererseits braucht er dieses zusätzliche „Einkommen", um den Schmiergeldforderungen der Personen, von denen er abhängig ist, nachkommen zu können.

Die andere Form der Korruption, oft auch als **Vetternwirtschaft** bezeichnet, hat ihren Ursprung in dem afghanischen Verwandtschaftssystem mit ihren Solidaritätsgruppen und den daraus erwachsenden Bevorzugungen. Als Teil dieses Gefüges bleibt einem Individuum oft gar nichts anderes übrig, als den Neffen in eine wichtige Position in Ministerien zu bringen (obwohl er von seiner Unfähigkeit überzeugt ist!) oder den großen Bauauftrag unter Umgehung der Ausschreibungsregeln dem Vetter zuzuschieben, in dessen Schuld man seit langer Zeit steht. Viele Regeln und Gesetze werden missachtet, um Verwandten und Freunden zu einer Vergünstigung zu verhelfen. Und irgendwann kommt jeder aus der Gruppe in den Genuss der Vorteile, die dieses System der Vetternwirtschaft bietet.

Der Bereich der **Entwicklungszusammenarbeit** mit all seinen Projekten, finanziellen Mitteln und Auftrags- und Beschäftigungsmöglichkeiten ist zu einem neuen **Spielfeld für Korruption** geworden. Sowohl die lokalen Organisationen und Firmen, die als Unterauftragsnehmer Entwicklungsaktivitäten durchführen, als auch das Personal vieler internationaler Auftraggeber kalkulieren satte Einnahmen durch Schmiergelder. So werden Projektanträge überhaupt erst angenommen oder bearbeitet, wenn entsprechende Summen von dem potenziellen Auftragnehmer gezahlt werden. Sollte er den Auftrag bekommen, holt er sich die investierten Gelder wieder zurück, indem er um Leistungen oder Materialien betrügt. Die schlechte Beschaffenheit vieler Neubauten ist damit zu erklären, dass nur ein Bruchteil der vereinbarten Qualitätsmaterialien verwendet wurden – man tauscht sie gegen billige aus, steckt den Überschuss in die eigene Tasche und schaut zu, wie die neue Schule innerhalb weniger Jahre zusammenfällt. Einige Behörden vergeben große Aufträge an Organisationen und Firmen nur dann, wenn die üblichen fünf bis zehn Prozent des Auftragsvolumens gezahlt werden – bleiben die Schmiergelder aus, wird der Auftrag nicht erteilt. Obwohl die Ämter und sogar die Beamten nament-

178

lich bekannt sind, bleibt das Verhalten ohne Konsequenzen – Korruption wird hier als „Kavaliersdelikt" behandelt. Im Bereich der Entwicklungszusammenarbeit tätige Ausländer sind oft ahnungslos und bekommen von diesen Vorgängen kaum etwas mit. Aber selbst wenn sie die Vorkommnisse aufdecken, finden sie in diesem komplexen System kaum alternative Handlungsmöglichkeiten.

Freizeitaktivitäten

Eine aktive Freizeitgestaltung ist in der afghanischen Kultur eher ungewöhnlich und allenfalls ein städtisches Phänomen. Afghanen verbringen einen großen Teil der Freizeit in ihrem eigenen Heim im **Kreise der Familie.** Man sitzt zusammen und unterhält sich, Verwandte und Freunde kommen zu Besuch und man kümmert sich um die Gäste. Männer halten sich besonders in der warmen Jahreszeit viel in den Straßen der Basare auf. Sie gehen spazieren, diskutieren miteinander und besuchen Restaurants und Teehäuser. Frauen verlassen sehr selten ihre Häuser zur Freizeitgestaltung – sie beschäftigen sich mit den Kindern, schauen fern oder handarbeiten.

Männer beschäftigen sich in ihrer Freizeit auch mit **sportlichen Aktivitäten** – von denen Frauen fast gänzlich ausgeschlossen sind. Dazu gehören traditionell das Reiterspiel *Buzkashi* und Ringen, aber auch Ballspiele wie Fußball und Volleyball und Kampfsportarten sind sehr beliebt. Tierkämpfe, die sicherlich nicht als sportliche Aktivitäten bezeichnet werden können, sind ebenfalls eine Freizeitbeschäftigung der Männer, dabei wird häufig um Geld gewettet.

Kinder sind auf der ganzen Welt sehr kreativ darin, sich Spiele auszudenken, besonders dann, wenn sie nicht mit einer Fülle von gekauften Spielzeugen überschuttet werden. Besonders erwähnenswert ist ihre Liebe zum Drachensport, die durchaus auch von erwachsenen Männern geteilt wird. Dabei handelt es sich um Wettkämpfe, bei denen die Mitspieler versuchen, mit ihren eigenen, mit Glasscherben behafteten Drachenschnüren die Leinen der anderen zu durchtrennen. Der Drachen des Siegers steht bis zum Schluß des Wettkampfes am Himmel. Es gibt Handwerker, die sich auf die Herstellung dieser „Kampfdrachen" spezialisiert haben.

Auf dem Lande gibt es keine konsequente Trennung zwischen Arbeit und Freizeit. Wer gerade nichts zu tun hat, unterhält sich oder ruht sich aus, unternimmt aber keine speziellen Aktivitäten, um die freie Zeit zu ge-

Die staatliche Ordnungsmacht in Gardez

stalten. Gerade Frauen berichten, dass sie von der Arbeit in Haus und Hof – die bereits im Morgengrauen beginnt und aus stundenlangem Kochen, Backen und Wasserholen aus manchmal weit entfernten Quellen besteht – so müde und erschöpft sind, dass sie jede freie Minute zum Ausruhen nutzen. Sie sitzen dann oft mit anderen Frauen zusammen, beschäftigen sich mit ihren Handarbeiten und sind umgeben von spielenden Kindern.

Traditionelle **Treffpunkte,** wo ein Teil der Freizeit verbracht oder zumindest ein längeres Schwätzchen gehalten wird, sind *Hujras,* die Männer- und Gasthäuser, zu denen Frauen keinen Zutritt haben, Wasserstellen und der *Tandoor,* der große Dorfofen, in dem mittags und abends das Brot gebacken wird und an dem sich vor allem Frauen treffen. Auch wenn durch Wasserleitungen und individuelle Öfen diese Treffpunkte allmählich an Bedeutung verlieren, haben sie doch eine starke Prägung hinterlassen, die in Gedichten, Volkserzählungen und Sprichwörtern deutlich wird. Teehäuser sind beliebte Treffpunkte, die ausschließlich von Männern besucht werden. Die nach Geschlecht getrennten Badehäuser dienen Männern und Frauen nicht nur zur Reinigung und Entspannung, sondern sind auch gern besuchte Kommunikationsorte.

Die Unterhaltungsformen **Kino, Theater, Kunst und Musik** erfahren eine vorsichtige Wiederbelebung. Eingeschränkt durch die Kriegsjahre, in denen die Menschen etwas anderes zu tun hatten, als zu malen oder zu musizieren und gänzlich verboten von den Taliban, lagen die Künste für eine lange Zeit brach. In den Städten werden aber inzwischen wieder Musikveranstaltungen organisiert und es können Ausstellungen zeitgenössischer Maler oder Dichterlesungen besucht werden. Einige der neuen afghanischen Filme haben sogar Preise im Ausland gewonnen, wie z.B. „Osama" von Siddiq Barmak.

Die neu entstandenen afghanischen **Fernsehsender** und internationalen Satellitenkanäle füllen inzwischen einen beträchtlichen Teil der Freizeit städtischer Afghanen. Wer es sich leisten kann und zumindest zeitweise Stromversorgung genießt, schafft sich einen Fernseher an. Unter argwöhnischer Beobachtung der konservativen religiösen Kräfte sind in allen Städten Geschäfte aus dem Boden geschossen, die Video- und Musikkassetten sowie DVDs verkaufen oder ausleihen. Der Besuch von Internetcafés gehört inzwischen zu den beliebten Freizeitbeschäftigungen der jüngeren Generation und wer es sich leisten kann, besitzt einen eigenen Computer mit Internetanschluss.

An den Wochenenden fahren viele städtische Familien „aufs Land", wo sie manchmal noch ein Haus oder einen Garten besitzen und besuchen Eltern und Großeltern, sofern diese nicht dauerhaft mit in der Stadt leben. Auch **Picknicks** sind sehr beliebt: Nach stundenlangen Vorbereitungen werden Kinder, Onkel, Tanten und Körbe voller Lebensmittel oder Grillgut ins Auto oder Taxi verladen. Die ganze Familie fährt an einen schönen, leider schwierig zu findenden Ort, an dem es eine gute Aussicht, reine Luft, Blumen und Bäume und vielleicht ein Gewässer gibt.

Afghanen schwärmen von kühl und munter dahinplätschernden Bächen, grünen Wäldern und Auen, romantischen Bootsfahrten auf spiegelglatten saphirblauen Seen, wenn möglich vor einer Bergkulisse mit schneebedeckten Gipfeln. Darstellungen dieser **idyllischen Landschaften** finden sich auf zahlreichen Kunstwerken, Abbildungen und bemalten Lastwagen. Angesichts der überwiegend spröden und schroffen Natur Afghanistans, der extremen Hitze, Trockenheit und dem sommerlichen Staub lässt sich die Sehnsucht nach den grünen, kühlen und lieblichen Landschaften leicht nachvollziehen. Afghanen träumen von duftenden Blumen, exotisch schillernden und trillernden Vögeln, der Farbenpracht eines Sonnenaufgangs und dem Zauber einer klaren Sternennacht. Es ist immer wieder faszinierend, zu beobachten, wie liebevoll die rauesten Burschen eine duftende Blüte an ihrer Kleidung befestigen!

Im realen Alltagsleben wird allerdings **keinerlei Rücksicht auf die Umwelt** genommen. Lauschige Orte werden durch gedankenlos weggeworfenen Müll verschmutzt. Völlig unbefangen wird der Unrat einfach aus dem Autofenster geworfen oder der Müll vor die eigene Haustür gekippt. Bei vielen Menschen fehlt das Bewusstsein, dass ein schönes Umfeld auch viel Pflege und Rücksicht benötigt und die Schönheit ihres Lebensraums durch eigene Gedankenlosigkeit zerstört wird. Die Enttäuschung ist oft groß, wenn einer der beliebten Picknickplätze besucht wird und dieser durch die Hinterlassenschaften zu vieler Besucher völlig unansehnlich geworden ist. Ausländer, die aus Gewohnheit oder Überzeugung ihren Müll einpacken und an einem geeigneten Platz entsorgen, werden erstaunt oder belustigt betrachtet.

Nur für Männer – Badevergnügen in Herat

Buzkashi – Wilde Reiter aus dem Norden

Es gibt Afghanistanreisende, die sich intensiv mit dem Land beschäftigt haben und davon überzeugt sind, dass es einem Blick in die afghanische Seele gleichkommt, ein Buzkashi-Spiel anzuschauen. „Buzkashi" bedeutet „Ziegengreifen" und ist ein Sport, der durch den **Einfluss zentralasiatischer Völker** nach Afghanistan gelangt ist. Reitervölker brachten es aus den Tiefen der mongolischen Steppe nach Süden, wo es mit Begeisterung und Leidenschaft aufgenommen wurde. Turkmenen, Usbeken, Kirghisen und Kasachen spielen heute noch eine domestizierte Form des Spiels in ihren Heimatländern. Nordafghanistan soll der letzte Winkel der Erde sein, in dem das Spiel in seiner ursprünglichen Form und seiner ungezügelten Wildheit aufgeführt wird.

Buzkashi kann im Kabuler Sportstadium angeschaut werden, interessanter ist es aber, es auf einem der Dorfplätze im Norden Afghanistans zu sehen. In der Zeit zwischen November und März kann man leicht auf Festivitäten treffen, zu denen Buzkashi-Wettbewerbe gehören, außerdem ist es ein fester Bestandteil der Frühlingsfeste im Norden. In Mazar-e Sharif werden jedes Jahr im Frühling **große Buzkashi-Turniere** veranstaltet. Das Spiel wird von 20 und mehr Teilnehmern gespielt, es sollen aber auch schon Spiele mit mehr als 1000 Reitern stattgefunden haben. Zu Beginn des Spektakels wird eine tote Ziege auf dem Spielfeld abgelegt, die dann in vollem Galopp aufgenommen wird. Derjenige, der die Ziege an sich gebracht hat, ist im nächsten Moment Mittelpunkt eines dichten Reiterpulks. Er versucht, den Tierkadaver vor den Preisrichter zu legen, und alle anderen versuchen, ihn daran zu hindern. Jeder spielt gegen jeden und es ist fast alles erlaubt, um in den Besitz der Ziege zu gelangen.

Besonders atemberaubend ist das „Tudabarai-Buzkashi", das nach alter Tradition **ohne Regeln mit Hunderten von Reitern** aufgeführt wird. Teams, Trikots oder Grenzen spielen bei dieser Spielform keine Rolle. Die Reiter stehen in einem Pulk auf dem Spielfeld zusammen und wenn das Zeichen gegeben wird, versuchen alle, einen Tierkadaver, der durchaus 40 Kilogramm wiegen kann, aufzunehmen und mit ihm davonzureiten. Wer mit dem Kadaver „frei und unbehelligt" von den anderen Reitern bleibt, hat gewonnen. Und dies ist die Stelle, an der sich die wahre afghanische Natur zeigt: Was bedeutet in diesem Zusammenhang „frei" und welcher Zustand ist als „unbehelligt" zu bezeichnen? Und wer darf das überhaupt entscheiden?

Auseinandersetzungen sind an der Tagesordnung. Der gewaltsamen Natur des Spiels entsprechend kann sich ein harmloser Streit um Spielregeln schnell zu einem blutigen Konflikt entwickeln, der ganze Dörfer oder politische Gruppen gegeneinander aufbringen kann. Im Vordergrund des Spiels stehen zwar die „Chapandaz", die Reiter, erkennbar an ihren Pelzkappen und ihrem besonders verwegenen Aussehen, die Hauptakteure sind aber nicht diese „Spieler", sondern die Khane, Kommandanten und andere lokale Autoritäten, die im Hintergrund als Drahtzieher wirken. Sie sind die Besitzer der Pferde und die Förderer der Teams. Und so wie sie es gewohnt sind, sich im wirklichen Leben über Land, Wasser, Vieh und andere karge Ressourcen auseinander zu setzen, so dirigieren sie auch die Spiele – eine ideale Gelegenheit, die **persönliche Macht** zu demonstrieren und den eigenen Ruf zu polieren. Ein Khan, der in der Lage ist, ein großes, konfliktfreies Buzkashi zu organisieren oder bei einem gewalttätigen Konflikt als Folge eines Spieles Frieden zu stiften, festigt sein Ansehen und sammelt Pluspunkte für sein persönliches Ansehen.

Vor Jahren bemühte sich die afghanische Regierung, Buzkashi mit festen Strukturen und Spielregeln als **Nationalsport** zu etablieren. 1953 wurde zu Ehren König *Mohammed Zahirs* eine neue Form des Spiels, genannt „Qarajai Buzkashi", in Kabul veran-

staltet. Organisiert wurde es vom Nationalen Afghanischen Olympischen Ko-
mitee: Kleine Teams von zehn bis zwölf
Männern wurden gebildet, einheitliche
Trikots verteilt, Grenzen und Spielfeld-
markierungen gezogen und ein schriftli-
ches Regelwerk verfasst. Die Einrichtung einer Nationalmannschaft, die gegen die Teams anderer Länder spielen
sollte, passte in das Regierungskonzept
der Zentralisierung und Staatsbildung.
Die traditionellen Khane wurden umgangen. Nach 1978 funktionierten diese
Kontrollversuche nicht mehr, aber Buzkashi überlebte die Kriegszeiten und
auch die Taliban, die jeder Vergnügung
und jedem Spiel gegenüber negativ ein-

gestellt waren. Politik ist nach wie vor ein Hauptbestandteil des Buzkashi: Wichtiger als
das eigentliche Spiel sind Fragen wie „Wer reitet wessen Pferde?" oder „Wer ist der
Gastgeber der Spiele?" und „Wie gut kann er das Geschehen unter Kontrolle halten?".

Die Moderne hat aber auch in diesem Bereich Einzug gehalten. Bestanden die
Preise einst in Waffen, Mänteln, Teppichen oder sogar manchmal edlen Pferden,
wurden schon in den 1970er Jahren häufig Afghani-Beträge ausgezahlt, heute bevorzugt man harte Dollars. Die Kosten für Pferde und Reiter bei nationalen Spielen trägt
die Regierung oder ein wohlhabender Förderer. Firmen und Sponsoren spenden
Fernseher, DVD-Spieler und mobile Telefone als Gewinnprämien.

Einer der führenden afghanischen Buzkashi-Veranstalter und Pferdezüchter ist Ha-
ji Abdul Rashid, ein gut situierter Geschäftsmann, der nach eigener Auskunft sein
Geld mit Autos und Edelsteinen verdient. Vor 15 Jahren wurde er zum Leiter der Afghanischen Nationalen Buzkashi-Föderation ernannt. Er sammelte Reiter und Pferde,
bis er zwei komplette Teams zusammenhatte. Die besten Pferde stammen seiner
Meinung nach aus Tajikistan, Usbekistan und Pakistan. Mehr als vierzig Prachtexem-
plare gehören heute zu Rashids Reitstall und sie alle entsprechen dem Ideal des Buz-
kashi-Pferdes: Sie sind stark, muskulös und in der Lage, während des Spiels selbstständig zu agieren. Das Training erfordert viel Geduld und gutes Futter. 5 Jahre sind
in der Regel notwendig, um aus einem intelligenten Tier mit guter Abstammung ein
erstklassiges Buzkashi-Pferd zu machen. Im fünften Jahr nimmt es meistens zum ersten Mal an einem Spiel teil, beobachtet und imitiert seine Eltern. Wenn das Pferd sich
klug und mutig verhält, hat es sich qualifiziert und kann durchaus 20 Jahre lang eingesetzt werden, bevor es in den Ruhestand geschickt wird. Tiere, die sich nicht als geeignet erweisen, werden als Karrenpferde verkauft.

Ein Erfolg versprechendes Fohlen kostet 2000 bis 3000 US-Dollar, ein qualifizier-
tes Pferd kann sogar bis zu 25.000 US-Dollar wert sein. Die Kosten des täglichen Fut-
ters für ein Pferd entsprechen dem, was eine achtköpfige Familie pro Tag benötigt.
Während der dreimonatigen Wintermeisterschaft erhalten die Chapandaz 400 US-
Dollar, um ihren Lebensunterhalt zu bestreiten. Reich werden die Champions da-
durch nicht, aber sie erlangen **landesweiten Ruhm** – und darum geht es. Buzkashi-
Spieler zu sein ist kein Job, sondern eine Leidenschaft. Nach der Saison kehren die
Reiter zurück in ihre Werkstätten, Geschäfte oder auf die Äcker.

Einladungen und Ausgehen

Afghanen **besuchen oft ihre Verwandten** und Freunde und bekommen auch selbst gern Besuch. Nur bei formellen Anlässen müssen Einladungen ausgesprochen werden, sonst kommt man unangemeldet. Afghanen freuen sich über Gäste, behandeln sie äußerst höflich und zuvorkommend und umsorgen sie während des Besuches. Dem Gast werden die besten Speisen und Getränke angeboten und es wird der schönste und bequemste Sitzplatz ausgewählt. Termine werden ohne Zögern verschoben, wenn ein unangekündigter Gast das Haus betritt. Es kann durchaus vorkommen, dass ein Kollege zu spät zur Arbeit kommt oder dass wichtige Pläne geändert werden müssen, weil Gäste erschienen sind. Auch wenn man selbst gerade nicht anwesend ist, steht das eigene Haus Verwandten und guten Freunden immer zur Verfügung – unter Wahrung der weiblichen Privatsphäre natürlich. Gäste sind eine Ehre für den Gastgeber und ihre vollkommene Bewirtung mehrt das Ansehen.

Der ausländische Gast wird in dieses **System der Gastfreundschaft** mit einbezogen. Man geht gemeinsam in ein Lokal, um dort zu speisen, oder wird in das Haus eines afghanischen Freundes oder Kollegen eingeladen. Eine Einladung ist fast immer mit einem Essen verbunden. Auch wenn der Besuch mehr informeller Natur ist und keine konkrete Essenseinladung ausgesprochen wurde, wird immer ein kleines Gericht und natürlich auch ein Getränk serviert. Es gilt als schlechtes Benehmen, den Gast gehen zu lassen, ohne ihm zumindest eine Tasse Tee angeboten zu haben. Die Ablehnung dieses Angebots wäre ebenfalls sehr unhöflich. Diese Grundregeln der Gastfreundschaft gelten für den höchsten Ministerialbeamten genauso wie für den ärmsten Dorfbewohner.

Manchmal werden **Einladungen** eher allgemein gehalten: „Sie müssten mal zu uns zum Essen kommen!" In diesem Fall sollten die Eingeladenen warten, bis die Aufforderung wiederholt und mit einem konkreten Termin versehen wird. Manche städtische Afghanen haben Bedenken, ausländische Gäste in ihre bescheidene Wohnung einzuladen. Wohlsituierte Afghanen haben in der Regel keine Probleme mit der Bewirtung ihrer Gäste: Sie verfügen über große Häuser und oft genügend Dienstpersonal, um das Essen zubereiten, auftragen und hinterher für Ordnung sorgen zu lassen. Dorfbewohner sind besonders gastfreundlich: Hier sind Gäste in der kleinsten Hütte willkommen und es wird aufgetischt, was immer sich in der bescheidenen Küche findet.

Die Einladung wurde ausgesprochen, der vereinbarte Termin rückt näher. Sind besondere **Verhaltensmaßnahmen** anlässlich eines Besuches zu beachten? Afghanen sind zwar nicht so „zeitbewusst" wie Angehörige westlicher Kulturen, doch viele Afghanen wissen, dass ihre ausländischen Gäste es sind und stellen sich darauf ein. Pünktlichkeit ist also durchaus angebracht. Besonders städtische Afghanen legen Wert auf gepflegte Kleidung, weshalb auf allzu legere Freizeitkleidung verzichtet werden sollte. Bei formellen Einladungen und großen Feiern sollte das eigene Auftreten entsprechend gediegen sein und die festliche Kleidung ausgepackt werden. Schlampigkeit beleidigt den Gastgeber, weil der Gast damit zum Ausdruck bringt, dass ihm die Angelegenheit eigentlich nicht wichtig ist. Im ländlichen Raum wird zwar auch schöne Kleidung bevorzugt, aber man hat meist nicht die Mittel, um sie zu erwerben. Bei Einladungen auf dem Land sollte man nicht overdressed erscheinen und eher Wert auf Bequemlichkeit legen, da das Essen auf dem Boden sitzend eingenommen wird und enge Kleidung dabei nur behindert.

Bei informellen Einladungen sind Geschenke nicht unbedingt erforderlich, aber Obst, Kuchen oder Kleinigkeiten für die Kinder werden gern entgegengenommen. Auch **Mitbringsel** aus den jeweiligen Heimatländern der Gäste sind sehr beliebt. Bei bedeutenden Anlässen wie Hochzeiten, Verlobungen und manchmal auch Geburten bringen die Besucher traditionelle Geschenke mit, wie beispielsweise schöne Stoffe, bestickte Tücher, Schmuck oder Geld, je nach Anlass und Nähe zu den Gastgebern. Es ist angebracht, sich vorher bei gemeinsamen Bekannten zu erkundigen, was eine angemessene und nützliche Gabe sein könnte.

Sobald die Gäste eingetroffen sind, werden bei **abendlichen Einladungen** kalte Getränke und Tee gereicht. Man sollte sich hüten, von den vorab angebotenen Trockenfrüchten oder Nüssen zu viel zu essen, denn das Abendessen ist immer reichlich. Die Gespräche ziehen sich meistens lange hin und das Essen wird spät serviert. Der Gastgeber wird dafür sorgen, dass der ausländische **Ehrengast** einen ausgesprochen bequemen Platz bekommt – moderne städtische Afghanen speisen an Tischen – und setzt sich oft direkt neben ihn, um ihn umsorgen und bedienen zu können. Er erklärt die unterschiedlichen Speisen und wird die besten Stücke auf den Teller des Gastes legen. Der Gast hat meistens keine andere Wahl, als sich durch eine ganze Reihe wohlschmeckender Gerichte zu probieren und muss schließlich nachdrücklich ein Wiederauffüllen des Tellers verhindern. Afghanen sind meistens sehr bescheiden und der Gastgeber wird sich für das kärgliche Mahl und die geringe Auswahl der Speisen entschuldigen – selbstverständlich freut er sich aber auch über Lob und den Ausdruck der Zufriedenheit seiner Gäste. Nach dem Hauptgang werden entweder afghanische Süßspeisen oder Obst gereicht und schließlich der obligatorische Tee. Unmittelbar nach dem Essen brechen die Gäste auf.

In modernen Familien besteht die Chance, mit der ganzen Familie zusammenzusitzen und zu essen, in traditionelleren wird die **Abendgesellschaft nach Geschlechtern geteilt.** Auch als Paar wird man unter Umständen getrennt und jeweils in der Männer- oder Frauenenklave untergebracht. Westliche Frauen können auch als Gast im Kreise der Männer sitzen, Männer aber selten in dem der einheimischen Frauen. Der weibliche Gast wird in die **Räume der Frauen** geleitet und oft wird eine Englisch sprechende Person ausgewählt, um die Kommunikation zu ermöglichen.

Wenn Westler afghanische Kollegen und Freunde **zu sich nach Hause einladen** möchten, treten zunächst Unsicherheiten auf. Sollten beispielsweise getrennte Räumlichkeiten zur Verfügung gestellt werden? Die Beachtung von *Purdah* ist in diesem Fall nicht notwendig, denn die Afghanen, die einer ausländischen Einladung folgen, sind meistens so modern, dass sie nicht auf getrennte Abendgesellschaften bestehen. Die konservativen unter ihnen lassen sich meist entschuldigen oder bringen, sollte es sich um männliche Kollegen handeln, ihre Ehefrauen nicht mit. So gastfreundlich und aufmerksam wie Afghanen sind, freuen sie sich auch über eine gewisse Fürsorge und Umsicht vonseiten des ausländischen Gastgebers.

Das Essen sollte den **Reinheitsgeboten** entsprechend *halal* hergestellt sein. Auch die Zutaten des Essens sollten überprüft werden, denn selbst

051 af Foto: ha

Brühwürfel enthalten oft Fette vom Schwein. Es sollte immer darauf hingewiesen werden, wenn ein Lebensmittel aus dem Ausland mitgebracht wurde, dann können die Gäste selbst entscheiden, ob sie sich auf eine neue Erfahrung einlassen möchten oder nicht. Der **Umgang mit Alkohol** ist bei modernen Afghanen sehr unterschiedlich: Manche trinken gar nicht, andere bei jeder Gelegenheit und einige nicht in Gesellschaft anderer Afghanen. Niemand wird beleidigt sein, wenn ihm Alkohol angeboten wird, man könnte auch einfach auf die Bar hinweisen, wo sich jeder unauffällig selbst bedienen kann.

Betrunkene Menschen gelten als verabscheuungswürdig: Zum einen haben sie deutlich sichtbar eine islamische Regel verletzt und zum anderen haben sie die Kontrolle über sich verloren, was in einer restriktiven und auf Selbstbeherrschung bedachten Gesellschaft einen großen Fauxpas darstellt. Betrunkene Frauen sind so ziemlich das Schlimmste, was man sich vorstellen kann!

Wenn mehrere Afghanen gemeinsam ein **Restaurant** besuchen, bestellt eine Person das Essen für alle Anwesenden. Häufig gibt es keine individuellen Gerichte, jeder bedient sich von den in der Mitte stehenden Tellern. In ausländischen Restaurants oder den größeren Hotels ist es inzwischen durchaus möglich, auch Einzelportionen zu bestellen. Afghanische Gastgeber, die europäische Freunde ausführen, bestellen manchmal auch individuell, weil sie annehmen oder wissen, dass die Gäste dieses Verhalten bevorzugen. Es ist üblich, gemeinsam zu bestellen und es ist auch üblich, dass eine Person für alle die Rechnung begleicht. Der **Kampf um die Rechnung** kann in einen regelrechten Ehrenwettstreit zwischen Männern ausarten – der Sieger darf sie bezahlen. Einheimische Frauen beteiligen sich in der Regel nicht an diesem Gerangel. Ausländer, die mit Afghanen ausgehen, müssen sich anstrengen und hartnäckig sein, wenn sie nicht wollen, dass immer die afghanischen Freunde oder Kollegen bezahlen. Selbstverständlich können sich auch westliche Frauen in das Kampfgetümmel um die Rechnung einmischen.

Anders verhält es sich bei konkreten Einladungen oder besonderen Anlässen, weil sich dann einer der Anwesenden eindeutig zum Gastgeber erklärt hat. Sollte bei einem Rechnungswettstreit wieder einmal ein afghanischer Freund gewonnen haben, wäre es sehr beleidigend, ihm im Nachhinein Geld zu geben. Geschickter ist es, eine Gegeneinladung auszusprechen und sich dann um mehr Durchsetzungskraft zu bemühen.

Straßenszene in Herat

Zu Gast bei Abdullah Khan

Den nächsten Freitag sollten wir uns auf jeden Fall freihalten. „Ich möchte, dass Ihr in meinem Haus esst und meine Familie kennen lernt. Wir erwarten Euch zur Mittagsstunde im Dorf", hatte Abdullah Khan, der Initiator eines unserer Dorfprojekte, im Laufe der Woche verkündet. Pünktlich erreichen wir das Heimatdorf unseres Gastgebers, malerisch am Fluss gelegen. Das Auto stellen wir auf einem größeren Platz neben der Dorfschule ab, denn die Gassen zu Abdullah Khans Haus sind zu schmal für breitere Gefährte als Eselskarren.

Unsere Ankunft hat sich wohl in Windeseile herumgesprochen, denn der Gastgeber kommt uns bereits mit seinem ältesten Sohn Farid und einer ganzen Schar kleiner Kinder entgegen, um uns zu begrüßen und zu seinem Heim zu geleiten. Am Eingang des Hauses streifen wir die Schuhe ab und treten in den Raum, in dem sich alle bereits Anwesenden erhoben haben. Wir überreichen unserem Gastgeber die große Schachtel mit süßen Backwaren „für die Kinder" – kleine Portionen sind in afghanischen Großfamilien nicht angebracht. Das Gästezimmer ist der erste große Raum in Abdullah Khans Haus, hier werden Gäste bewirtet und hier treffen sich auch die Männer des Dorfes, denn unser Gastgeber gehört zu den einflussreichen Dorfvertretern.

Die männlichen Mitglieder unserer Gruppe werden mit Handschlag begrüßt, die Frauen mit einer leichten Verbeugung des Kopfes und der auf das Herz gelegten rechten Hand. Zwei der anwesenden Dorfhonoratioren – ehrwürdig aussehende Männer mit wallenden Bärten – treten vor und reichen auch uns Frauen die Hand. Der eine, Engineer-Sahib, hat in den 1970er Jahren eine Ausbildung in der von Deutschen gebauten Technischen Schule in Khost absolviert und erinnert sich sogar noch an ein paar deutsche Worte. Der andere ist Lehrer der Dorfschule, der großes Interesse am Weltgeschehen hat, wie sich später im Verlauf der Gespräche herausstellt.

Wir bekommen Plätze angeboten und schließlich werden alle aufgefordert, sich zu setzen. Der Gastgeber nimmt in der Nähe der Tür zu den privaten Räumen Platz, um das Bewirtungsgeschehen zu überwachen und den immer nur kurz in Erscheinung tretenden jüngeren männlichen Familienmitgliedern Anweisungen zu geben. Auch im Sitzen werden die Begrüßungen fortgesetzt, alle Gruß- und Wunschformeln und Fragen nach dem Wohlergehen der Gäste und deren Familien werden wiederholt. Man erwartet positive Antworten, denn bei diesem Begrüßungsritual geht es nicht um das tatsächliche Befinden. Auch wir bezeugen durch eine entsprechende Abfrage unser Interesse an den Anwesenden und ihren Verwandten. Die Frage nach dem Wohlergehen der Familienmitglieder bleibt generell, wir erkundigen uns nicht gezielt nach den Frauen, obwohl wir einige durch unsere Arbeit persönlich kennen. Überhaupt sind keine Frauen in dem Gästezimmer anwesend. Abdullah Khans Ehefrau, zwei unverheiratate Töchter, seine Mutter und zwei Tanten, die zurzeit zu Besuch sind, halten sich in den privaten Räumen auf und sind mit der Zubereitung des Essens beschäftigt.

Wir werden gefragt, ob wir schwarzen oder grünen Tee (tschai zia oder tschai sabz) trinken möchten, und Bonbons und Nüsse werden auf dem Tisch verteilt. Vor dem Essen geht Farid mit einer Kanne voll warmen Wassers und einer Waschschale von Gast zu Gast, damit wir unsere Hände reinigen können. Ein großes Tuch, das „Dastarkhan", wird zwischen den Gästen ausgebreitet, die auf großen Kissen entlang der Wände des Raumes thronen. Farid und zwei jüngere Brüder – vielleicht sind es auch Cousins, das haben wir noch nicht herausgefunden – tragen das Essen auf. Schüssel um Schüssel mit dampfenden Köstlichkeiten wird auf dem Tuch abgestellt. Abdullah Khan verteilt große Brotfladen und füllt unsere Teller eigenhändig auf: Die besten und größten Fleischstücke werden oben auf einen Berg von Reis gelegt.

Einige der Männer essen den Reis mit der Hand – sie benutzen die rechte Hand, die linke liegt untätig auf dem Oberschenkel oder wird bei größeren Fleischbrocken zu Hilfe genommen – andere benutzen einen Löffel. Auch uns wird Besteck hingelegt. Über die Löffel für den Reis sind wir froh, die anderen Speisen bewältigen wir spielend mit der Hand. Wir tun es den Männern nach, reißen Stücke von dem Brot und nutzen sie wie Zangen, um einzelne Brocken aufzunehmen und zum Mund zu führen. Wir geben uns die größte Mühe, die aufgelegten Mengen zu bewältigen, aber kaum haben wir uns vorgearbeitet, ist Abdullah Khan nicht aufzuhalten, uns mit weiteren Köstlichkeiten zu bedienen. Nach einem Rosenwasser- und Pistazienpudding und frischem Obst aus dem Garten geben wir auf. Satt und zufrieden halten wir unsere fettverschmierten Finger wieder unter den Strahl des warmen Wassers aus der schön verzierten Kanne und tun es den Männern gleich, die eine entspanntere Sitzposition eingenommen haben. Das Sitzen mit untergeschlagenen Beinen kann für Menschen ohne Übung recht anstrengend sein – ich jedenfalls habe kein Gefühl mehr in den Füßen.

Farid fragt nach, ob die weiblichen Gäste den Tee mit den Frauen des Hauses einnehmen wollen – natürlich wollen wir! In den hinteren Gemächern sind wir gleich umringt von den jüngeren Mädchen und den kleinen Kindern – die beiden Europäerinnen sind das Spektakel des Tages. Von den Frauen, die uns noch nicht kennen – Jamila Jan, Abdullah Khans Frau, ist Trainerin in einem unserer Dorfentwicklungsprogramme werden wir nach unseren Männern und der Anzahl der Kinder ausgefragt. „Die Ehemänner sind nicht dabei? Wer sind dann die begleitenden Herren?" Auch, ob unsere Eltern und Verwandten in Deutschland in einem Haus mit uns wohnen und wie es uns nach Afghanistan verschlagen hat, möchten die Frauen wissen. Nach einer vergnüglichen Plauderstunde mit viel Tee und Süßigkeiten verlassen wir die Frauen und kehren zu unseren Kollegen zurück, die inzwischen mit den Männern das Weltgeschehen diskutiert haben.

Wir bereiten uns auf die Abfahrt vor, denn wir müssen noch bei Tageslicht die nahe Stadt erreichen. Der Abschied ist herzlich, aber kürzer und weniger zeremoniell als die Begrüßung. Der Gastgeber und sein Sohn begleiten uns zu unserem Auto und legen noch ein Kistchen mit Obst und Nüssen in den Kofferraum. Wir danken Abdullah Khan herzlich für die Gastfreundschaft und den unvergesslichen Nachmittag in seinem Heim – aber er wehrt ab: „Ihr habt mir mit Eurem Besuch eine Ehre erwiesen. Kommt wieder, Ihr seid immer willkommen in meinem Haus!"

Alkohol und Drogen

In islamischen Gesellschaften besteht aufgrund von religiösen Vorschriften ein **Alkoholverbot.** Alkoholische Getränke sind deshalb nicht legal erhältlich und werden auch nicht ausgeschenkt. Einige Restaurants in Kabul, die stark von Ausländern frequentiert werden und oft auch ausländische Besitzer haben, machen jedoch eine Ausnahme. Auf dem **Schwarzmarkt** sind natürlich verschiedenste Alkoholika erhältlich, insbesondere Wodka aus den nördlichen Nachbarstaaten, aber auch Bier, Wein und der in Afghanistan sehr beliebte Whiskey. Außer für den Wodka sind die Preise für diese illegalen Getränke sehr hoch, aber viele wohlhabende Afghanen gehören zu den regelmäßigen Konsumenten. Auch auf von Ausländern und Afghanen besuchten Partys in Kabul sprechen Afghanen sehr gern dem Alkohol zu. Bei rein afghanischen Feiern und Veranstaltungen ist der Genuss von Alkohol seltener, denn die soziale Kontrolle ist groß.

Viele Afghanen sind extrem vorsichtig, wenn sie sich in Gesellschaft von Landsleuten befinden, die sie nicht gut kennen und nicht sofort in ihre sozialen Kategorien einordnen können. Auch in Anwesenheit von älteren oder hochgestellten Personen wird oft nicht getrunken. Es gilt als respektlos und ungehörig, vor dem Vater oder dem alten Lehrer zu trinken oder zu rauchen. Bei afghanischen Hochzeitsfeiern wird ebenfalls kein Alkohol ausgeschenkt. Junge Männer bringen sich daher oft schon vor Beginn der Feier in Stimmung oder verbergen die kostbaren Spirituosen in Plastiktüten im Auto – das sie dann in regelmäßigen Abständen aufsuchen.

Andere **Rauschmittel und Zigaretten** sollten von Muslimen ebenfalls gemieden werden, aber dieses Verbot wird nicht sonderlich ernst genommen. Viele Afghanen rauchen oder kauen Tabak, auch **Haschisch** wird häufig konsumiert und ist besonders bei jungen Afghanen eine beliebte „Partydroge". **Opium** gehört zu den traditionellen Rausch- und Heilmitteln und wird in den unterschiedlichsten Formen eingenommen und angewendet. In ländlichen Gebieten ist Opium oft das einzige erhältliche (und bezahlbare) Schmerzmittel und Arznei für die unterschiedlichsten Leiden. Es wird aber auch als Beruhigungs- und Schlafmittel eingenommen. In süßem Tee aufgelöst wird es schon kleinsten Kindern verabreicht, um sie ruhig zu stellen oder ihren Hunger zu stillen. Durch diese Praktiken geraten Kinder oft schon sehr früh in eine Abhängigkeit von Opium oder sie kommen sogar süchtig zur Welt, wenn ihre Mütter sich während der Schwangerschaft dieses Rauschmittels bedient haben.

Drogen sind sehr leicht erhältlich und vergleichsweise billig, da sie in vielen Gegenden Afghanistans in großer Menge angebaut werden. Der häusliche Opiumkonsum soll in den Jahren des Krieges stark angestiegen

sein. Verstörende Erlebnisse und die Trauer um verlorene Familienangehörige, um Hab und Gut und die Heimat haben viele Menschen dazu be-
wogen, Trost im Vergessen zu suchen. Zu den traditionellen Drogen wie
Haschisch oder Opium gehört auch das Rauchen von Tabak in der *Tschi-
lim* (Wasserpfeife).

Einer Studie des afghanischen Ministeriums für die Bekämpfung von
Drogen und UNODCs aus dem Jahr 2005 zufolge gibt es inzwischen **eine
Million Drogenabhängige** in Afghanistan. Das Ausmaß des Drogenmiss-
brauchs war bis zu diesem Zeitpunkt überhaupt nicht bekannt gewesen.
Diese Zahl soll 60.000 Kinder unter 15 Jahren enthalten. 5000 dieser Kinder sind von Opiaten abhängig, die anderen nehmen regelmäßig Medikamente, Hustensaft mit Codein z. B. und andere Mittel ein. Es wird vermutet, dass die Dunkelziffer noch viel höher ist, da beispielsweise Frauen
kaum befragt oder untersucht werden können und bereits bei sehr kleinen
Kindern Abhängigkeiten bestehen.

In zunehmendem Maß wird in Afghanistan auch **Heroin** konsumiert.
Der Missbrauch des Rauschmittels wird mit der rasant steigenden Dro-
genproduktion in Verbindung gebracht und der dadurch leichten Verfügbarkeit des Heroins, das vorher auf dem afghanischen Markt nur selten erhältlich war. Der Umgang mit Opium ist vielen Afghanen vertraut, aber

Drogenabhängige in Behandlung

Heroin, das sowohl geraucht als auch intravenös angewendet wird, ist eine relativ neue Erscheinung.

Viele Drogensüchtige teilen sich aus Mangel und Unwissenheit eine Injektionsnadel, weshalb eine rasante Ausbreitung von HIV befürchtet wird. Offiziell sind nur einige wenige Fälle bekannt, denn **AIDS** gehört zu den Tabuthemen in Afghanistan. Die Dunkelziffer der infizierten Drogenabhängigen ist vermutlich schon sehr hoch.

Afghanische Esskultur

Der Kulturraum, in den die alten Reiche Afghanistans eingebettet waren und der das neue Afghanistan prägte, zeichnete sich von jeher durch seine große Bedeutung auch für unsere Ernährungskultur aus. Die **ersten Getreidesorten** wurden hier vor Tausenden von Jahren aus Wildgräsern gezüchtet und auch die Domestizierung von Wildschafen zu Nutztieren ist in dieser Gegend anzusiedeln. Auf dem „Kreuzweg der Kulturen" (s. Seite 11) konnten sich viele Gewürze und Pflanzen in andere Länder verbreiten. Auch die Ernährungsweise in Afghanistan selbst erfuhr Veränderungen durch äußere Einflüsse und die Kochgewohnheiten in den Nachbarländern. Die Kartoffel als neuweltliche Pflanze setzte sich sehr erfolgreich in der afghanischen Küche durch.

Afghanistan ist ein **Agrarland** und ein Großteil der landwirtschaftlichen Erzeugnisse dient dem Eigenverbrauch. In den Gegenden mit genügend Ressourcen für Ackerbau und Viehzucht sind die Bewohner ausreichend mit Getreide, Reis, Gemüse, Fleisch und Milchprodukten versorgt. In kargen, trockenen Landstrichen leidet die Ernährung der Menschen und die Grundnahrung besteht aus Mehlspeisen. Nomaden erfreuen sich einer guten Fleisch- und Milchversorgung aus ihren Tierherden. Aus Milchüberschüssen werden Joghurt und eine Art Käse hergestellt, Fleisch wird zur Vorratshaltung getrocknet und gelagert. Allerdings haben die langen Jahre der Trockenheit und das Schrumpfen der Weideflächen der Nomadenwirtschaft große Schäden zugefügt.

Hauptnahrungsmittel der Afghanen sind **Brot und Reis.** Weizen-, Gersten- und Maismehl werden täglich frisch zu Fladenbroten, *Naan,* verbacken und bilden die Grundlage jeder Mahlzeit. Reis ist teurer als Getreide und wird sehr gern für festliche Essen verwendet. Besonders beliebt ist der hochwertige Basmati-Reis, der sich durch ein feines Aroma und Langkörnigkeit auszeichnet.

Die Palette der in Afghanistan angebauten **Gemüse** ist groß. Zu den häufigsten Gemüsearten zählen Tomaten, Gurken, Zwiebeln, Knoblauch,

Blumenkohl, Rüben, Auberginen und Kartoffeln. Auch Hülsenfrüchte wie Bohnen, Erbsen und Kichererbsen werden in der afghanischen Küche häufig verwendet.

Afghanen wird eine große **Vorliebe für Fleischspeisen** nachgesagt. Schaffleisch, bevorzugt Lamm, Rind und Geflügel gehören zu den beliebtesten Sorten. Auch Fisch kommt in den an Flüssen gelegenen Siedlungsgebieten häufig auf den Tisch.

Afghanistan ist berühmt für die Qualität seines Obstes, seiner **Nüsse, Mandeln und Pistazien.** Es soll 17 verschiedene Sorten von Trauben geben, eine davon, die sich durch längliche und sehr süße Früchte auszeichnet, wird als „kleiner Finger der Braut" bezeichnet. Auch Wasser- und Honigmelonen, Steinobst, Äpfel, Birnen, Maulbeeren, Granatäpfel und Zitrusfrüchte werden angebaut. Einige dieser Obstsorten werden für den eigenen Gebrauch und für den Export getrocknet und präpariert.

Viele der im Land gebräuchlichen **Gewürze** sind der indischen Küche entlehnt, Afghanen legen jedoch eher Wert auf feine und aromatische Würzung, weniger auf Schärfe wie beispielsweise Inder oder Pakistaner. Salz und Pfeffer, Paprika, Kreuzkümmel, Kardamom und Koriander werden häufig verwendet und auch Zimt und Sesam kommen oft zum Einsatz. Minze verleiht vielen afghanischen Speisen einen charakteristischen Geschmack. Safran, ein teures Gewürz, aromatisiert die Gerichte auf eine sehr besondere Weise und wird auch als Lebensmittelfarbe genutzt. Süßspeisen und Gebäck werden mit Rosenwasser, Honig, Zimt und Sesam verfeinert.

Die „Antwort des Tees"

Nach dem reichlichen Genuss von Tee soll an dieser Stelle auch auf die „Antwort des Tees", wie in Afghanistan eines der dringendsten Bedürfnisse des Menschen bezeichnet wird, eingegangen werden. In den moderneren Einrichtungen und Privathäusern in der Stadt befinden sich **Toiletten,** in den meisten Fällen Plumpsklos, und man fragt nach dem *Taschnaab*. Beim Gang durch die Stadt sollte sich der Reisende markante Punkte wie Hotels und Restaurants merken, die mit hoher Wahrscheinlichkeit über (mehr oder weniger hygienische) sanitäre Einrichtungen verfügen. In Dörfern gestaltet sich die Befriedigung dieses Bedürfnisses schon etwas schwieriger. Im günstigsten Fall gibt es einen Raum mit einem Loch oder einer Vertiefung, in ungünstigeren Fällen muss der Gast mit einer Stallecke oder dem Garten vorlieb nehmen. Viele Einheimische gehen nach Anbruch der Dunkelheit „nach draußen", für Ungeübte sind diese im Grunde einfachen Verrichtungen jedoch immer mit Komplikationen verbunden. Wer mit den üblichen Waschungen – in vielen Toiletten stehen mit Wasser gefüllte Plastikkannen – nicht vertraut ist und auf dem Feld nicht mit Erde, Gras und Steinen umgehen kann, sollte immer ein Päckchen Papiertaschentücher dabeihaben.

Dem Frühstück wird in Afghanistan keine große Bedeutung beigemessen: Es gibt meist Tee und etwas Brot, manchmal ein Ei. Das Mittagessen – vorzugsweise eine warme Mahlzeit – wird auf dem Land eher früh, in der Stadt später am Tag eingenommen, dem jeweiligen Arbeitsrhythmus entsprechend. Auch der Zeitpunkt des Abendessens variiert, es wird aber gern im Kreis der ganzen Familie gespeist. Das tägliche **Brot** besteht aus Fladen in verschiedenen Ausführungen. Es ist ein Hauptbestandteil der Nahrung und wird zu jeder Mahlzeit gereicht. Das knusprige *Naan* besteht aus geschrotetem Vollkornweizen und wird im Lehm- oder Tonofen, *Tandoor,* gebacken. Es wird zu Tee, Wasser, Suppen und Fleisch gegessen und auch gleichzeitig als Besteck genutzt. Schwarzer und grüner Tee wird zu jeder Tageszeit und in großen Mengen getrunken.

Vor und nach dem Essen werden die Hände gewaschen. Zu diesem Zweck wird – besonders dort, wo es keine Badezimmer oder Waschbecken gibt – eine Schüssel gereicht und Wasser aus einer Kanne über die Hände gegossen. Das **Waschen der Hände** dient nicht nur der Hygiene, es stellt auch einen Akt der rituellen Reinigung dar. Wichtig ist, dass – islamischen Reinheitsvorstellungen folgend – die **rechte reine Hand** zum Essen oder zum Anreichen von Nahrungsmitteln benutzt wird. Die **linke unreine Hand** gibt nur ab und zu Hilfestellung und liegt meist untätig auf dem Tisch oder im Schoß, wenn auf dem Boden sitzend gegessen wird. Das Schmatzen während und Rülpsen nach dem Essen gilt als völlig statt-

haft – es soll Wohlbehagen und ein angenehmes Sättigungsgefühl vermitteln. Auch das gründliche Reinigen der Zähne nach dem Mahl mit einem Zahnstocher gehört nicht zu den schlechten Manieren. Im städtischen Bereich verschwindet dieses Verhalten langsam und wird als ungehobeltes, bäuerliches Benehmen angesehen.

Traditionell sitzt man in Afghanistan zum **Essen auf dem Boden,** auf einem Teppich oder Matten, und das Essen steht auf Platten und in Schüsseln auf dem freien Raum in der Mitte. Die Füße der Sitzenden sollten diese Fläche, die oft mit einem Tuch bedeckt ist, nicht berühren. Deshalb ist es auch wichtig, die Schuhe schon vor dem Betreten des Zimmers auszuziehen. Das verbreitete Sitzen mit gekreuzten Beinen kann für Ungeübte schnell unbequem werden, Erleichterung schafft aber die Möglichkeit, sich anzulehnen und sich zwischendurch auf große Kissen, *Doschak,* zu stützen.

Aus der Vermischung unterschiedlicher asiatischer kulinarischer Traditionen ergibt sich in Afghanistan eine sehr abwechslungsreiche Küche, die man allerdings weniger in Restaurants als in Privathaushalten kennen lernen kann.

Das **Khabilie-Palau** wird oft als afghanisches Nationalgericht bezeichnet. Grundlage ist ein in Butterschmalz gedünsteter Langkornreis, mit Knoblauch, Zwiebeln und Gewürzen abgeschmeckt und mit Kurkuma gelb gefärbt. Darunter werden Rosinen und Karottenstreifen gemengt, die auch in Butterschmalz gedünstet wurden. Zusammen mit dem Reis lässt man vorzugsweise gepökeltes, luftgetrocknetes Hammelfleisch garen. Dazu gibt es je nach Jahreszeit verschiedene gedünstete oder in Fleischsoße gegarte Gemüse. Oft kommt noch eine kalte Soße aus Joghurt, Gurke, Knoblauch und Kräutern hinzu.

Kebab ist eine Fleischspezialität, die in allen Gegenden Afghanistans sehr beliebt ist und in vielen Abwandlungen auf den Tisch kommt. Viele Städte sind stolz auf ihre eigene Kebab-Variante wie beispielsweise das als *Kebab-e Tikka* bezeichnete Fleisch am Spieß aus der Provinz Ghazni.

Auch Suppen, Salat und mit Fleisch oder Gemüse gefüllte Teigtaschen, **Aschak und Bulanie,** gehören zum Repertoire der afghanischen Küche.

Zum Essen trinkt man Wasser oder Joghurtgetränke, *Dough.* Fruchtsäfte gibt es selten, sie gelten eher als Nachtisch. Oft werden erst gegen Ende der Mahlzeit Wasser oder andere **Getränke** gereicht, was mit einer besseren Bekömmlichkeit begründet wird. Der Überlieferung zufolge trank der Prophet auch erst nach dem Essen und dieses Beispiel wird gern nachgeahmt. Zum **Nachtisch** werden Süßigkeiten, *Ferni* (Pudding) oder

Beim Picknick in Istalif

Khabilie-Palau – Die afghanische Leibspeise

(Reis mit Karotten und Rosinen)
500 g Basmatireis
1 kg Lammkeule
200 g Zwiebeln
60 ml Öl
jeweils 1 TL Kardamom und Pfeffer
2 TL Salz
1,5 TL Garam Masala
Garnitur:
500 g Möhren
100 g Rosinen
je 100 g Mandelstifte und Pistazienstifte
2 TL Zucker
60 ml Öl

Reis waschen und über Nacht quellen lassen, Fleisch in 5 cm große Stücke schneiden, Zwiebeln schälen und würfeln, Kardamom, Pfeffer, Garam Masala und Salz in 750 ml warmem Wasser verrühren.

Zwiebeln in Öl hellbraun rösten, dann das Fleisch zugeben und kräftig anbraten. Mit der Gewürzmischung ablöschen, aufkochen und bei mittlerer Hitze eine Stunde garen. Rosinen in Öl erhitzen, bis sie prall geworden sind; Möhren in feine Streifen schneiden und in Öl mit Zucker anbraten; Mandeln und Pistazien kurz rösten. Fleisch aus dem Topf heben und den Reis in der Brühe garen, bis sie aufgesogen ist.

Fleisch, Rosinen, Möhren, Mandeln und Pistazien auf den Reis legen und Löcher in den Reis drücken, damit der Dampf entweichen kann. Topfdeckel mit einem Tuch umwickeln, den Topf damit abdecken und den Inhalt bei niedriger Temperatur weitere 20 bis 30 Minuten garen. Fleischstücke auf eine Platte legen und mit dem Reis bedecken. Möhren, Rosinen, Mandeln und Pistazien als Garnitur darüberstreuen.

Früchte gereicht. Jede Mahlzeit wird mit reichlich grünem oder schwarzem Tee abgeschlossen. Der Tee wird mit Kardamom verfeinert und pur oder mit Zucker getrunken. Dazu werden Süßigkeiten angeboten.

Es ist auffällig, dass Afghanen – sofern sie die Möglichkeit haben – immer **sehr große Portionen** kochen und besonders Gästen üppig gefüllte Platten servieren. Einerseits erklären sich die Mengen sicherlich durch die stattlichen Familiengrößen, andererseits gehört die Darstellung von Fülle auch zum guten Ton und zur Kultur der Gastfreundschaft. Es ist auch nicht ungewöhnlich, dass plötzlich unerwartete Gäste eintreffen, die man mit verköstigen möchte. Übriggebliebene Speisen finden immer Abnehmer und werden später von der Familie verzehrt.

Zu bestimmten **Feiertagen** werden besondere Speisen zubereitet, die nicht nur dem Familienkreis zugute kommen, sondern auch an Verwandte, Freunde, Nachbarn und Arme verteilt werden. *Schola-Sard,* eine Süß-speise, wird beispielsweise im zehnten Monat *Moharram* gereicht, süßes Gebäck zum Neujahrsabend und Neujahrsfest am 21. März. Besonders reichhaltig wird zum Fastenbrechen am Abend eines Ramadan-Tages ge-kocht und natürlich auch zum Eid-Fest. Hammel werden geschlachtet und große Platten mit Reis und Geflügel zubereitet, die mit Gemüse und Teig-taschen angeboten werden. Gekrönt wird ein solches Festmahl von Süß-speisen und den Früchten der Saison.

Kaufhaus und Basar

Traditionelle Basare und moderne Kaufhäuser

Der afghanische Basar ist nicht eine bloße Ansammlung unterschiedlicher Geschäfte, sondern soziales und wirtschaftliches Zentrum jedes größeren Ortes. Männer verbringen viel Zeit dort, handeln, trinken Tee und beob-achten das Geschehen. Es werden Geschäfte abgeschlossen und über Po-litik diskutiert – der Markt hat eine große Bedeutung als sozialer Treff-punkt und Kommunikationszentrum. Typisch für den Basar ist die räumli-che Nähe von Händlern und Handwerkern, die jeweils die gleichen Pro-dukte und Dienstleistungen anbieten. Die meisten Basare sind nach be-stimmten Warenbereichen aufgeteilt. Der Käufer genießt den Vorteil des direkten Vergleichs von Produkten aus derselben Sparte, muss aber auch den Nachteil in Kauf nehmen, am gleichen Tag für eine andere Ware in den nächsten, unter Umständen weit entfernten Basar zu fahren. Für eili-ge Einkäufer ist der Basar eher zeitraubend und irritierend, für den, der Land und Leute kennen lernen will, birgt er ungeahnte Schätze.

Das **Aushandeln des Preises** einer Ware gehört zum Einkauf dazu und bereitet sowohl Kunden als auch Händlern Vergnügen, weil beide Partei-en in der Regel auf ihre Kosten kommen. Handeln hat Ritualcharakter – selten zahlt ein Kunde den ihm zuerst genannten Preis. In dem Maße wie der Händler die Qualität und Vorzüge der Waren anpreist, wertet der Kun-de sie ab und demonstriert sein Desinteresse. Die Verhandlungen setzen sich so lange fort, bis der Händler den Preis senkt oder den Kunden ein letztes Mal nach seinen Vorstellungen fragt und an seine Kompromissbe-reitschaft appelliert. Wird ein Preis genannt, der dem Händler zu niedrig erscheint, beginnt das Spiel von neuem, bis man sich gewöhnlich irgend-wo in der Mitte trifft. Ausländern wird meist ein recht hoher Anfangspreis genannt und viele Händler haben sich auf gut zahlende und relativ unkri-tische Kunden eingestellt, sodass es schwieriger geworden ist, in von Aus-

ländern frequentierten Geschäften Waren zu angemessenen und vernünftigen Preisen zu erhalten.

In den größeren Städten Afghanistans gibt es neben den traditionellen Basaren auch **Geschäfte,** die oft als *Supermarkets* bezeichnet werden. Zu ihrem Warenangebot gehören importierte Produkte aus den Nachbarländern, besonders dem Iran, Pakistan und China. Da viele Händler sich an die Nachfrage ihrer internationalen Kundschaft angepasst haben, sind auch europäische Waren erhältlich. Nicht nur in Kabul kann man inzwischen sogar holländischen Gouda und Schweizer Schokolade bekommen! Die Preise sind für afghanische Verhältnisse natürlich sehr hoch und nur Ausländer, wohlhabende Afghanen oder „Auslands-Afghanen" gehören zur Kundschaft dieser Supermärkte.

In der Innenstadt Kabuls sind in den letzten Jahren einige **Kaufhäuser** entstanden, die neben Nahrungsmitteln auch Möbel und technische Geräte anbieten. Diese Geschäfte sind auf den westlichen Geschmack zugeschnitten und gestalten die oft jahrelangen Aufenthalte der Ausländer im Land angenehmer. Mit dem neuen City-Tower ist sogar eine richtige Shopping-Mall in der Innenstadt aufgebaut worden. Das mondän verspiegelte Hochhaus verfügt über diverse Geschäfte, Cafés, ein Hotel und – eine

Der Coffee-Shop im City Tower, Kabul

Rolltreppe! Diese technische Errungenschaft hat bei seiner Inbetriebnahme Schaulustige aus Nah und Fern angezogen. Das Kaufhaus und auch die größeren Geschäfte sind jedoch eine Ausnahmeerscheinung in Afghanistan und betonen einmal mehr den Unterschied zwischen Kabul und dem Rest des Landes. Üblich sind kleine und kleinste Geschäfte, nicht größer als ein Kiosk, und Holzkarren, auf denen Waren angeboten werden.

Im Basar der Vogelhändler und Messerschmiede

Woher wir kommen, fragt der alte Mann im Basar der Vogelhändler. Aus Deutschland. Aus Deutschland? Das ist gut! Deutsche sind wie Afghanen: Tapfer und kriegerisch! Und woher er denn stamme? Verständnisloser Blick. Er gehöre hierher, natürlich. Hier wurde er geboren, in der Straße der Strohverkäufer, das ist ein Teil des Vogelmarktes. Dieser Basar ist eine eigene kleine Welt in der **Altstadt Kabuls,** die unberührt wirkt vom Lauf der Zeit. Auch der Krieg scheint diese versteckte Ecke des Basarviertels übersehen zu haben. Geschäftiges Treiben herrscht in den schmalen Gassen hinter der Pul-e Khishti Moschee. Trocken und staubig ist der Untergrund im Sommer, schmutzig und matschig im Winter. Hier wird viel

Bunte Hühner auf dem Straßenmarkt

mehr verkauft als Stroh: Der Besucher ist überrascht von der Vielzahl der Vögel, die in hölzernen Käfigen auf einen neuen Besitzer warten. Gleich nebenan sitzen die Messerschmiede und zwischen all den Geschäftchen finden sich immer wieder *Chai Khanas* oder *Samawats* (Teehäuser), die den ganzen Tag lang Tee und kleine Gerichte servieren. Niemand muss während des Basarbesuches hungrig bleiben!

In der **Werkstatt des Messerschmiedes** herrscht rege Geschäftigkeit. Zwei kleine Jungen bedienen große Strohfächer, um das Feuer gleichmäßig heiß zu halten. Metallstücke werden erhitzt, bis sie rot glühen, und dann mit großen, schweren Hämmern in Form gebracht. Zwei Schmiede schlagen in ihrem ganz eigenen Rhythmus auf das Metall ein und langsam wird die Form einer Klinge erkennbar. Schließlich wird die Klinge geschärft – und auch dies funktioniert ohne Elektrizität. Einen Schleifstein treibt der Schleifer mit dem Fuß an, andere Steine bewegen sich zusätzlich durch eine sie verbindende Riemen-Konstruktion. In einem bestimmten Winkel wird nun die Klinge an den sich drehenden Stein gehalten und ein Funkenregen erfüllt die Werkstatt.

Die Vögel sind faszinierend bunt und singen mit den unterschiedlichsten Stimmen. Hier sind auch die afghanischen *Kauk* (Rebhühner) zu finden. Die grauen Vögel mit schwarzen und weißen Federn auf der Brust und dem leuchtend roten Schnabel werden oft für **Vogelkämpfe** abgerichtet, die besonders häufig im Frühjahr stattfinden. Die männlichen *Kauk* kämpfen gegeneinander und die afghanischen Männer schauen zu und schließen Geldwetten ab. Flüchtet das unterlegene Tier, wird der Kampf beendet. Aber Afghanen lieben auch den Gesang der Rebhühner – und ihr Fleisch, das als Delikatesse gilt. In einem anderen Geschäft sind Käfige mit bunten Kanarienvögeln gestapelt. Ursprünglich sollen sie aus Deutschland und Polen nach Afghanistan gebracht worden sein, neue Züchtungen stammen aus dem Iran. Die Luft ist erfüllt von dem Gezwitscher und Gesang der kleinen bunten Gesellen. Manchmal kaufen Leute einen Kanarienvogel für ihre kranken Verwandten, erzählt der alte Mann. Der Gesang soll die Leidenden beruhigen und auf andere Gedanken bringen. Schlicht und bescheiden wirken die Tauben neben den Kanarienvögeln, aber auch sie werden von den Afghanen gern gehalten. Ein paar Geschäfte weiter sitzen kleine Papageien gelangweilt in ihren Käfigen.

Das abenteuerliche **Gemisch der Gerüche** in diesem Basar wird eindeutig von dem charakteristischen Kebab-Duft dominiert. Die Kombination von Holzkohle, brennendem Fett und geröstetem Fleisch übt auf die meisten Besucher eine unwiderstehliche Anziehungskraft aus. Männer sitzen vor gigantischen Pfannen und braten den ganzen Tag über Fleisch. Hier im Basar ist das Essen einfach und sehr preisgünstig.

Rückkehr von Unterhaltung und Künsten

Die neue Kinokultur

Literatur, Theater, Film und Fernsehen haben neben ihrer Unterhaltungs-funktion die überaus wichtige Aufgabe, in einem ständigen Prozess die Werte einer Gesellschaft zu diskutieren und zu formen. In der Taliban-Zeit galt jede Form von Unterhaltung als verwerflich, weil sie die Aufmerksam-keit von dem wahren Glauben und dem rechten Folgen des religiösen Pfa-des ablenkt. Künstlerische Aktivitäten wurden unterbunden, denn auch gesellschaftliche Veränderungen waren unerwünscht – selbst der Gedan-ke daran. **Künstler wurden verfolgt** und umgebracht und viele verließen das Land, um sich zu schützen. In den Jahren nach dem Fall des Taliban-Regimes ist es zu einer allmählichen, ganz vorsichtigen Wiederbelebung des Kunst- und Unterhaltungsbereichs gekommen. Besonders junge Leute fassen Mut und versuchen, ihre künstlerische Schaffenskraft für die Ge-staltung der afghanischen Gesellschaft einzusetzen.

Viele afghanische Künstler setzten ihre Hoffnung darauf, dass im Zuge des Wiederaufbaus auch einige der großen Kinos Afghanistans wieder-hergestellt würden. Jahrelang waren Film- und Kinokultur unter den Tali-ban verboten und die Gebäude in den Auseinandersetzungen des Krieges zerstört worden. Bilder und Musik verschwanden aus dem öffentlichen Leben, Künstler wurden getötet oder verließen das Land. Trotzdem hielten einige die Hoffnung aufrecht, dass freie Meinungsäußerung und Kunst-schaffen eines Tages wieder möglich sein könnten.

Was ist in den Jahren nach dem Fall des Taliban-Regimes im Bereich der Filmproduktion geschehen? Nur ein Kino wurde in Kabul wiederaufge-baut: Das *Ariana Cinema* – mit einem Fassungsvermögen von 600 Zu-schauern und moderner Ausstattung ist es ein Hoffnungsstrahl am düste-ren afghanischen Kinohimmel. Eine Gruppe französischer Künstler unter der Leitung des Pariser Architekten *Jean-Marc Lalo* versuchte, mit dem Aufbau dieses Filmpalastes einen symbolischen **Neuanfang der afghani-schen Kinokultur** zu schaffen. Nach einem Jahr Arbeit und 600.000 US-Dollar Investition erstrahlt das *Ariana* in neuem Glanz. Doch „eine Blume bringt noch keinen Frühling", mit diesem Sprichwort brachte ein Filmema-cher seine Enttäuschung über die zögerliche Entwicklung zum Ausdruck. Das *Cinema Zainab,* im Zentrum der Stadt gelegen, hält seine Türen wei-terhin geschlossen, die Scheiben zerbrochen, die Wände beschmiert. Das *Kabul Cinema Theatre Baraki* liegt unter einer dicken Decke von Staub und Schmutz und auch das historische *Paghman,* der erste Kinokomplex Af-ghanistans, wartet auf Unterstützung aus dem Ministerium für Informati-

Saba Sahar – Eine tollkühne Polizistin jagt Verbrecher

„Saba Sahar" ist Nafisas Künstlername, unter dem sie bereits ihren zweiten Film der Öffentlichkeit vorgestellt und sich als Schauspielerin einen Namen gemacht hat. **Nafisa** ist in Afghanistan geboren und aufgewachsen, sie ist verheiratet und hat drei Kinder. Polizistin wollte sie werden, musste aber ihre Ausbildung in der Taliban-Zeit abbrechen. Die Schauspielerei ist ihre große Leidenschaft. Angefangen hat sie mit kleinen emotionalen Geschichten, die beim Zuschauer große Wirkung erzielen, und mit kurzen Theaterstücken, in denen die Zeit der Taliban aufgearbeitet wird. Ihr großer Traum war es, **einen eigenen Film zu drehen.** Im Frühjahr 2004 hat sie – als erste afghanische Frau – eine Produktionsfirma gegründet, die „Saba Film". Mit Unterstützung der Gesellschaft für Technische Zusammenarbeit in Afghanistan, konnte ihr Vorhaben verwirklicht werden. Gleichzeitig wurden die Dreharbeiten und die Premiere dokumentarisch begleitet – der Film wurde sogar mit deutschen Untertiteln versehen.

„Qanoon" dramatisiert in anschaulicher Weise den **Konflikt einer Polizistin** zwischen den gesellschaftlichen und familiären Anforderungen und ihren Dienstpflichten. Die Hauptfigur, von Saba Sahar gespielt, wird von ihrem Vater verheiratet und muss ihren geliebten Beruf aufgeben. Nach einiger Zeit entpuppt sich ihr Ehemann auch noch als Schurke, durch dessen Machenschaften sogar ihr Leben gefährdet wird. Die Geschichte hat ein Happy End: Die junge Frau verhilft dem Recht zum Sieg, lässt den Ehemann verhaften und verhindert weitere Verbrechen – und schließlich kann sie sogar in den Polizeidienst zurückkehren.

Die Realisation des Filmes ist ungewöhnlich – eine afghanische Frau agiert als Autorin, Regisseurin, Schauspielerin und Produzentin! Unterstützt wird sie allerdings von erfahrenen Filmemachern. Der Film soll das Publikum in unterhaltsamer Weise über die **neuen rechtstaatlichen Grundlagen** aufklären. Er spiegelt das Leben Saba Sahars zwischen verschiedenen Welten, zwischen Familie und Beruf, zwischen konservativen Moralvorstellungen und der Arbeit in den neuen staatlichen Institutionen. Viele berufstätige Frauen müssen sich – nachdem sie die Taliban-Zeit überstanden haben – unter fortdauernden Anfeindungen konservativer Kräfte ihre Rolle in der Gesellschaft suchen. Für **Polizistinnen** ist die Situation besonders schwierig, da sie als „Frauen in Uniform" auch noch auf der Seite des keineswegs unumstrittenen Staates

---

Die Polizei hört auf ihr Kommando – die afghanische Vorzeige-Generalin

on und Kultur. Die internationale Helfergemeinde hat ihre Gelder in anderen Bereichen eingesetzt – das afghanische Kino ist dabei zu kurz gekommen. Lediglich das Kultur- und Medienzentrum *Aina*, auf Initiative einer französischen Organisation gegründet, fördert Kunstschaffende und bietet Training für Filmemacher, Regisseure und Kameraleute an. Einige vielversprechende junge Menschen konnten sich durch das Trainingsangebot qualifizieren und sich die technischen Voraussetzungen für die Filmarbeit aneignen.

das Recht durchsetzen sollen. Das ruft teilweise großen Widerstand hervor. Saba Sahar hat das Drehbuch selbst geschrieben und in einer Mischung aus lokalen Traditionen des Geschichtenerzählens und populären Formen, die sich an das indische Kino anlehnen, eine Geschichte entworfen, die ihre Landsleute angeht. Ein für das heutige Afghanistan wichtiges, fast **gewagtes Lehrstück** über die Funktion einer unabhängigen rechtlichen Ordnung, die zurzeit nur theoretisch existiert, und über mutige und starke Frauen.

Saba Sahars zweiter Film ist in Vorbereitung. Natürlich geht es wieder um die Polizei und wie sie sich in einem rechtstaatlichen Gefüge verhalten sollte – aber er beginnt mit einer Liebesgeschichte und viel Musik und Tanz soll auch dabei sein. Man darf gespannt sein auf den neuen Film dieser mutigen Afghanin.

Nur wenige Filme sind in den letzten Jahren entstanden, zwei haben es allerdings geschafft auch **internationale Beachtung** zu erlangen. „Osama" von *Sediq Barmak* erzählt die tragische Geschichte eines kleinen Mädchens, das während der Taliban-Zeit gezwungen ist, in die Rolle eines Jungen zu schlüpfen, um den Unterhalt für ihre Familie verdienen zu können. *Atiq Rahimi,* ein in Frankreich lebender Exil-Afghane, verfilmte seinen Erstlingsroman „Earth and Ashes" mit großem Erfolg. Auch diese Geschichte ist keine leichte Kost. Sie handelt von den Auswirkungen des Krieges auf das Wesen der Menschen und ihren Versuchen, persönliche Verluste zu bewältigen. „Den Film zu sehen ist, wie sich einer Psychoanalyse zu unterziehen. Sie sehen, was sie durchlebt haben: Einen Krieg, der ihre Identität verändert hat", äußerte sich *Atiq Rahimi* über seinen Film. Beide Werke wurden im *Ariana Cinema* uraufgeführt.

Die beschriebenen Filme sind individuelle Produkte einzelner Künstler, die ohne große Unterstützung von afghanischen oder internationalen Organisationen entstanden. Andere Filmemacher wie *Roya Sadat* oder *Mirwais Rekab* sind zu künstlerischen Schaffenspausen gezwungen – warten auf Unterstützung und ein kunstfreundlicheres Umfeld. An Talent mangelt es nicht in Afghanistan und es entstehen immer wieder Künstlergemeinschaften, aber der **Mangel an Ausrüstung und finanziellen Möglichkeiten** verhindert den festen Zusammenhalt dieser Gruppierungen. *Roya Sadat* gehört zu der jungen und sensiblen Generation von Filmemachern, die sich berufen fühlen, der ganzen Welt das wahre Bild Afghanistans zu vermitteln – ein Bild, das ihrer Meinung nach bis jetzt verborgen blieb. Die junge, erst 24-jährige Studentin der Politikwissenschaften, ist eine der wenigen afghanischen Frauen, die sich in das Filmgeschäft wagen. Im Jahr 2000 begann sie, das Stück „Three Dots" zu schreiben, zwei Jahre später führte sie Regie bei den Dreharbeiten. Ihr Film, der das alltägliche Leben von Dorffrauen in der Nähe von Herat beschreibt, wird als einer der besten der Nach-Taliban-Zeit bezeichnet und hat bereits Preise in Afghanistan und Deutschland gewonnen. *Roya Sadat* möchte gern mit ihrer Arbeit fortfahren – und damit auch für die Rechte der Frauen in ihrem Land kämpfen.

Das Kultur- und Medienzentrum *Aina* mit Hauptsitz in Kabul hat das Projekt „Mobiles Kino" gestartet. Ausgehend von seinen sieben regionalen Subzentren bringt *Aina* kurze Dokumentarfilme in entlegene Dörfer, um auch die Landbevölkerung mit diesem Medium vertraut zu machen. Die Verantwortlichen wählen auch aus der Fülle von internationalen Filmen immer wieder einige aus, die geeignet erscheinen, den Afghanen andere Kulturen und Gesellschaften näherzubringen. Die Filme werden mit Dari- und Pashtu-Untertiteln versehen und in den Regionalzentren vorgeführt.

Das afghanische Publikum möchte sich aber nicht jeden Tag mit seiner Vergangenheit auseinandersetzen, sondern auch **dem Alltag entfliehen.** Reine Unterhaltung „Made in Afghanistan" fehlt noch völlig in den Filmtheatern. Indische Billigproduktionen füllen das Vakuum aus. **Bollywood** bietet muskelbepackte Helden und samtäugige Schönheiten, die sich in den lauschigen Wäldern Kaschmirs leichtfüßig zu flotter Musik bewegen – mit diesen Bildern lassen sich auch raue afghanische Stammeskrieger aus der Wirklichkeit entführen!

Frauenstimmen aus dem Exil

Als *Hamid Karzai* nach der gewonnenen Präsidentschaftswahl in sein Amt eingesetzt wurde und den Eid leistete, sangen kleine Mädchen und Jugendliche zu seinen Ehren. Erwachsene Frauen haben auch heute, fünf Jahre nach den Taliban, noch keine neuen Lieder in Afghanistan produziert oder aufgenommen. Die Aufnahmen, die im Land kursieren, stammen von **Sängerinnen im Exil.** *Ustad Farida Mahwash* lebt seit 15 Jahren in Kalifornien. Sie wurde von verschiedenen Meistern in klassischem Gesang ausgebildet – deshalb darf sie den Namenszusatz *Ustad,* Meister, tragen. Und auch sie hat Schüler und Schülerinnen, die sie in **klassischer Gesangskunst** unterrichtet. Allerdings nicht in Afghanistan, sondern in ihrem Exil, denn sie hat Angst vor engstirnigen Landsleuten und Extremisten. *Ustad Farida* möchte nicht, dass während einem ihrer Konzerte unschuldige Menschen ums Leben kommen. So singt sie im Exil für Afghanen, die ebenfalls in der Fremde leben – und natürlich auch für Menschen anderer Kulturkreise, die sich für ihre Musik interessieren. „Ich freue mich, dass auch die Amerikaner afghanische Musik entdeckt haben und lieben", sagt sie in einem Interview mit der Zeitschrift „New Afghanistan". „Es ist eine Ehre für mich, afghanische Frauen zu repräsentieren, deren Stimmen bisher erstickt wurden."

Auch das „Kabul Ensemble" arbeitet im Exil. In Paris trafen sie mit *Farida Mahwash* zu einem gemeinsamen Konzert zusammen: Die Meisterin und die neue Generation von – männlichen – Musikern. Beide versuchen einer musikalischen Tradition zu folgen, in der die turbulente Geschichte ihres Landes widergespiegelt wird. Griechische, persische, indische und zentralasiatische Einflüsse haben sich zu einem einzigartigen Amalgam vermengt und die Basis für ganz eigene Kunstformen geschaffen. Zusätzlich zum traditionellen Repertoire der Liebesmelodien wurden **nostalgische Sehnsuchtslieder** aus dem Exil aufgenommen. *Farida Mahwashs* Stücken liegen Werke der klassischen persischen Dichter zugrunde, die Musik folgt den Strukturen des indischen *Raga,* wie die melodische Grundstruktur der klassischen indischen Musik bezeichnet wird.

Der Bann, der jahrelang auf Afghanistans Künstlern lag, wurde durch die neue, international gestützte Regierung aufgehoben, aber noch kehren die Sänger, Schauspieler und Filmemacher nur sehr zögerlich zurück. Besonders für Frauen ist eine künstlerische Karriere nach wie vor sehr schwierig zu realisieren, weil die gesellschaftliche Anerkennung fehlt. Zwar dröhnt auf dem Basar indische Musik von Kassetten und CDs und Poster leichtbekleideter indischer Schauspielerinnen hängen in Schaufenstern und Taxis, aber afghanische Künstlerinnen ziehen es vor, nicht in die Öffentlichkeit zu treten. Zu oft sind sie auch heute noch **Zielscheibe von Kritik** und Diskriminierung oder sogar Opfer von Anschlägen. Immer wieder wird öffentlich diskutiert, ob es mit den Grundsätzen des islamischen Glaubens zu vereinbaren ist, wenn im Fernsehen eine Sängerin oder eine Nachrichtensprecherin auftritt. Die meisten der Künstlerinnen, die im afghanischen Fernsehen erscheinen, leben im Exil und die Konzerte, die seit dem Ende der Taliban-Herrschaft von Frauen gegeben wurden, können an einer Hand abgezählt werden.

Jugendliche Gesangskunst

Mirwais Najrabi, ein schmaler, 13-jähriger Junge, sitzt unter dem Nachthimmel in einem offenen Haushof – und singt. Er singt und 300 Männer sind wie gebannt, schauen auf seine Lippen und lauschen verzückt den Klängen der Musik und seiner klaren, reinen Stimme. Wenn er singt, wirkt er viel älter, als er ist. Seine Ausdrucksweise erinnert an einen Menschen, der schon viel gesehen und durchgemacht hat. So kann er glaubwürdig **Folklorelieder** interpretieren, die aus den Tiefen der afghanischen Geschichte aufsteigen und in denen sich alles um unerfüllte Liebe, Heldentum und Verrat dreht. An diesem Abend besteht sein Publikum aus Männern, aber aufgrund seines Alters kann *Mirwais* auf Hochzeiten, bei denen die Feiernden nach Geschlecht getrennt werden, auch für die Frauen spielen. In zwei, drei Jahren wird er als Mann gelten und kaum noch Zugang zu weiblichem Publikum bekommen.

Jugendliche Sänger sind Bestandteil der afghanischen Tradition, wurden aber in den Jahren der Taliban-Herrschaft zum Schweigen gebracht, da ihre Lieder als unislamisch erklärt wurden. Viele Künstler mussten Misshandlungen erdulden und wurden eingesperrt. Berichten zufolge sollen aber gerade unter den Taliban viele Liebhaber von singenden und tanzenden Knaben gewesen sein, die ihre Lieblinge in ihren Privatgemächern auftreten ließen. In den letzten Jahren kehrten viele Sänger zurück und *Mirwais* selbst war einer der ersten, der in der neuen Ära öffentliche Konzerte gab. Seine Stimme ist auf Tausenden von Kassetten und CDs erhältlich – im Musikbasar sind allein 57 unterschiedliche Aufnahmen seiner Auftritte zu erwerben – und wird über die vielen wieder aufgebauten Radiostationen landesweit verbreitet. Leider haben *Mirwais* und seine Musikgruppe nichts von dem reißenden Absatz ihrer Lieder – Urheberrecht ist in Afghanistan unbekannt und es kursieren massenhaft Raubkopien.

Musikanten beim Frühlingsfest im Norden Afghanistans

Drei Musiker begleiten den jungen Sänger mit ihren Instrumenten: Harmonium, *Tablas* und *Rabab* gehören zu der klassischen Besetzung. Als **Tablas** werden zwei kleine Pauken bezeichnet, deren Felle mit einem charakteristischen Auge versehen sind. Sie werden mit den Fingern beider Hände geschlagen. Die **Rabab** ist ein persisches Streichinstrument mit einem bootsförmigen Schallkörper und zwei Saiten. Sie wird überwiegend als Begleitinstrument verwendet.

Jeden Abend singen und musizieren sie bei **Hochzeiten** in den bevorzugten drei Monaten vor dem heiligen Fastenmonat Ramadan. So um die 400 US-Dollar verdient die Gruppe an einem Abend – ein stattliches Honorar in einem Land, in dem Staatsbedienstete wie Lehrer oder Polizisten mit umgerechnet 60 US-Dollar im Monat entlohnt werden! *Mirwais* arbeitet oft bis in die frühen Morgenstunden. Es ist nicht ungewöhnlich, wenn er erst gegen drei Uhr morgens nach Hause kommt. Und dann wird es schwer am nächsten Tag in der Schule – *Mirwais* sitzt wie alle anderen Jungen seiner Klasse in einem zugigen Schulgebäude ohne Türen und Fenster. Er ist zurzeit der beliebteste jugendliche Sänger beim Volke, aber er hat auch einen Rivalen: *Wali Fateh Ali Khan,* ein 14-jähriger Junge, der als Favorit des Ex-Königs *Zahir Shah* gilt.

Das einstige **Stadtviertel der Musiker** in Kabul wurde zum Kampfgebiet in den Auseinandersetzungen der einzelnen Mudjaheddin-Gruppen zwischen 1992 und 1996. Als die Taliban die Herrschaft im Land übernah-

men, lag der Distrikt schon in Trümmern und viele seiner Bewohner waren tot oder außer Landes. Das Land verstummte immer mehr mit jeder zerstörten Radio- und Fernsehstation. Bäume und Sträucher waren mit aus den Kassetten gezerrten Bändern „geschmückt". Mutige Radio- und Fernsehtechniker jedoch versteckten Kassetten und Filme vor den Taliban in Kellern und Studios hinter falschen Wänden – einige **alte Schätze** konnten auf diese Weise gerettet werden.

Mirwais Vater war ein **berühmter Musiker,** er verstarb, als der Junge erst fünf Jahre alt war. Auch *Mirwais* Eltern wohnten direkt an der Kampflinie zweier Kommandanten in Char-Deh, einem Stadtteil Kabuls. Raketen und Granaten explodierten in der Nähe ihres Hauses und selbst das tägliche Wasserholen war ein gefährliches Unterfangen. *Mirwais* älterer Bruder *Nur-ul-Haq,* der Tablas-Spieler in der Gruppe, musste mit ansehen, wie viele Musiker von Taliban verprügelt und misshandelt wurden. Sie schwebten in ständiger Todesangst, bis sie schließlich ihre Instrumente im Garten oder im Hühnerstall vergruben. *Nur-ul-Haq* flüchtete nach Pakistan und stieg in den Teppichhandel ein, ein anderer Bruder ging in den Iran und verdiente sich den Lebensunterhalt als Blumenhändler. *Mirwais,* der bei der Machtübernahme der Taliban erst fünf Jahre alt war, blieb mit seiner Mutter in Kabul. Als sie ihn auf einem Granatapfelbaum sitzend singen hörte, schickte sie ihn zu dem Meister *Amin Jan Mazari* in die Lehre.

Nach afghanischer Meister-Lehrlings-Tradition lebte *Mirwais* bei seinem *Ustad,* Meister, wie ein Sohn der Familie. Er arbeitete im Haushalt und übte sich jeden Tag mehre Stunden in den Gesangskünsten der klassischen afghanischen Musik. *Ustad Mazari* sagt ihm eine **große Gesangskarriere** voraus, allerdings müsse er erst das reife Mannesalter erreichen. Und eine weitere Bedingung gehört seiner Meinung nach dazu: Die Afghanen müssen überzeugt werden, sich andere Musik als die Bollywood-Lieder anzuhören, die das ganze Land überschwemmt haben. Sonst hat die klassische Musik in Afghanistan keine Chance mehr, befürchtet der Meister.

Der Abend in dem Hof ist vorangeschritten, der Haschischqualm dichter geworden. Einige Männer sind so berauscht von der Musik und ihren Joints, dass sie sich wild im Kreis drehen und miteinander tanzen. In einer Gesellschaft, die Kontakte zwischen Männern und Frauen extrem reglementiert, sind besonders Jungen aus dem unterhaltenden Gewerbe **Objekte sexueller Begierde.** *Mirwais* Brüder haben Angst, dass der junge Sänger gekidnappt und an einen einflussreichen Warlord verkauft werden könnte, der ihn dann zu seinem privaten Gespielen macht. Wenn allzu begehrliche Blicke auf den hübschen Knaben in dem schneeweißen Hemd fallen, sind die großen Brüder zur Stelle, um den jungen Star nach dem Konzert sicher nach Hause zu geleiten.

Alltägliche Gefahren, Kriminalität und Terrorismus

... in diesen hundskalten Ländern, deren Straßen
niemals breiter sind als ein Handrücken!
(Rudyard Kipling)

Kriminalität und Terrorismus

Afghanistan ist ein Nachkriegsland, das nach wie vor von gewaltsamen Auseinandersetzungen geprägt ist. Im Osten und Süden des Landes finden weiterhin **militärische Kampfhandlungen** zwischen internationalen Streitkräften und afghanischen Gruppierungen statt, die aus dem politischen Lager der Taliban stammen. Nach dem Sturz des Taliban-Regimes durch die Truppen der Nordallianz Ende 2001 und die Intervention amerikanischer Streitkräfte haben sich versprengte Teile der Taliban in das unzugängliche gebirgige Grenzland zu Pakistan zurückgezogen. Inzwischen ist es zu einer Neuformierung dieser islamistischen Kräfte und zu einer Verquickung mit terroristischen Elementen des Al Qaida-Netzwerks gekommen. Die Vorgehensweise der neuen Gruppierungen und der Charakter der landesweiten Anschläge trägt die Handschrift nichtafghanischer Einflüsse. Die **terroristischen Aktivitäten** sollen zu einem Sturz der jetzigen Regierung mit dem Abzug der internationalen Truppen führen und haben eine Situation geschaffen, die von Verunsicherung, Misstrauen und Angst geprägt ist.

Die prekäre Sicherheitssituation hat beispielsweise Auswirkungen auf die Arbeit der internationalen Hilfsorganisationen, da einige Provinzen im Süden und Osten des Landes von Sicherheitsbeauftragten und militärischen Beobachtern zu *No-Go-Areas* erklärt wurden und damit **für Ausländer nicht zugänglich** sind. Aber auch für einheimische Projektmitarbeiter ist die Gefahr in diesen Gebieten groß. Als Folge daraus finden Entwicklungshilfeaktivitäten verstärkt in den als sicher geltenden Landesteilen statt. Die unruhigen und gefährlichen Provinzen sind massiv unterversorgt, was wiederum zu Unzufriedenheit bei der Bevölkerung führt. Sie fühlen sich von der Regierung und den Hilfsorganisationen vernachlässigt – ein gefährlicher Teufelskreis.

Reise- und Wiederaufbauaktivitäten im Land sind zeitweise sehr eingeschränkt. Die allgegenwärtige **Bedrohung durch Anschläge, Selbstmordattentate und Entführungen** wirkt sich natürlich auch auf das alltägliche Leben in den Städten aus. Nach wie vor sind erhöhte Vorsichtsmaßnah-

men in allen Lebens- und Arbeitsbereichen zu beachten. In Afghanistan arbeitende **Ausländer** sind in ein System der Sicherheitsvorkehrungen und -bestimmungen ihrer Organisationen eingebettet, werden vor Ort über die Situation und aktuelle Entwicklungen informiert und erhalten ihre Anweisungen und Verhaltensregeln. So gibt es beispielsweise Sicherheitsvorschriften bei der Auswahl und Ausstattung von Häusern und der Ausrüstung der Dienstfahrzeuge mit Funkgeräten.

Rein **touristischer Reiseverkehr** findet zurzeit in Afghanistan nicht statt, doch die im Land beschäftigten Ausländer und Familienangehörige, die zu Besuch kommen, bereisen in ihrer Freizeit durchaus das Land. **Eigenständige Reisen** sollten aber auf keinen Fall unternommen werden, ohne vorher Informationen über die Sicherheitssituation der zu besuchenden Provinzen einzuholen. Auch die Verkehrsmittelwahl sollte sehr sorgfältig und nach Rücksprache mit Landeskennern und einheimischen Kollegen oder Vertrauenspersonen erfolgen. Alle größeren Organisationen haben inzwischen ihre eigenen Sicherheitsbeauftragten oder sind zumindest in ein System eingebettet, das ihnen **Zugang zu verlässlichen Informationen** bietet. Diese Informationssysteme sollten genutzt und die aktuellen Bedingungen vor jeder Reise abgeklärt werden, denn die Gefahren einer Entführung oder eines gewalttätigen Übergriffes sind nicht zu unterschätzen.

Bei der **Kleinkriminalität** unterscheidet sich Afghanistan nicht wesentlich von anderen Ländern. Allerdings ist eine Zunahme von kriminellen Handlungen in Gestalt von Diebstählen und Einbrüchen zu beobachten. Ursache ist sicherlich die immer weiter auseinandergehende Kluft zwischen wohlhabenden und armen Menschen. Besonders beliebte Beute sind Mobiltelefone, Laptops und technische Büroausstattung. In ländlichen Gebieten scheint die Situation noch weitaus entspannter zu sein. Diebstähle geschehen sehr viel seltener und wer sich als Einzelperson in einer Dorfgemeinschaft oder einer Familie aufhält, ist so sicher wie in Abrahams Schoß – das hohe Gut der Gastfreundschaft und die Ehre der Gastgeber garantieren Schutz und Verteidigung.

Die überaus intensive **Verminung des Landes** stellt einen weiteren Risikofaktor dar, der die Bewegungsmöglichkeiten einschränkt. Wanderungen oder Spaziergänge in unbekannten Gegenden sollten nicht ohne **ortskundigen Führer** unternommen werden. Es ist gefährlich, ausgetretene Wege und Straßen zu verlassen, denn bis jetzt konnten nicht alle Straßenränder umfassend entmint werden. Auch Überlandfahrten mit dem Auto sollten unter diesem Gesichtspunkt sorgfältig geplant werden.

Auto und Verkehr

Autofahrten sind ein Abenteuer – nicht nur in entlegenen Provinzen, sondern auch im Dschungel der Städte. Es gibt Koranverse, die, vor der Abfahrt rezitiert, vor Unfällen schützen sollen – und diese Vorsorge ist auf Afghanistans Straßen auch angebracht!

Vor Überlandfahrten sollten Informationen über die aktuelle Situation und Straßenlage eingeholt und geplant werden, das Ziel möglichst vor Anbruch der Dunkelheit zu erreichen. Es ist anzuraten, sich genaue Informationen über die Route zu beschaffen, denn es gibt wenig Verkehrs- oder Hinweisschilder und die Straßenkarten sind ungenau. Bei der Berechnung der Fahrtdauer ist der außerordentlich schlechte **Straßenzustand** zu be-

Gefährlicher Job – ein Minenräumer bei der Arbeit

denken – unvorhersehbare Schlaglöcher haben schon so manchen Auspuff und Stoßdämpfer gekostet. Unbefestigte Straßen – außerhalb der befestigten Hauptstraßen gibt es im günstigsten Fall Schotterpisten – können die Reise erheblich verlängern. **Nachtfahrten** sind nicht nur aus Sicherheitsgründen ein besonders zweifelhaftes Vergnügen. Die unterschiedlichsten Gefährte bewegen sich bevorzugt ohne Licht durch die Dunkelheit und auch Mensch und Tier tauchen plötzlich unbeleuchtet aus dem Nichts auf. Längere Fahrten außerhalb der Städte sollten möglichst in der Kolonne unternommen werden und es ist immer sicherer und angenehmer, von Afghanen mit Orts- und Sprachkenntnissen begleitet zu werden.

Aber auch bei Tageslicht ist die Situation auf den Straßen völlig unübersichtlich: Autos, Lastwagen, Busse, Mopeds und Fahrräder drängen sich mehrspurig auf der schmalsten Fahrbahn. Dazu kommen aber auch noch Esels- und Pferdegespanne, fahrbare Verkaufsstände und natürlich die Fußgänger, die auf Afghanistans Straßen kein leichtes Leben haben. Es gibt **wenige Regeln** im afghanischen Straßenverkehr und nur vereinzelt Ampeln, die wenigen vorhandenen werden kaum beachtet. Fahrzeuge biegen völlig unvorhersehbar ab – natürlich ohne zu blinken – bremsen ohne ersichtlichen Grund oder vollführen andere unerklärliche Manöver. **Die Hupe ist das wichtigste Teil** des Autos und die meisten Fahrer sind der Meinung, dass es völlig ausreicht, sich mit ihr bemerkbar zu machen, wenn man auf der falschen Straßenseite unterwegs ist. Es existiert wenig Um- und Weitsicht, was sich besonders bei den waghalsigen Überholmanövern afghanischer Autofahrer zeigt. Entgegenkommende Fahrzeuge, besonders wenn sie kleiner und schwächer sind, müssen oft auf den unbefestigten Seitenstreifen oder in den Graben ausweichen.

Die meisten Fahrer sind **Autodidakten** und haben ihren Führerschein – falls sie überhaupt einen besitzen – auf dem Schwarzmarkt gekauft (im Jahr 2006 kostete ein Führerschein dort 60 US-Dollar!). Es gibt keine Prüfstelle für die Tauglichkeit der Gefährte in Afghanistan und entsprechend schlecht ist der Zustand der meisten Fahrzeuge, die zudem auch noch hoffnungslos überladen werden. Die Verkehrspolizei versucht etwas Ordnung in das Chaos zu bringen, aber besonders in Kabul sind sie oft überfordert. Die Straßen dieser zu schnell wachsenden Großstadt sind inzwischen permanent verstopft und zu den Stoßzeiten müssen zeitliche Puffer auch für kurze Strecken eingeplant werden.

Das eigene Verhalten im Verkehr sollte immer von **erhöhter Vorsicht** geprägt sein. Viele Ausländer ziehen es vor, nicht selbst zu fahren, sondern das Steuer einem afghanischen Fahrer zu überlassen. Sollte es zu einem **Unfall** mit Personenschaden kommen, kann es angebracht sein, zur nächsten Polizeistation zu fahren und mit den Polizisten an den Tatort zurückzukommen, um einer durch aufgebrachte Verwandte und Passanten bedrohlichen Situation zu entgehen. In Unfallsituationen mit Nichtmotorisierten wird dem Autofahrer oft die Schuld zugesprochen, auch wenn die anderen Verkehrsteilnehmer sich verantwortungslos verhalten haben. Wenige Fahrzeughalter haben ihre Vehikel versichert, sodass in einer Unfallsituation jeder seinen Schaden selbst zahlt.

Unfallopfer haben eine sehr schlechte Versorgung zu erwarten und zu befürchten. Die wenigen vorhandenen **Krankenwagen** quälen sich nur sehr mühsam durch den dichten Verkehr. Es ist hier nicht üblich, einer Ambulanz die Straße zu überlassen und die freie Durchfahrt zu ermöglichen. Die meisten Krankenhäuser sind in einem erbärmlichen Zustand und die afghanischen Standards entsprechen nicht den westlichen Vorstellungen von medizinischer Versorgung und Hygiene. Besucher oder permanent in Afghanistan lebende und arbeitende Ausländer sollten sich während ihres Aufenthaltes ein Bild von den Gesundheitseinrichtungen ihrer Stadt machen und sich eventuell den Weg zu einem ausreichend ausgestatteten Krankenhaus einprägen.

Die innerhalb der Städte am häufigsten genutzten öffentlichen Verkehrsmittel sind **Kleinbusse und Taxis.** Das innerstädtische Bussystem ist für Ausländer sehr schwer zu durchschauen, weil es nur wenige festgelegte Haltestellen gibt und – wenn man der regionalen Sprache nicht mächtig ist – die Richtungsangaben nicht verständlich sind. Afghanen nutzen **Überlandbusse,** um von Stadt zu Stadt und in die Provinzen zu gelangen; sie sind nicht komfortabel und meistens überfüllt, aber preisgünstig. Oft müssen Reisende allerdings den übermüdeten oder durch Rauschmittel aufgeputschten Zustand des Busfahrers in Kauf nehmen, der sich riskante Wettrennen mit anderen Fahrzeugen liefert oder schwindelerregende Überholmanöver durchführt. **Kleinbusse** fahren in kurzen Abständen festgelegte Strecken ab, es gibt aber keine offiziellen Haltestellen. Diese Gefährte sind in der Regel sehr voll und ihre Benutzung ist Ausländern nicht anzuraten. Fremde verursachen viel Aufsehen, Frauen werden neugierig bis feindselig angestarrt und es wird auch schon mal Körperkontakt aufgenommen.

Taxifahrer sind oft nicht sonderlich ortskundig. Sie orientieren sich nur entlang der Hauptmerkmale in der jeweiligen Stadt und es kann sich als schwierig erweisen, eine Adresse zu finden. Viele Straßen sind unbenannt, Hausnummern unsystematisch verteilt und meistens nicht sichtbar und detaillierte Stadtpläne gibt es nicht. Man sollte eine genaue Beschreibung des Zielortes dabeihaben und versuchen, sich selbst an markanten Bauwerken oder Plätzen zu orientieren. Es ist ratsam den **Fahrpreis im Voraus** auszuhandeln, um Missverständnissen und unschönen Diskussionen vorzubeugen. Es sollte möglichst im Vorfeld abgeklärt werden, ob die Nut-

zung von Taxis im Rahmen der Sicherheitsüberlegungen als unbedenklich gilt. In Kabul hat sich ein Taxidienst etabliert, der sich „Safe-Taxis" nennt und einen guten Service mit vertrauenswürdigen Fahrern bietet, die zudem noch etwas Englisch sprechen. Die Firma, die sich auf den Transport von Ausländern spezialisiert hat, verlangt allerdings auch höhere Preise, als sie sonst üblich sind. Eine abendliche Innenstadtfahrt in Kabul wird im Durchschnitt mit fünf US-Dollar berechnet.

Schienenverkehr gibt es in Afghanistan nicht. Aus Sicherheitsgründen sollten längere Strecken innerhalb des Landes mit dem **Flugzeug** zurückgelegt werden. Alle größeren Städte sind mit einem Flughafen ausgestattet und von Kabul aus schnell zu erreichen. Auch die Nachbarländer können problemlos angeflogen werden. Allerdings ist zu bedenken, dass viele Flüge **wetterabhängig** sind und es aufgrund der Wetterlage (starke Bewölkung, Schneefall) zu erheblichen Verzögerungen kommen kann oder die Flüge gänzlich ausfallen. Eine Direktverbindung nach Europa gibt es nicht. Ariana, die staatliche afghanische Fluggesellschaft, hat aufgrund sicherheitstechnischer Überlegungen **keine Landeerlaubnis** mehr auf europäischen Flughäfen. Sie fliegt bis Istanbul, wo dann die Weiterreise mit anderen Fluggesellschaften gebucht werden muss. Natürlich können auch die Nachbarländer Afghanistans mit afghanischen Fluggesellschaften angeflogen und die Weiterflüge dann beispielsweise von Islamabad (Pakistan) aus unternommen werden. Der am stärksten frequentierte Umsteigeflughafen ist allerdings Dubai. Die Vereinigten Arabischen Emirate können täglich von Kabul aus erreicht werden, regelmäßige und häufige Direktflüge bringen die Reisenden dann weiter nach Frankfurt, Zürich und Wien, um nur einige der größeren Ziele zu nennen.

Eine ganz alltägliche Geschichte aus Kabul

6.30 Uhr, der Wecker klingelt – ein unangenehmes, aufdringliches Geräusch, aber mit Musik kann man sich in Kabul mangels Strom selten wecken lassen. Ein kalter Dezembertag, draußen ist es noch dunkel. Das Aufstehen macht keinen Spaß, die Hand tastet nach der Taschenlampe, um den Weg ins Bad zu beleuchten. Das Wasser ist eiskalt, denn der Boiler hatte am Vortag keine Gelegenheit sich aufzuheizen. Aber immerhin, es gibt Wasser! Beim Kollegen in der Nachbarschaft ist der Wassertank auf dem Dach eingefroren – er sitzt seit Tagen auf dem Trockenen. Die Küche wird mit einer Petroleumlampe erhellt und auf dem Gasherd eine Tasse Pulverkaffee zubereitet. Draußen liegt Schnee, der sich schnell in grauen Matsch verwandelt. Auf dem Weg ins Büro ein besorgter Blick gen Himmel: Dicke Wolken hängen über Kabul und scheinen zwischen den die Stadt einrahmenden Bergen eingekeilt zu sein. Kein gutes Flugwetter! Noch immer sind die technischen Möglichkeiten so gering am Kabuler Flughafen, dass man auf Sichtflug angewiesen ist. Morgen früh soll eigentlich der Flug nach Dubai starten, von da aus geht es dann weiter nach Deutschland – ob das klappen wird?

Im Büro wartet der Projektalltag mit all seinen kleinen Tücken. Der eilige Bericht an die Zentrale in Deutschland kann nicht versandt werden, weil die Internetverbindung abgebrochen ist. Der verzweifelte Versuch mit dem Faxgerät wird gleich wieder eingestellt, denn es fehlt ein Ersatzteil, das momentan in Afghanistan nicht erhältlich ist. Also die Kollegen in Deutschland vertrösten: Sie müssen Geduld mit den Mitarbeitern in Afghanistan haben! Das Meeting um 11 Uhr fällt aus, denn die Gesprächsteilnehmer stecken in einem der endlosen zähen Staus in der Kabuler Innenstadt – drei Kilometer in anderthalb Stunden sind keine Seltenheit! Am Nachmittag stehen unerfreuliche Verhandlungen über aufgedeckte Unterschlagungen in einem der laufenden Projekte auf dem Programm. Es sind Gelder veruntreut worden, die für Ausbildungsmaßnahmen vorgesehen waren.

Inzwischen läuft das Internet wieder und eine dringende Sicherheitsmeldung flackert auf: Es drohen mehrere Selbstmordanschläge in diesen Tagen in Kabul. „Vermeiden Sie unnötige Fahrten durch die Stadt und halten Sie sich von folgenden Stadtteilen fern ...“

Das war's dann also mit dem Treffen und dem Abendessen im libanesischen Restaurant – es liegt im falschen Stadtviertel. Auf dem Weg nach Hause noch schnell die Gasflaschen auffüllen lassen, denn sonst bleiben Zimmer und Küche kalt. Vielleicht haben wir ja heute Abend ein paar Stunden lang Strom?! Die Wetterlage ist unverändert, sanft und friedlich fallen kleine Schneeflocken vom Himmel. Soll ich überhaupt packen? Unter ähnlichen Bedingungen habe ich letztes Mal acht Stunden in dem ungeheizten Kabuler Flughafen verbracht und auf den Abflug gewartet.

Dann, fast schon an der Torzufahrt, steht er unvermittelt vor mir, der zerlumpte kleine Junge. Mit rauen, schmutzigen Händen hält er Streichhölzer und Kaugummis hoch: „One Dollar, Mister!“ Sein Anblick und der Gedanke an die vielen Menschen in Kabul ohne feste, schützende Häuser, Strom und Öfen beschämen mich und lassen die kleinen Unbilden des Alltags plötzlich unbedeutend erscheinen.

Eine prächtige Riksha – das Fortbewegungsmittel der kleinen Leute

AFGHANISTAN UND DIE FREMDEN – FREMDE IN AFGHANISTAN

Fürchte dich vor dem Menschen, der Gott nicht fürchtet.
(Afghanisches Sprichwort)

Afghanisches Selbstverständnis

Wie sehen Afghanen sich selbst, welche gesellschaftlichen und kulturellen Merkmale sind ihnen wichtig, womit identifizieren sie sich? Wie sehen ihre Erziehungswerte aus?

Die Zugehörigkeit zur islamischen Religion spielt bei der **Identitätsbildung** der Afghanen eine zentrale Rolle – in zweiter Linie auch, ob der sunnitischen oder schiitischen Glaubensrichtung gefolgt wird. Ein weiterer wichtiger Bereich beinhaltet die Familie, die Verwandtschaft, den Stamm und schließlich die ethnische Gruppe. Auch die Frage nach der lokalen

Sommerliche Vergnügungen für Ausländer in Kabul

Zugehörigkeit ist entscheidend für das Selbstverständnis, denn es ergeben sich große Unterschiede zwischen Land- und Stadtbevölkerung und zwischen Afghanen mit sesshafter und nomadisierender Lebens- und Wirtschaftsform. Die einzelnen Regionen können verbindende Gemeinsamkeiten haben wie beispielsweise Traditionen, geschichtliche Hintergründe oder die Sprache. Nach dem „mit wem" und „wo" jemand lebt, folgt die Frage „wie" das Leben gestaltet wird. Die gesellschaftliche Stellung des Einzelnen, die ökonomischen Möglichkeiten und die politische Ausrichtung sind weitere Identifikationsmerkmale. In den Kriegsjahren haben die Zugehörigkeiten einen größeren Stellenwert bekommen, denn es wurde verschiedentlich an Gemeinsamkeiten appelliert (die Gemeinschaft der Muslime, das Volk der Hazara, alle Parteiangehörigen usw.), um Gruppen zu mobilisieren.

Afghanen verstehen sich als **Teil einer Gruppe.** Die Kollektivismus genannte Gesellschaftsform steht in sehr deutlichem Gegensatz zu der individualistischen Lebensform der westlichen Kulturen. Afghanen sind extrem beziehungsorientiert, ihr ganzes Verhalten ist darauf abgestimmt. Eine Sachorientierung, wie sie z. B. Deutschen zugeschrieben wird, ist ihnen gänzlich fremd.

Würde ein Afghane gefragt, welche **Werte** ihm von seinen Eltern vermittelt wurden, würde er wahrscheinlich Begriffe wie Respekt gegenüber Eltern und älteren Geschwistern, Ehre, Höflichkeit, Harmoniebestreben aufzählen. Ein Angehöriger westlicher Kulturen zählt Selbstverantwortung, Kreativität und Selbstverwirklichung zu den Werten, die ihm anerzogen wurden.

Für Afghanen ist die Fürsorgepflicht von älteren Geschwistern selbstverständlich. Sie übernehmen schon in jungen Jahren **soziale Verantwortung,** die vor allem auf die eigene Familie oder Verwandtschaft gerichtet ist. Das Leben in großen Gruppen erfordert Anpassungsfähigkeit. In diesem Rahmen wird Kindern vermittelt, Konfrontationen zu vermeiden und Harmonie in der Gruppe anzustreben. Hier lernt das Gruppenmitglied auch, indirekt zu kommunizieren und nicht nur auf das gesprochene Wort, sondern auf das ganze Umfeld zu achten.

Ein weiterer kultureller Wert, den Afghanen als sehr wichtig für ihre Persönlichkeitsbildung bezeichnen, ist das **Ehrgefühl.** Zu jedem afghanischen Ehrenmann gehört das stete Bemühen um Respekt und Anerkennung und natürlich hat er „das Gesicht zu wahren". Auch afghanischen Frauen werden ähnliche Werte vermittelt, aber bei ihnen sind die Bemühungen mehr nach innen gerichtet, auf das Bewahren der Unversehrtheit der eigenen Person und der „unbefleckten Ehre".

Religiosität und Spiritualität gehören zu Merkmalen, mit denen Afghanen sich identifizieren und die einen wichtigen Teil ihrer Persönlichkeit darstellen. Auch der **Patriotismus** wird immer wieder als Wert bezeichnet, der einen wahrhaften Afghanen ausmacht. Und tatsächlich werden einem hier kaum Menschen begegnen, die sich nicht als religiös oder patriotisch bezeichnen.

Der Blick auf das Fremde

Welche Eigenschaften werden Ausländern zugeschrieben, die aus „westlichen Ländern" wie Deutschland, Österreich oder der Schweiz stammen?

Die Bedeutung der Werte **Selbstbestimmung, Freiheit und Selbstständigkeit** für den westlichen Kulturkreis beeindruckt Afghanen offensichtlich am meisten, denn sie kommen bei einer Beschreibung immer wieder auf diese Formulierungen zurück. Sie können vielleicht nicht nachvollziehen, warum der Bereich „Privatsphäre" für Westler so wichtig ist – denn dieser Begriff kommt in ihrem familiären Umfeld, *Purdah* ausgeschlossen, praktisch gar nicht vor –, aber sie verstehen, dass dieser Wert

Sicherheitsdienste gehören zum Straßenbild

in anderen Kulturen eine große Bedeutung hat. Auch das Bemühen um die **Gleichberechtigung der Geschlechter** wird mit dem westlich-europäischen Kulturkreis in Verbindung gebracht. Afghanische Männer machen sich oft über diese „verdrehte Welt" lustig und meinen beobachten zu können, wie Frauen in diesen Gesellschaften ihren Männern „auf der Nase herumtanzen". Der drastische Geburtenrückgang in einigen westeuropäischen Ländern, den Afghanen sehr befremdet beobachten, wird mit der Gleichberechtigung in Verbindung gebracht: „Emanzipierte Frauen denken nur an sich selbst und haben keine Zeit mehr für ihre Familien und für Kinder."

Weitere Eigenschaften, die Europäern zugeordnet werden, sind ein analytisch-planendes Wesen, das In-Beziehung-Setzen von Zeit, Geld, und Lebens- und Arbeitsvorgängen – „Zeit ist Geld" – sowie eine ausgeprägte Kritikfähigkeit, die auch Selbstkritik enthält. Pünktlichkeit und Disziplin sind Werte, die besonders mit Deutschen in Verbindung gebracht werden.

Zu den Verhaltensweisen, die oft auf Ablehnung oder Unverständnis stoßen, gehört die westliche **individualistische Lebensform.** Sie wird oft als „menschliche Kälte" und „unsoziales Verhalten" interpretiert. Auch die kleinen Familien und die geringe Kinderzahl werden oft auf Egoismus zurückgeführt: „Wofür arbeitet ihr denn den ganzen Tag und verdient so viel Geld, wenn ihr es nicht in die Familie und die Kinder investiert?"

Die **Behandlung von alten Menschen** im Westen wird von Afghanen scharf kritisiert. In der afghanischen Gesellschaft ist es die oberste Pflicht eines Kindes, sich um die alten Eltern zu kümmern. Dass in kleinen Familien mit zwei berufstätigen Partnern oft nicht die Möglichkeiten gegeben sind, Elternteile zu pflegen, und dass nicht immer genügend Verwandte zur Verfügung stehen, die sich im Haushalt um Kinder und Kranke kümmern, wird nur halbherzig als Rechtfertigung akzeptiert.

Bei bestimmten gesellschaftlichen Themen grenzen sich Afghanen von westlichen Ausländern scharf ab, dazu gehören der Bedeutungsverlust der Familie, Freizügigkeit zwischen den Geschlechtern, hohe Scheidungsraten und das elende Leben der alten Menschen in Altenheimen. In diesen Bereichen demonstrieren Afghanen gern ihre **moralische Überlegenheit.**

Und so rufen es auch die konservativen Mullahs am Freitag vom Minarett der Moschee: „Im Westen sind Werte und Moralvorstellungen degeneriert. Es fehlen die Gesetze und Regeln des Islam, um Zucht und Ordnung zu erhalten. Was ist das für eine Gesellschaft, die unanständige Kleidung und die schamlose Darstellung des Körpers in Filmen und Zeitschriften erlaubt? Die ein wahlloses Miteinander von Mann und Frau gestattet und dem ungehemmten Alkoholkonsum frönt? Sie weigern sich, Kinder in die Welt zu setzen, und behandeln ihre Hunde besser als die alten Eltern! Und jetzt haben sie uns dieses Chaos auch nach Afghanistan gebracht ...“

Afghanen beobachten mit Befremden, wie die Arbeit über das Familienleben gestellt wird und nicht nur der Tagesverlauf anhand eines Zeitplans eingeteilt ist, sondern sogar die **Freizeit organisiert** wird. In afghanischen Augen gilt es auch als individualistische Absonderlichkeit die wenige Freizeit, die bei dem Arbeitspensum der Ausländer übrig bleibt, allein mit seltsamen Beschäftigungen zu verbringen. Es ist sehr ungewöhnlich für Afghanen, sich abzusondern und Hobbys nachzugehen – die Freizeit wird in der Familie oder zumindest in einer Freundesgruppe verbracht.

Eine **unbeliebte westliche Eigenschaft** ist es, geradeheraus, also offen und direkt zu sagen, was man denkt. Klar und ohne Umschweife Kritik auszusprechen oder auch rundheraus „Nein“ zu sagen, ist unüblich. Afghanen vermeiden, **ein direktes Nein** auszusprechen, um niemanden zu brüskieren – auch wenn man genau weiß, dass beispielsweise ein Termin nicht einzuhalten ist oder eine Sache nicht erledigt werden kann. Laut und grob, kritisch und unbeherrscht sind typische Charakterisierungen von westlichen Ausländern. „Sie fahren schnell aus der Haut, machen ihrem Ärger Luft und verletzen dabei alle Regeln der Höflichkeit“, kritisierte ein afghanischer Mitarbeiter seine Kollegen. Afghanen sind sehr auf ein harmonisches Umfeld bedacht und versuchen unter allen Umständen, ihr Gesicht zu wahren; Herumschreien oder Fluchen tragen nicht gerade dazu bei und verraten eine unreife, unbeherrschte Person. Menschen aus westlichen Ländern sind in Afghanistan dafür bekannt, stur an allgemeingültigen Regeln festhalten zu wollen und **formelle Verfahrensweisen** zu bevorzugen. Afghanen dagegen ziehen eine situationsabhängige Regelung von Dingen vor. In Afghanistan wird improvisiert und die Regeln dem Ablauf angepasst: Regeln sind dazu da, wenn nötig, umgangen zu werden!

Viele junge Afghanen wünschen sich manchmal, besonders wenn sie eine Zeit lang im Ausland gelebt haben, **westliche Freiheiten und Möglichkeiten** herbei, würden gern einmal allein leben, für sich selbst entscheiden und den Partner eigenständig aussuchen. Für diese jungen Leute kann es zu einer großen Belastung werden, immer für die ganze Verwandtschaft verantwortlich zu sein. Aber sie sind oft die Brotverdiener ihrer Familien und viele Menschen sind von ihnen abhängig. Manchmal wird beklagt, dass die individuelle Entwicklung des Einzelnen durch den Gruppenzwang behindert wird. Zumindest bis zu einem gewissen Grad würden manche Afghanen gern Veränderungen herbeiführen, die ähnliche Freiheiten wie in der westlichen Welt zulassen.

Afghanen und Deutsche –
eine besondere Beziehung

Es ist immer wieder ein schönes Erlebnis zu beobachten, wie sich die Gesichter der afghanischen Gesprächspartner aufhellen, wenn sich bei dem anfänglichen Abfrageritual herausstellt, dass der Gast aus Deutschland stammt. Deutsche erhalten eine Menge Vorschusslorbeeren und werden gern willkommen geheißen.

Die Einstellung der Afghanen gegenüber den Deutschen ist von ganz besonderer Natur: **Afghanen mögen Deutsche** – sie fühlen sich ihnen wesensverwandt, führen beide Völker auf die gleichen „arischen Ursprünge" zurück und schätzen und bewundern viele deutsche Eigenschaften. Woher diese Zuneigung eigentlich stammt, kann niemand so genau sagen. Einige führen sie auf die geschichtlichen Begegnungen und Verknüpfungen zurück, die immer von Freundschaft und gegenseitigem Respekt gekennzeichnet waren. Ex-König *Zahir Shah* versuchte eine Erklärung und meinte, die Afghanen hätten von Anfang an die Präzision deutscher Waffen geschätzt und sich für deutsche Technik begeistert – von diesen Qualitätsprodukten hätte man auf den Charakter des Volkes geschlossen, das diese Dinge erfindet und herstellt. **Deutsche Technologien** und Markenprodukte erfahren eine große Wertschätzung und afghanische Männer schwärmen: „Deutsche Autos und diese wunderbaren Autobahnen ..." Die stabile Wirtschaftslage, die funktionierende Verwaltung und die Errungenschaften des Sozialstaates werden als vorbildlich angesehen. Auch die **Organisation des deutschen Militärs** und der deutschen Polizei beeindrucken die Afghanen so sehr, dass Deutschland im Rahmen der Entwicklungszusammenarbeit beim Aufbau und Training der afghanischen Polizei mithilft.

Deutsche in Afghanistan werden immer wieder auf das **Dritte Reich** und *Hitler* angesprochen. *Hitler* ist eine sehr beliebte politische Person, weil er, wie Afghanen sagen, „in der Welt für Ordnung sorgen wollte und sich bemüht hat, die Judenfrage endgültig zu lösen" – alles im Sinne der meisten Afghanen und auch junge und gebildete Leute vertreten diese Meinung. Diese Diskussionen sind der Schrecken vieler Deutscher. Sie stehen hilflos vor solchen für sie nicht nachvollziehbaren Ansichten und sind betroffen, schimpfen oder ziehen sich zurück. Aber es helfen weder gründliche Überzeugungsversuche, noch hitzige Diskussionen oder lange Vorträge – die Sympathien für *Hitler* und seine Weltreich-Ideen bleiben bestehen.

In Bezug auf die Sicherheitspolitik in Afghanistan erscheint Deutschland in den Augen der Einheimischen in einem weitaus günstigeren Licht als viele andere Länder oder beispielsweise die USA. Der militärische Einfluss beschränkte sich in den ersten Jahren auf die Ausstattung der **Internationalen Schutztruppe für Afghanistan** (ISAF) und der Entsendung der meisten Soldaten. Auch im Jahr 2006 sind deutsche Soldaten nicht in aktive Kampfhandlungen involviert, sondern nehmen Schutz- und Aufbaufunktionen in den Nordprovinzen des Landes wahr. Die deutsche Gegenposition zur Amerikapolitik im Irak-Konflikt wird in Afghanistan sehr geschätzt. Diese positive Beurteilung wirkt sich natürlich auch auf die Einschätzung deutscher Mitarbeiter der Entwicklungszusammenarbeit aus. Ihre Beratung ist meistens willkommen, stammt sie doch aus einem Land des wissenschaftlichen Fortschritts, der technischen Errungenschaften und des Wohlstands – das wird hoch geachtet und daran möchte man gerne teilhaben.

Es gibt einige deutsche Eigenschaften, die von Afghanen zum einen spöttisch betrachtet, zum anderen aber auch ein wenig bewundert werden. Die **deutsche Arbeitsmoral,** die einen hohen Einsatz im Beruf, Überstunden und diszipliniertes Verhalten fordert, wird zwar von afghanischer Seite belächelt, aber auch als Erfolgsrezept dafür betrachtet, wie ein Land zu Wohlstand und Fortschritt kommen kann. Die deutsche Ordnung, Pünktlichkeit und der Arbeitsethos sind sprichwörtlich in Afghanistan. „Deutsche planen und organisieren, sind zielstrebig und arbeiten konzentriert an einer Sache, bis die Aufgabe erledigt ist", so charakterisierte ein Projektmitarbeiter seine deutschen Kollegen.

In der deutschen Kultur ist ein Plan eine langfristig-verbindliche Festlegung. Afghanen amüsieren sich darüber, dass sich Deutsche auch noch nach Jahren an Pläne klammern und auf ihnen beharren. In der afghanischen Kultur bedeutet ein Plan nur eine vorläufige Orientierung. Man konzentriert sich auf die Gegenwart, der Planungshorizont ist kurzfristig. Kann ein Vorhaben nicht umgesetzt werden, plant man eben neu! „**Deutsche sind verliebt in Regeln** und Gesetze, deren Einhaltung streng beachtet wird", sagte einmal schmunzelnd ein afghanischer Freund, „Flexibilität und Risikobereitschaft sind keine deutschen Stärken!"

„Deutsche sind verliebt in Regeln und Gesetze …"

Afghanen bemerken bei Deutschen ein sehr **ausgeprägtes Sicherheitsbedürfnis** und das Bemühen um eine möglichst umfassende Risikobegrenzung und Fehlervermeidung. Afghanen dagegen haben eine viel höhere Unsicherheitstoleranz und sind viel weniger um die Vermeidung von Fehlern und die Begrenzung von Risiken bemüht.

Auch die **offensive Konfliktbearbeitung** in Deutschland wird zwar zum einen kritisiert, zum anderen auch ein wenig bewundert. Der afghanische Umgang mit Konflikten ist defensiv und diplomatisch: Die Herstellung oder Bewahrung von Harmonie steht im Vordergrund. Man zieht es vor, zunächst Gemeinsamkeiten zu thematisieren, um durch den Konsens ein angenehmes Umfeld zu schaffen. Man kommt nicht wie in Deutschland direkt zum Punkt, sondern kreist das Problem langsam ein. Die Knappheit und Zielgerichtetheit der Kommunikation wird aufgrund ihrer Klarheit und der Zeiteinsparung aber auch manchmal geschätzt – so ist es zumindest bisweilen im Gespräch mit Afghanen zu hören. Das klare und direkte deutsche „Nein" gilt in den meisten Zusammenhängen als unhöflich und wird möglichst vermieden.

Männer und Frauen im interkulturellen Spannungsfeld

Ausländische Frauen sind eine **Quelle der Faszination und Verunsicherung** für afghanische Männer. Afghanische Frauen leben nach den Regeln des *Purdah,* der Geschlechtertrennung, und haben ihr Verhalten in der Öffentlichkeit, ihre Kleidung und ihre Interaktion mit Männern danach ausgerichtet. Ausländische Frauen verfügen über ein viel breiteres Rollenspektrum und größere Bewegungsfreiheit. Ihr Auftreten und Verhalten ist ungezwungen und selbstbewusst. Sie verschleiern sich nicht und haben Zugang zu Männerkreisen. Ausländerinnen leben und reisen allein, ohne beschützenden und beaufsichtigenden Mann und empfangen Herrenbesuch in ihren Büros oder in ihren Häusern – Verhaltensweisen, die eine einheimische Frau als Mitglied der Gesellschaft disqualifizieren würden.

Durch ihre **Andersartigkeit** erwecken sie Aufmerksamkeit und Interesse. Ist eine Ausländerin in der Öffentlichkeit unterwegs, wird sie von Männern, Frauen und Kindern angestarrt, besonders auf dem Land. Jede Bewegung und jede Geste wird genau beobachtet, auch wenn die Frau versucht, sich den Rollenvorstellungen der Einheimischen entsprechend zu kleiden und zu verhalten.

Man kann leicht nachvollziehen, dass Ausländerinnen durch ihre Lebensweise den stereotypen Vorstellungen von der moralisch lockeren, sexuell freizügigen Frau entsprechen, die sich aufreizend kleidet, raucht, trinkt und Männerbekanntschaften pflegt. Verwirrend ist für viele Afghanen, dass dieses Verhalten nicht mit ihrer beruflichen Position und vielleicht auch nicht mit ihrem Familienstatus zusammenpasst. Eine solche „freizügige" Frau würde nach afghanischer Meinung eher in ein Tänzerinnen-Milieu passen als in eine einflussreiche berufliche Position. Schwierig ist es manchmal auch für Männer – nicht nur afghanische! – eine (viel jüngere) weibliche Vorgesetzte zu bekommen!

Im Rahmen der Freitagspredigt werden solche „modernen" oder „freizügigen" Frauen als eine **Gefahr für die Gesellschaft** bezeichnet, weil sie bestehende Regeln und Normen in Frage stellen oder sich einfach darüber hinwegsetzen und – viel schlimmer noch – von einheimischen Frauen nachgeahmt werden könnten. Andererseits üben die Ausländerinnen einen unwiderstehlichen Reiz auf afghanische Männer aus, die solch eine andersartige Frau interessant finden. Das von diesen Männern an den Tag gelegte charmante Verhalten und ihre Zuvorkommenheit können aber schnell in Frustration und verletzten männlichen Stolz umschlagen, wenn die Frau sich dann doch nicht dem Stereotyp der „freizügigen Westlerin" entsprechend verhält!

Die **Beziehung von ausländischen Männern zu afghanischen Frauen** sollte von Respekt und Distanz geprägt sein. Afghanische Frauen unterliegen den Regeln der Geschlechtertrennung in viel stärkerem Maß als einheimische Männer. Sie stehen ständig unter gesellschaftlicher Beobachtung – aus dem kleinsten Missverhalten kann Klatsch oder sogar üble Nachrede werden – und dann sind der Ruf und die Ehre schnell dahin.

Ausländische Männer sollten afghanischen Frauen mit distanzierter Höflichkeit begegnen und sie auch im Kollegenkreis nicht mit plumpen Vertraulichkeiten bedrängen. Sie sollten sich bemühen, Frauen nicht in unangenehme Situationen zu bringen und sich beispielsweise nicht lange mit ihnen allein in einem geschlossenen Zimmer aufhalten. Auch Arbeitssituationen bilden da keine Ausnahme. Besonders junge Mädchen sind in Anwesenheit eines älteren Mannes, der unter Umständen auch noch ihr Chef ist, sehr befangen. Häuser von afghanischen Bekannten sollten nie von ausländischen Männern betreten werden, wenn der Hausherr nicht anwesend ist, und **die privaten Frauenräume sind sowieso tabu.** Im dörflichen Kontext ist es ratsam, auf eine Einladung zu warten, bevor Haus und Hof betreten werden. Ein Überschreiten dieser Regeln kann für den Mann und die Frau ernstzunehmende, manchmal sogar tödliche Folgen haben. Auch sollten afghanische Frauen und Mädchen nur dann fotografiert werden, wenn das ausdrückliche Einverständnis gegeben wurde oder wenn es im Rahmen von Familien- oder Büroaufnahmen erlaubt ist.

Ausländische Paare, die gemeinsam in Afghanistan leben oder arbeiten, sollten den in ihrer eigenen Kultur selbstverständlichen Austausch von Vertraulichkeiten in der Öffentlichkeit einschränken oder ganz vermeiden, weil sie schnell zur Zielscheibe des Spotts werden können oder begleitende Afghanen beschämen.

Die besonderen Verhaltensweisen und Einstellungen, die das Zusammenleben von Frauen und Männern bestimmen und regeln, beeinflussen auch das Leben der in Afghanistan lebenden und arbeitenden Ausländer. Ihr persönlicher Aktionsradius und die Interaktion mit Einheimischen werden durch die **Geschlechtertrennung** stark eingeschränkt. Die Aufteilung der Lebensbereiche verringert die Berührungspunkte zwischen Männern und Frauen – sie soll Versuchungen vorbeugen und zweifelhafte Situationen verhindern. „Fehltritte" stören die Ordnung im sozialen Gefüge und ziehen Konsequenzen nach sich. Die Zweiteilung der afghanischen Gesellschaft ist ein sehr charakteristisches Phänomen, das alle Lebensbereiche prägt.

Der Kulturschock –
ein unvermeidliches Phänomen?

Im Laufe der Vorbereitung auf die Reise nach Afghanistan und einen eventuell längeren Aufenthalt dort mag sich die Frage stellen: Wie komme ich
mit diesem mir so fremd erscheinenden Land zurecht, in dem unüber-
sichtliche und schwierige politische Verhältnisse herrschen und das mir
unbequeme Lebensbedingungen bieten wird? Werde ich mich daran gewöhnen oder mich zumindest damit arrangieren können oder einen kulturellen Schock erleiden? Was ist überhaupt ein Kulturschock und gibt es
Möglichkeiten, ihn zu vermeiden?

Der Kulturschock ist ein Prozess, der durch das Erleben einer fremden
Kultur in Gang gesetzt wird und Auswirkungen auf Körper und Seele hat.
Offensichtlich existiert im Menschen eine Urangst vor dem Unbekannten
und der damit verbundenen Infragestellung seiner eigenen Identität. Der
Kulturschock verläuft in drei Etappen, die mit Euphorie, Depression und
Neuorientierung beschrieben werden.

Die erste Phase ist durch eine **extrem positive Sichtweise** des Neuan-
kömmlings gekennzeichnet. Das neue Umfeld ist interessant und exotisch,
ein Hochgefühl färbt die Brille des begeisterten Betrachters rosafarben.
Der Besucher verschlingt Eindrücke und Bilder und versucht, sich Traditionen und Wertvorstellungen anzunähern.

Doch der Absturz ist nah – in der zweiten Phase wird der Blick nüchter-
ner, die Realität des Landes tritt zutage. Plötzlich scheinen die schlechten
Seiten der Gesellschaft, in der man lebt, zu überwiegen und Gefühle von
Unsicherheit, Orientierungsverlust und Verlorenheit gewinnen die Ober-
hand. Das Unwohlsein kann zu einer extremen Frustration führen und einige Menschen entschließen sich in dieser Phase, in die Heimat zurück-
zukehren.

Im dritten Abschnitt schließlich tritt eine **Gewöhnung** an die örtlichen
Verhältnisse ein und eine objektivere Betrachtungsweise setzt sich langsam durch. Die Akzeptanz der fremden Kultur führt zu einer teilweisen
Anpassung unter Beibehaltung der eigenen Werte. Längerfristig kann es
sogar zu einer Verstärkung der Identifikation mit der eigenen Kultur kommen, weil man die eigenen kulturellen Werte bewusster wahrnimmt.

Durch die eintretende Verunsicherung wird die eigene Identität und
Werteskala infrage gestellt – dies bedeutet möglicherweise ein Risiko, bie-

Eine Schutztruppen-Patrouille

Verhaltenstipps in Kürze

In Gesprächen werden folgende Themen von Afghanen gern gemieden und sollten auch von Ausländern zurückhaltend angesprochen werden:
- Homosexualität, Prostitution, Diskriminierung von Frauen und Minderheiten.
- Halten Sie sich mit Kritik an religiösen Themen zurück, ebenso mit dem Bekenntnis, Sie seien „Atheist".
- Kritisieren Sie Menschen nicht direkt, sondern höflich und dezent.
- Ziehen Sie vor dem Betreten einer Moschee die Schuhe aus; Frauen müssen den Kopf bedecken.
- Steigen Sie nicht über einen Betenden hinweg oder laufen vor ihm her.
- Beachten Sie die besonderen Verhaltensregeln im Fastenmonat Ramadan.
- Tragen Sie lose, den ganzen Körper bedeckende Kleidung, besonders bei Aufenthalten auf dem Land; vermeiden Sie ärmellose Oberteile oder kurze Röcke.
- Beachten Sie, dass in Afghanistan deutlich zwischen öffentlichen und privaten Räumen unterschieden wird: Betreten Sie fremde Häuser oder Höfe nicht unaufgefordert, besuchen Sie Dörfer möglichst nur mit Einladung.
- Fotografieren Sie Menschen – und ganz besonders Frauen – nur mit ihrer Erlaubnis.
- Halten Sie stets Distanz zum anderen Geschlecht, um Missverständnisse zu vermeiden.
- Behandeln Sie ältere Menschen respektvoll und höflich.
- Lassen Sie sich auf das ausführliche Begrüßungsritual ein und fallen Sie nicht mit „der Tür ins Haus".
- Lehnen Sie nicht die freundliche Geste der obligatorischen Tasse Tee zu Beginn eines Gespräches oder eines Treffens ab.
- Versuchen Sie nicht, für erwiesene Gastfreundschaft zu „bezahlen".
- Beachten auch Sie die Grundregeln der Gastfreundschaft.
- Sollte Sie Afghanistan mit Ihrem Partner bereisen, halten Sie sich mit dem Austausch von Zärtlichkeiten in der Öffentlichkeit zurück.
- Informieren Sie sich über die aktuelle Sicherheitssituation und beachten Sie grundlegende Sicherheitsregeln: Vermeidung von Fahrten durch unsichere Gebiete, von Reisen nach Einbruch der Dunkelheit und betreten Sie keine unbekannten Wege (Minengefahr).

tet aber durchaus auch eine **Chance, Neues zu lernen** und die eigene Persönlichkeit zu bereichern. Der Kulturschock kann hilfreich sein, indem er für kulturelle Unterschiede sensibilisiert, eigene Eigenschaften widerspiegelt und Denkgewohnheiten infrage stellt. Die Persönlichkeitskrise, die eventuell durch den Kulturschock ausgelöst wird, kann zu einer Erweiterung des Horizonts führen.

Es gibt wohl kein Rezept, dem Kulturschock zu entgehen, aber das Wissen über seine Mechanismen und der rechtzeitige Erwerb von **Kulturkompetenz** mag ihn in manchen Fällen mildern.

Für die Orientierung innerhalb unserer eigenen Kultur beginnen wir in frühestem Alter eine **unbewusste Kompetenz** zu erwerben. Wir wachsen in ihr auf und verinnerlichen Regeln und Möglichkeiten, ohne dass uns dieser Lernprozess bewusst wird. Für das Leben in einer anderen Kultur ist es notwendig, eine **bewusste Kompetenz** zu entwickeln, auch wenn die eigene immer die Vergleichsgröße bleibt, denn unsere Prägung ist nicht rückgängig zu machen. Wir müssen Werte und Normen der neuen Kultur wie Vokabeln erlernen, sie werden uns nicht in die Wiege gelegt. Eine umfangreiche Kulturkompetenz wird die Anpassung an das neue Umfeld erleichtern.

Die **Aneignung von Kulturkompetenz** kann durch den Erwerb von Wissen in den unterschiedlichen gesellschaftlichen und kulturellen Bereichen erfolgen. Wichtig ist die Vorbereitung auf Verhaltens- und Wahrnehmungsweisen, Werte und Normen des jeweiligen Landes. Zusätzlich ebnen Toleranz und Offenheit sowie der Wille, das Fremde zu achten und kulturellen Unterschieden Raum zu geben, den Weg zu Anpassung und teilweiser Integration. Interkulturelles Handeln und Kommunizieren bedeutet, die Fähigkeit erworben zu haben, mit kultureller Vielfalt und der eigenen kulturellen Voreinstellung bewusst umgehen zu können. Dazu gehört auch die Bereitschaft, mit anderen Augen zu sehen und sich von den eigenen Vorstellungen über richtig und falsch – zumindest bis zu einem gewissen Grad – zu lösen.

Zu Gast in Afghanistan

Reise, o Freund, aus dir selber und in dein eigenes Herz.
(Djalal ad-Din Rumi, Persischer Mystiker und Dichter)

Es fällt Afghanen schwer, ausländische Gäste in die vertrauten **sozialen und gesellschaftlichen Kategorien** einzuordnen. Ihnen fehlen Informationen über Familienstand und -hintergrund und über die Zugehörigkeit zur sozialen Schicht, denn daraus lässt sich der Status einer Person ableiten und wie man sich ihm oder ihr gegenüber verhält. In der Regel haben Afghanen, wenn sie einem Ausländer begegnen, nur eine Informationsquelle (außer den offensichtlichen Merkmalen Alter und Geschlecht), und das ist das berufliche Umfeld.

Der **berufliche Status** von in Afghanistan arbeitenden Ausländern ist oft recht hoch – sei es, dass sie in der Botschaft tätig sind oder in einem Projekt als Leiter oder Berater arbeiten. Man geht davon aus, dass eine Person in einer solchen Position eine gute Ausbildung mit entsprechenden Abschlüssen absolviert hat und damit auch aus einer gut situierten Familie kommt, eine in Afghanistan fast unvermeidliche Verknüpfung. Wohlstand, der sich über die berufliche Stellung definiert, ist ebenfalls ein wichtiges **Kriterium zur gesellschaftlichen Einordnung** eines Menschen. Verglichen mit den meisten Afghanen in ähnlichen Positionen verfügen die Ausländer über relativ hohe Gehälter und sind recht wohlhabend. Afghanen versuchen bei dem ersten (und auch den folgenden) Treffen, so viele Informationen wie möglich über ihr ausländisches Gegenüber zu sammeln. Dieses „Ausfragen" entspringt nicht nur einer natürlichen Neugier, sondern auch dem Bedürfnis, den Fremden in gesellschaftliche Kategorien einzuordnen.

Das Leben und Arbeiten in Afghanistan ist mit besonderen **Herausforderungen für westliche Menschen** verbunden. Die **angespannte Sicherheitssituation** und die damit verbundenen notwendigen Einschränkungen stellen eine große Belastung für jeden Ausländer dar. Der Bewegungsradius ist klein, Reisen und Ausflüge sind ohne umfangreiche Sicherheitsvorkehrungen nicht möglich und die täglichen Schreckensnachrichten zehren nach einiger Zeit auch an der Nervenkraft. Aufgrund der Sicherheitslage kommen die meisten Ausländer allein nach Afghanistan und sind oft monatelang von Partnern und Kindern getrennt, die sie nur bei Heimatreisen wiedersehen. Diese ständige Trennung ist ein weiterer Stressfaktor, der das Leben auf Dauer sehr beeinträchtigen kann.

Wenn der Arbeitsmittelpunkt in einem ländlichen Gebiet angesiedelt ist, müssen sehr **einfache Lebensbedingungen** in Kauf genommen werden. Die ärztliche Versorgung ist gerade auf dem Lande völlig unzureichend – von Freizeitaktivitäten ganz zu schwiegen. Aber auch im städtischen Umfeld ist große Flexibilität in Bezug auf die Unwägbarkeiten des Lebens gefragt. Nur zeitweise funktionierende Strom- und Wasserversorgung, rudimentäre Post- und Bankensysteme und ihre Auswirkungen auf den Arbeitsalltag erfordern Geduld und Improvisationsvermögen. Auch die Beeinträchtigungen durch das extreme Klima, die sommerlichen Staubstürme und die Umweltverschmutzung dürfen nicht unterschätzt werden.

Hinzu kommen die **Konfrontation mit einer andersartigen Kultur** und die Infragestellung eigener Werte und Normen. Verinnerlichte und selbstverständlich erscheinende Werte wie die universale Gültigkeit der Menschenrechte, die Gleichberechtigung von Männern und Frauen und die – in vielen Ländern zumindest angestrebte – Gleichbehandlung aller Menschen scheinen in dem afghanischen Staat und seiner Gesellschaft manchmal auf den Kopf gestellt zu sein. Auch die Auseinandersetzung mit Phänomenen wie der rücksichtslosen Umweltzerstörung und einem völlig unterentwickelten Umweltbewusstsein kann schockieren und frustrieren.

Wer aber flexibel, belastbar und entspannt genug ist, um das Leben in Afghanistan zu meistern, wird schnell herausfinden, wie spannend das Land und wie angenehm die Zusammenarbeit und das Leben mit afghanischen Menschen ist. Der Ausländer wird oft über Jahre hinaus als Gast behandelt und lernt Höflichkeit, Zuvorkommenheit und Gastfreundschaft als großartige afghanische Eigenschaften kennen.

Viele Afghanen leiden nicht nur an den Kriegsfolgen in Form von Verlusten von Menschenleben und Eigentum und der Zerstörung ihres Landes, sondern haben auch Minderwertigkeitskomplexe wegen der vermeintlichen Rückständigkeit und nur sehr zögerlich in Schwung kommenden wirtschaftlichen Entwicklung Afghanistans. In dieser **Nachkriegssituation** ist das Land auf die Unterstützung von wohlhabenden Staaten angewiesen und muss dafür Einmischungen auf politischer Ebene hinnehmen, denn an die Hilfeleistungen sind oft Bedingungen des Geberlandes geknüpft. Ein Entwicklungsexperte bringt zwar Hilfe, die dankend angenommen wird, verkörpert aber auch seine Nation, deren Einflussnahme vielleicht sehr kritisch gesehen wird. Die Einstellung der Bevölkerung zu den Vereinigten Staaten von Amerika ist aufgrund dieses Abhängigkeits-

Autowäsche an den Ufern des Kabul

Eine Kultur der Gastfreundschaft

In Afghanistan hat sich eine ausgeprägte Kultur der Gastfreundschaft entwickelt, auf die jeder Afghane und jede Afghanin stolz ist. Obwohl die Bewohner des Landes seit vorgeschichtlicher Zeit immer wieder negative Erfahrungen mit ausländischen Eindringlingen gemacht haben, geht der Gastgeber erst einmal von den freundlichen Absichten eines Fremden aus.

Der Gast kann schutzbedürftig sein und dann hat man ihm in jeder Hinsicht zu helfen. Möglicherweise hat sich diese Einstellung aufgrund der rauen Landschaften und der vielen kriegerischen Auseinandersetzungen zwischen einzelnen Gruppen und Stämmen in Afghanistan entwickelt. Ist der Besucher im Haushalt seines Gastgebers aufgenommen worden, befindet er sich in einem geschützten Raum. Paschtunen berufen sich auf ihren Rechts- und Ehrenkodex, wenn sie erklären, das Gastrecht sei ihnen heilig. Auch ein schutzsuchender Feind würde aufgenommen und müsste von seinem Gastgeber gegen Angreifer verteidigt werden. Verlässt der Besucher allerdings den ihn schützenden Raum, flammen alte Feindschaften wieder auf. Es wird aber auch betont, dass Gast und Gastgeber ein besonderes Band verbindet, wenn sie „an einem Tisch gegessen haben". Afghanen behandeln den Gast mit besonderer Zuvorkommenheit und Freundlichkeit, er steht im Mittelpunkt der Aufmerksamkeit und alles Erdenkliche wird für sein Wohlbefinden getan.

Großzügigkeit und die Möglichkeit, ein „offenes Haus" zu führen, erhöhen den Status des Gastgebers. Gerade in Dörfern entsteht oft ein regelrechter Wettstreit, wer den Neuankömmling bewirten darf. Auch der ärmste Haushalt ist bereit, dem Besucher einen angenehmen Aufenthalt zu bereiten. Von dem Gast wird keine Gegenleistung erwartet, kein Geld oder Geschenke, aber gerade in abgelegenen ländlichen Gebieten sind Unterhaltung und Informationen willkommen. Männliche Besucher werden oft in der Hujra, dem Gästehaus, untergebracht oder es wird ihnen ein Übernachtungsplatz in der Dorfmoschee angeboten. Frauen werden in die Familie aufgenommen, denn sie stellen keine Gefahr für die in Purdah lebenden weiblichen Familienmitglieder dar.

Die afghanische Flagge

verhältnisses und der militärischen Interventionen sehr gespalten. Beim Blick zurück in die Geschichte zeigt sich, dass Afghanen aber schon immer sehr empfindliche Reaktionen auf Einmischung und Bevormundung gezeigt haben!

Natürlich gibt es auch immer wieder **Kritik und negative Äußerungen,** die sich auf die in Afghanistan geleistete Entwicklungsarbeit beziehen. Viel zu langsam flössen die Hilfsleistungen ins Land und Versprechungen würden zu zögerlich umgesetzt, meldete sich der afghanische Wirtschaftsminister zu Wort. Die internationalen Organisationen konzentrierten ihre Bemühungen auf die städtischen Bereiche und vernachlässigten die ländli-

Trifft man auf eine Gruppe von Afghanen, die gerade eine Mahlzeit einnehmen, wird man unweigerlich aufgefordert, sich dazuzusetzen und mitzuessen. Selbst dem Vorübergehenden wird nach dem Gruß das Brot, oder was auch immer gerade verspeist wird, freundlich entgegengestreckt und eine Einladung ausgesprochen. Es muss natürlich nicht jeder dieser Aufforderungen nachgekommen werden (der Speiseplan der Einladenden ist oftmals schon karg genug!); eine dankende Ablehnung mit dem Hinweis, man hätte schon gegessen, genügt der Höflichkeit. Auch ein Glas Wasser oder eine Tasse Tee anzubieten, ist obligatorisch und dient der Einleitung eines Gespräches oder Treffens.

Gastfreundschaft ist eines der wichtigsten Elemente der afghanischen Kultur – und sie ist oft das erste, was Gäste im Land kennen lernen. Ein besseres Willkommen kann sich ein Afghanistan-Neuling nicht wünschen – nun ist es an ihm, diese Gastfreundschaft zu schätzen und sie mit der gleichen Offenheit und Herzlichkeit zu erwidern.

chen Bevölkerungsgruppen Afghanistans. Auch seien die Gehälter der Experten zu hoch und viele Regierungsberater gehörten zu den sogenannten „One-Thousand-Dollar-Men", die unerhörte Tageshonorare kassierten, aber nur unzureichende Leistung brächten. Ausländische Berater verdienten zu viel, wird gesagt, sie machten die Preise in Kabul kaputt, die Mieten stiegen rasant wegen der hohen Nachfrage und vieles wäre für die Einheimischen unerschwinglich geworden.

Die Zusammenarbeit der internationalen Organisationen hauptsächlich mit ausländischen und afghanischen **Nichtregierungsorganisationen** wird ebenfalls beklagt. Viele Maßnahmen und Gelder würden auf diese

Weise an der Regierung vorbeigeschleust, die dadurch an Einfluss und Finanzen verlöre. Einige Minister und Regierungsangehörige fordern deshalb immer wieder eine andersgeartete Finanzierung der Wiederaufbauarbeit: Die Gelder sollten direkt an die Regierung gezahlt werden, die dann entsprechende Maßnahmen finanziert und umsetzt. Es wären genug Kapazitäten vorhanden und die „Korruption sei in den Griff zu kriegen", sodass auf ein Gros der Hilfsorganisationen verzichtet werden könnte. Auf eine Stellungnahme zu dieser Kritik soll an dieser Stelle verzichtet werden; die Ausländer, die im Land arbeiten und im Regierungsbereich oder der Entwicklungszusammenarbeit tätig sind, können sich ein eigenes Bild von den jeweiligen Kapazitäten und Potenzialen machen. Von der Kritik aber sind sie betroffen, müssen damit umgehen und sich manchmal eben auch rechtfertigen.

In den Jahren 2005 und 2006 ist auch verstärkt **Kritik an der Lebensweise der Ausländer** im Land laut geworden. Sie bezieht sich auf die ganze internationale Gemeinschaft. Es wird von dem unmoralischen Lebens-

wandel berichtet, den Ausländer mit nach Afghanistan bringen, von den Restaurants und Lokalen mit Alkoholausschank, die inzwischen in großer Zahl in Kabul eröffnet wurden, und von zügellosen Partys mit lauter Musik. Auch die Bordelle mit chinesischen und zentralasiatischen Arbeitskräften tauchen immer wieder in der Liste der Beanstandungen auf und werden dem westlichen Hang zu Unmoral und Laster zugeschrieben. Dass viele beziehungsreiche und finanzstarke Afghanen von diesen Etablissements profitieren und Afghanen auch einen nicht unbedeutenden Teil der Besucher stellen, wird nicht diskutiert – oder sie werden als Opfer des um sich greifenden „Lasters" bezeichnet.

Auch wenn einige der Kritikpunkte berechtigt sind, wird immer wieder deutlich, dass **islamistischen Gruppierungen** die antiwestlichen Tendenzen verstärken und benutzen. Ihre politischen Zwecke verfolgend, instrumentalisieren sie diese Themen und manipulieren die unzufriedenen und ungebildeten Menschen, um eine Kluft zwischen der afghanischen Bevölkerung und den Ausländern im Land zu schaffen.

Nie ohne Waffe – ausländische Sicherheitskräfte
beim Einkauf in einem Kabuler Supermarkt

ANHANG

Schneiderei in Herat

Glossar

- **Adat** – Regionale Traditionen; Gewohnheitsrecht
- **Agha** – Herr
- **Alim** – Religionsgelehrter, Lehrer
- **Animistische Glaubensvorstellungen** – Vorstellung einer beseelten Natur, deren einzelne Phänomene mit Geistern in Verbindung gebracht werden
- **Ashura** – Todestag *Hussains* am 10. Muharram und schiitischer Feiertag
- **Baba** – Vater; liebevolle Bezeichnung für einen ehrwürdigen älteren Mann
- **Badal** – Blutrache nach den Gesetzen des Pashtunwali
- **Barakat** – Segen spendende Kraft und spirituelle Energie eines Heiligen. Es kann auch als gottgegebene Befähigung verstanden werden, ein besonders frommes und asketisches Leben zu führen und Wunder zu bewirken
- **Burqa** – Ganzkörperschleier aus plissiertem Stoff, der in Augenhöhe ein Stoffgitter aufweist
- **Chador** – Schleier
- **Chai Khana** – Teehaus
- **Charsi** – Haschischraucher
- **Darbar** – Empfangsraum eines Sufis, aber auch die Residenz eines Monarchen
- **Dargah** – Bezeichnung für die komplexe Grabanlage eines Heiligen
- **Derwish** – Bedeutet im Persischen „armer Mensch", aber auch „Bettler" und „Wanderer". Bezeichnet einen Vertreter der Sufik. Derwishe sind für ihre Trancetechniken und Tänze, die zu religiöser Verzückung führen, bekannt.
- **Dhikr** – Wiederholung eines der 99 Namen Gottes oder einer religiösen Formel; die „Anrufung Gottes"
- **Diwan** – Gedichtsammlung
- **Dewana** – Persisches Adjektiv für verrückt, närrisch, verstört. Wird auch für das Verhalten der Malangs und Derwishe im mystischen Umfeld verwendet.
- **Djadhbe** – Entrückung, ekstatischer religiöser Zustand
- **Djihad** – „Anstrengung für die Sache Gottes". Der Djihad, populistisch immer wieder als „Heiliger Krieg" bezeichnet, wird als kleiner Djihad gegen die äußeren nichtmuslimischen Feinde, als großer Djihad gegen die eigene Triebseele geführt.
- **Djinn** – Übernatürliche Geistwesen, die meist als Plagegeister des Menschen auftreten. Sie verursachen Schaden und Krankheiten.

- **Djirga** – Ratsversammlung der Pashtunen
- **DVPA** – Demokratische Volkspartei Afghanistans
- **Faqir** – Der Begriff bedeutet Bettler oder armer Mensch. Faqire sind Asketen, die von Almosen leben; sie gehören oft einem Sufi-Orden an. Sie sind berühmt für ihre enorme Körperbeherrschung, die es ihnen erlaubt, in einem besonderen mentalen Zustand schmerzfrei Manipulationen an ihrem eigenen Körper vorzunehmen.
- **FATA** – Federally Administered Tribal Areas. Halbautonome Stammesgebiete der Pashtunen in der Nordwest-Grenzprovinz Pakistans
- **Fünf Säulen des Islam** – Sie stellen das Grundgerüst der islamischen Religion dar und beinhalten das Glaubensbekenntnis, die obligatorischen fünf Gebete am Tag, das Fasten im Monat Ramadan, das Almosengeben und die Pilgerreise nach Mekka.
- **Fatwa** – Religiöses Rechtsgutachten
- **Fiqh** – Islamische Jurisprudenz
- **Ghazal** – Liebesgedicht
- **Ghairatman** – Ehrenmann in dem traditionellen Moral- und Ehrenkodex der pashtunischen Stämme in Afghanistan und Pakistan
- **Hadithe** – Verbindliche Berichte über Worte und Taten des Propheten, die den Gläubigen als Verhaltensrichtlinien dienen
- **Hadj** – Pilgerfahrt nach Mekka, die jeder Gläubige einmal im Leben unternehmen soll – wenn die finanziellen Verhältnisse es zulassen. Die Hadj ist eine der fünf Säulen des Islam. Die große Pilgerreise muss im Monat Dhu al-hidja unternommen werden. Die kleine Pilgerfahrt, die nur Teilbereiche der kompletten Hadj beinhaltet, kann zu jeder Zeit im Jahr durchgeführt werden (s. Umrah).
- **Hadja** – Bezeichnung für eine Frau, die die Pilgerreise nach Mekka unternommen hat
- **Hadji** – Bezeichnung für einen Mann, der die Pilgerfahrt nach Mekka unternommen hat
- **Hafiz** – Person, die den Koran auswendig gelernt hat
- **Halal** – Bezeichnet Dinge, die nach islamischem Gesetz rein und erlaubt sind; dazu gehört beispielsweise das Fleisch geschächteter Tiere.
- **Halwa** – Süßspeise aus Mehl oder Grieß
- **Haram** – Bezeichnet Dinge, die nach islamischem Gesetz unrein und verboten sind; dazu gehört beispielsweise Schweinefleisch.
- **Hidjra** – Auswanderung des Propheten *Muhammad* von Mekka nach Medina im Jahr 622 nach Christus. In diesem Jahr wurde die muslimische Gemeinde selbstständig und die islamische Zeitrechnung beginnt.
- **Hijab** – Bezeichnung für moralische Zurückhaltung; Begriff aus dem Koran

- **Hizb** – Partei
- **Hujra** – Gäste- und Männerhaus der Pashtunen in Afghanistan und Pakistan.
- **Imam** – Religiöse Autorität; Vorbeter der muslimischen Gemeinde
- **Islam** – „Ergebung in den Willen Gottes"
- **Islamismus** – Der Begriff (manchmal gleichbedeutend mit „islamischer Fundamentalismus" verwendet) bezeichnet die Politisierung des Islam. Die Ziele islamistischer Gruppierungen sind die Errichtung eines islamischen Staates oder die Umwandlung eines existierenden Staates. Die Anwendung der Sharia ist einer der zentralen Inhalte des Islamismus.
- **Ittihad** – Vereinigung mit Gott, aber auch Einheit und Bündnis
- **Kaaba** – Zentrales islamisches Heiligtum in Mekka, zu dem jährlich Millionen von Gläubigen pilgern. Die Kaaba soll aus den Überresten des Tempels bestehen, den *Abraham* zu Ehren Gottes gebaut hat.
- **Kafir** – Ungläubiger
- **Kafiristan** – Eine der nordöstlichen Provinzen Afghanistans, deren Bewohner sich über Jahrhunderte der Islamisierung widersetzten. Deshalb wurde das Gebiet „Land der Ungläubigen" genannt. Nach der erfolgreichen Islamisierung wurde die Region in Nuristan, „das Land des Lichts", umbenannt. Die Bewohner der Region heißen heute Nuristani.
- **Kalif** – „Stellvertreter Gottes auf Erden". Nach orthodoxer islamischer Doktrin ist der Kalif als Nachfolger des Propheten *Muhammad* mit der religiösen und politischen Führung der muslimischen Gemeinde betraut. Er hat die Kontrolle über die Armee und ist somit in der Lage, Krieg zu führen, was notwendig sein kann, um die religiöse Pflicht des Djihad, des heiligen Krieges, zu erfüllen.
- **Kebab** – Gebratene Fleischspieße
- **Khalq** – Volk; Flügel der DVPA
- **Khan** – Eigentlich Herr; wird als Ehrentitel benutzt, kann aber auch Patron bedeuten.
- **Khel** – Verwandtschaftsgruppe innerhalb des pashtunischen Stammesverbandes
- **Landey** – Kurze Volksverse der Pashtunen, bestehend aus je zwei Zeilen mit neun und dreizehn Silben. Die Landeys sind am ehesten mit kurzen Gedichten vergleichbar.
- **Loya Djirga** – Große beratende Versammlung
- **Madhhab** – Islamische Rechtsschule
- **Madrasa** – Religiöse Hochschule, in der Muslime in den klassischen Wissenschaften des Islam unterwiesen werden, zu denen neben religiösen Themen auch die Bereiche der Mathematik, Medizin, Astronomie, Geographie und der Philosophie gehören.

- **Mahayana-Buddhismus** – Die buddhistische Religion gliedert sich in drei Hauptrichtungen oder Schulen auf: Hinayana (Kleines Fahrzeug), Mahayana (Großes Fahrzeug) und Vajrayana (als Tibetischer Buddhismus bekannt). Eine der bedeutenden Schulen des Mahayana ist der Zen-Buddhismus.
- **Mahdi** – Ein von Gott Rechtgeleiteter und Entrückter, der eines Tages als Erlöser auf die Erde zurückkehren wird. Mit seiner Ankunft wird das Ende der Welt eingeleitet.
- **Maktab** – Schule
- **Malang** – Wandernde Asketen mit charakteristischen bunten Flickengewändern und Essensschalen. Besuchen regelmäßig die Heiligengräber. Viele von ihnen sind Menschen, die unter psychischen Störungen leiden.
- **Masdjid** – Moschee, „Ort der Niederwerfung". Das ursprüngliche Vorbild ist das Haus des Propheten in Medina, in dessen Innenhof sich die Gläubigen zum Gebet versammelten. Der Betraum einer Moschee ist nach Mekka ausgerichtet. Sie verfügt über wenig Ausstattung – zu der Kerzen, Lampen und Koranständer gehören – und keinerlei Kultgegenstände.
- **Maulvi** – Islamischer Geistlicher
- **Mazar** – Grabstätte
- **Mellat** – Nation, Volk
- **Minbar** – Predigtstuhl in einer Moschee, von dem aus freitags die Predigt gehalten wird. Der Minbar ist ein erhöhter Sitz aus Stein oder Holz bestehend, mit einem kleinen Baldachin. Er befindet sich rechts neben dem Mihtrab, der Gebetsnische.
- **Mihtrab** – Der Mihtrab bezeichnet eine halbrunde überwölbte Nische, die sich mittig in der Hauptwand des Betraumes der Moschee befindet. Sie zeigt die Richtung an, in der sich die Gläubigen beim Gebet gen Mekka verneigen müssen. Die Mihtrab ist oft geschmückt mit Fliesen, Mosaiken, Ornamenten und Koranversen. Auf Teppichen (Gebetsteppichen) findet sich häufig die Form der Mihtrab-Nische.
- **Moghulen** – Das Moghulreich war ein 1526 bis 1858 auf dem indischen Subkontinent bestehender Staat. Das Zentrum lag in der nordindischen Indus-Ganges-Ebene um die Städte Delhi, Agra und Lahore (heute Pakistan). Auf dem Höhepunkt seiner Macht im 17. Jahrhundert umfasste das Moghulreich fast den gesamten Subkontinent und Afghanistan. Die Herrscher wurden als Moghul, Großmoghul oder Moghulkaiser tituliert.
- **Moschee** – Siehe auch Masjid
- **Maulawi** – Religiös gelehrter Mensch

- **Mudjahed** (plural: Mudjaheddin) – Mudjahed bedeutet „Kämpfer für die Angelegenheiten Gottes und den Glauben an ihn". Die Bezeichnung wurde in dem langjährigen Krieg der Afghanen gegen die sowjetischen Besatzer für die Widerstandskämpfer verwendet und weltweit bekannt.
- **Muezzin** – Ausrufer der Gebetszeit vom Minarett einer Moschee
- **Mufti** – Islamischer Rechtsgelehrter; oberster Richter, der auch Rechtsgutachten erstellt
- **Muharram** – Der erste Monat im islamischen Kalender. Für die Schiiten hat dieser Monat eine besondere Bedeutung, weil der Ermordung *Hussains* gedacht wird.
- **Mullah** – Islamischer Geistlicher; meist ein einfacher Mensch mit Korankenntnissen, der in dörflichen Gemeinden arbeitet
- **Naan** – Fladenbrot aus Weizenmehl
- **Namaz** – Pflichtgebet und eine der fünf Säulen des Islam
- **Nang** – Pashtunischer Begriff für die Ehre der Frau, Bestandteil des Moral- und Ehrenkodex Pashtunwali
- **Nauroz** – Bedeutet „Neuer Tag"; Neujahrs- und Frühlingsfest am 21. März (bzw. am 20. März im Schaltjahr).
- **NRO** – Nichtregierungsorganisation
- **Nuristan** – „Land des Lichts"; Name einer afghanischen Provinz an der Grenze zu Pakistan. Siehe auch Kafiristan
- **NWFP** – North-West Frontier-Province; eine Provinz Pakistans, die an den Nordosten Afghanistans angrenzt und überwiegend von Pashtunen bewohnt wird
- **Parcham** – „Banner", Flügel der DVPA
- **Pashtunwali** – Gewohnheitsrecht, Stammes- und Ehrenkodex der Pashtunen in Afghanistan und Pakistan. Das Pashtunwali umfasst alle traditionellen Bereiche des Stammeslebens.
- **Pir** – Geistiger Führer, Lehrer der Sufik; Heiliger und Besitzer spiritueller Segenskraft. Die ursprüngliche Bedeutung entstammt der persischen Sprache und bedeutet „alter Mann" oder „ältere Respektsperson".
- **Pirzade** – Abkomme eines Pirs
- **Purdah** – Bedeutet „Vorhang". Das Wort wird benutzt, um das System der Abgrenzung des öffentlichen vom privaten Raum zu bezeichnen. Der private Raum wird dabei den Frauen zugeschrieben, gleichzeitig wird ihnen der Zutritt zum öffentlichen Raum verwehrt. Die Interaktion zwischen nicht verwandten Männern und Frauen wird auf ein Mindestmaß reduziert und möglichst unter ständige Kontrolle gestellt. Purdah bringt eine Einschränkung der Bewegungsfreiheit der Frauen und eine bestimmte Kleiderordnung mit sich.

- **Qadi** – Islamischer Richter
- **Qalandar** – „Wanderer"; Vertreter der Sufik, der durch auffälliges Verhalten und übertreibende Religiosität auf sich aufmerksam macht
- **Qanoon** – Gesetz
- **Ramadan** – Muslimischer Fastenmonat (9. Monat des Mondkalenders)
- **Ritual** – Stilisierte und stereotype Durchführung einer Handlung, oft im religiösen Zusammenhang gebraucht
- **Ruh** – Seele, Leben, Geist
- **Sahib** – Herr; Höflichkeitsanrede
- **Salat** – Pflichtgebet; eine der fünf Säulen des Islam
- **Samawat** – Teehaus
- **Sayyid** – Abkomme des Propheten
- **Shahid** – Märtyrer
- **Shamsi** – Sonnenkalender
- **Sharia** – Islamisches Religionsgesetz, in dem das menschliche Handeln im Einklang mit der göttlichen Weltordnung geregelt wird. Sharia bedeutet wörtlich „Rechter Weg".
- **Sheikh** – Lehrer und Führer auf dem sufischen Pfad; Bezeichnung eines Sufi-Meisters.
- **Shaytan** – Teufel, Satan
- **Shura** – Beratende Versammlung
- **Stamm** – Der Stamm ist eine Gruppe, die sich auf einen gemeinsamen Ursprung zurückführt und eine gemeinsame geschichtliche Vergangenheit hat. Die Mitglieder des Stammes sprechen eine gemeinsame Sprache und bewohnen ihr eigenes Territorium. Ein Stamm kann in gleichrangige Untergruppen aufgeteilt sein und sich vorübergehend oder ständig mit anderen Stämmen zu Konföderationen zusammenschließen.
- **Stupa** – Ursprünglich Grabhügel der Buddhisten. Später wurden diese Grabhügel überbaut und entwickelten sich zu Denkmälern von Buddha und Symbolen des Buddhismus. Sie werden auch „Monumente für Frieden und Glück" genannt.
- **Sufi** – Islamischer Mystiker. Sufis haben sich selbst als Suchende und Schüler oder als Reisende auf dem Weg zu Gott bezeichnet, deren oberstes Ziel es ist, Gott so nahe zu kommen, dass schließlich eine Auflösung der eigenen Person möglich ist. Sufis sind bestrebt, die (mystische) Wahrheit schon zu Lebzeiten zu finden und nicht auf das Jenseits warten zu müssen.
- **Sufik** – Islamische Mystik. In der Sufik wird die esoterische Wahrheit des Islam offenbart. Der Kern des Sufismus ist die innere Beziehung zwischen dem „Liebenden" (Sufi) und dem „Geliebten" (Gott). Die Sufik

verbreitete sich im 9. Jahrhundert christlicher Zeitrechnung in Afghanistan. Wanderprediger zogen durch Südasien und über den indischen Subkontinent und lehrten die Liebe zu Gott, zu seinem Propheten *Muhammad* und die praktizierte Nächstenliebe. Bezeichnend ist die volkstümliche Interpretation des Islam.

- **Sunna** – Die mustergültige Lebensweise des Propheten als Verhaltensrichtlinie für die Gläubigen, überliefert durch Prophetenaussprüche. Sunna bedeutet „Brauch".
- **Talaq** – Islamische Scheidungsformel
- **Talib** (Plural: Taliban) – Religionsschüler. Bekannt geworden ist der Begriff durch die politische Bewegung der Taliban, die, zunächst von Pakistan aus operierend, ab 1994 ihren Machtbereich in Afghanistan ausbaute und bis Ende 2001 das Land beherrschte. Kinder aus ultra-orthodoxen Koranschulen und junge Männer aus den afghanischen Flüchtlingslagern in Pakistan wurden rekrutiert und ausgebildet. In Afghanistan und den pakistanischen Grenzgebieten konnten die Taliban enge Beziehungen zu terroristischen Gruppen pflegen und zahlreiche Trainingslager aufbauen.
- **Tandoor** – Traditioneller Lehmofen
- **Tariqa** – Sufischer Orden; sufischer Pfad
- **Tasawwuf** – Islamische Mystik
- **Tasbeh** – Gebetskette
- **Umma** – Begriff für die islamische Gemeinde und die Gemeinschaft aller Muslime
- **Umrah** – Die kleine Pilgerreise, deren Hauptbestandteil das Umrunden der Kaaba ist. Die Durchführung der kleinen Pilgerreise ist an keine zeitlichen Vorgaben gebunden.
- **Urs** – Todestag eines Heiligen; im übertragenen Sinn „Hochzeit des Heiligen mit Gott"
- **Ustad** – Bedeutet „Lehrer" und „Meister", dient auch als respektvolle Anrede
- **Waqf** (Plural: Auqaf) – Religiöse Stiftung als Institution des islamischen Rechts
- **Watan** – Heimat
- **Zakat** – Die Armensteuer. Die Verpflichtung, Bedürftigen einen Teil des eigenen Besitzes als Almosen zu geben, ist eine der fünf Säulen des Islam.
- **Zarathustra** – Persischer Religionsstifter und Gelehrter. Andere Namen für ihn sind *Zoroaster* und *Zardusht*.
- **Ziyarat** – Grabstätte eines sufischen Lehrers oder eines „Heiligen"; Wallfahrts- und Pilgerort

- **Zoroastrier** – Anhänger der von *Zarathustra* (oder *Zoroaster*) gegründeten Religion im persisch-afghanischen Kulturraum. Die zoroastrische Glaubensrichtung hat heute nur noch wenige Anhänger, schätzungsweise gibt es noch zwischen 120.000 und 150.000 Zoroastrier. Im 20. Jahrhundert wanderten zahlreiche Zoroastrier aus Indien und dem Iran in die Großstädte Amerikas und Großbritanniens aus. Sozial und beruflich sind sie völlig integriert, Eheschließungen finden jedoch meistens innerhalb der Glaubensgemeinschaft statt.

Literaturtipps

Politik, Geschichte und Allgemeines

- Baraki, Matin: **Die Beziehungen zwischen Afghanistan und der Bundesrepublik Deutschland 1945–1978.** Europäische Hochschulschriften, Bd. 299. Peter Lang, Frankfurt am Main 1996. Das Buch vermittelt einen guten Überblick über die geschichtliche Entwicklung der afghanisch-deutschen Beziehungen bis zur sowjetischen Invasion.
- Bucherer-Dietschi, v. P. und Jentsch, C. (Hrsg.): **Afghanistan. Ländermonographie.** Liestal 1986. Die Monographie gehört zu den Standardwerken über Afghanistan und bietet sehr viele Hintergrundinformationen.
- Caroe, Sir Olaf: **The Pathans.** Oxford University Press, 1958. Dieses Buch ist ein Konzentrat der Erfahrungen *Sir Olaf Caroes*, die er über sechzig Jahre lang auf heute pakistanischem Gebiet mit pashtunischen Gruppen gemacht hat. Es vermittelt geschichtliche und politische Hintergründe.
- Dupree, Louis: **Afghanistan.** Princeton, New Jersey 1980. Eines der Standardwerke über Land und Leute Afghanistans, Geschichte, Politik (bis 1980), Sprachen und Literatur.
- Edelberg, Lennart u. Jones, Schuyler: **Nuristan.** Graz/Austria 1979. Eines der wenigen Werke, welches sich explizit mit den ethnischen Gruppen und der Kultur der afghanischen nordöstlichen Grenzregion zu Pakistan beschäftigt. Es handelt sich um das Gebiet der Kafiren, das nach der Islamisierung in Nuristan, „Land des Lichts", umbenannt wurde.
- Elphinstone, Mountstuart: **An account of the Kingdom of Caubul and its dependencies in Persia, Tartary, and India** – Comprising a View of the Afghan Nation, and a History of the Douraunee Monarchie. London 1815; Nachdruck Graz 1969. Elphinstones Buch ist eine ausführliche Beschreibung der politischen und gesellschaftlichen Verhältnisse im Afghanistan des frühen 19. Jahrhunderts. Der Autor beschäftigt sich auch intensiv mit der Kultur der Pashtunen.

- Glatzer, Bernt: **Nomaden von Gharjistan:** Aspekte der wirtschaftlichen, sozialen und politischen Organisation nomadischer Durrani-Pashtunen in Nordwestafghanistan. Steiner Verlag, Wiesbaden 1977. Das Buch ermöglicht einen tiefen Einblick in das Leben der pashtunischen Nomaden von Gharjistan. Der Autor hat viele Jahre in Afghanistan gearbeitet und geforscht und mit nomadischen Gruppen gelebt.

- Glatzer, Bernt: **Konflikte und lokale politische Strukturen in Afghanistan.** In: Gomm-Ernsting, Claudia u. Günther, Annett (Hrsg.). Unterwegs in die Zukunft. Afghanistan – drei Jahre nach dem Aufbruch vom Petersberg. Grundlagen und Perspektiven deutsch-afghanischer Sicherheitskooperation. Berlin 2005. Eine hervorragende Analyse der politischen Strukturen Afghanistans unter besonderer Berücksichtigung der „Akteure der Gewalt" (Kommandanten, Warlords) und der kriegsbedingten Machtverschiebungen.

- Gomm-Ernsting, Claudia u. Günther, Annett (Hrsg.): **Unterwegs in die Zukunft. Afghanistan – drei Jahre nach dem Aufbruch vom Petersberg.** Grundlagen und Perspektiven deutsch-afghanischer Sicherheitskooperation. Berlin 2005. Sammelband mit sehr breitem Beitragsspektrum zu politischen und gesellschaftlichen Aspekten der deutsch-afghanischen Sicherheitskooperation. Geeignet, um sich in die aktuelle Diskussion der Sicherheitspolitik in Afghanistan einzulesen.

- Grevemeyer, Jan-Heeren: **Afghanistan: Sozialer Wandel und Staat im 20. Jahrhundert.** (Diss.) Berlin 1987. Das Buch bietet die Möglichkeit, sich vertiefend mit den politischen und sozialen Gegebenheiten der jüngeren Vergangenheit Afghanistans zu befassen.

- Grötzbach, Erwin: **Afghanistan. Eine geografische Landeskunde.** Darmstadt 1990. Der Autor gibt eine Einführung in die Geografie des Landes und stellt Afghanistan und seine Bevölkerung vor.

- Heiderfazel, Simin: **Afghanische Küche. Association de la culture Afghane.** Heidelberg 1997. Ein Streifzug durch die afghanische Küche mit landeskundlichen Zusatzinformationen. Dieses Büchlein ist jedem zu empfehlen, der Appetit auf afghanische Gerichte bekommen hat!

- Huber, Judith: **Risse im Patriarchat. Frauen in Afghanistan.** Rotpunktverlag, Zürich 2003. Sehr gut lesbare Einführung in die emanzipatorische Entwicklung der afghanischen Frauen im Spiegel der Geschichte und der Lebensgeschichten von drei bedeutenden Frauengestalten im heutigen Afghanistan.

- Janata, Alfred und Hassas, Reihanoddin: **Ghairatman – Der gute Paschtune.** Afghanistan Journal 2/3: 83–97. Graz 1975. Kurze und knappe, aber sehr treffende Analyse der Männlichkeitsideale im Pashtunwali, dem Stammesgesetz und Ehrenkodex der Pashtunen.

- Johnson, Chris u. Leslie, Jolyon: **Afghanistan – The Mirage of Peace.** Zed Books, London, New York 2004. Die Autoren beleuchten aktuelle politische Entwicklungen und werfen die Frage auf, wie sich die Konflikte in Afghanistan friedlich lösen lassen können.
- Kabasci, Kirstin: **Islam erleben.** Reise Know-How Verlag 2007. Die Grundzüge des Islam werden in übersichtlicher und allgemein verständlicher Form darstellt
- Klimburg, Max: **Afghanistan. Das Land im historischen Spannungsfeld Mittelasiens.** München 1966. Spannende historische Betrachtung Afghanistans.
- Knabe, Erika: **Frauenemanzipation in Afghanistan.** In: Afghanische Studien. Band 16. Maisenheim 1977. Ein Standardwerk zu Frauen und Emanzipation in Afghanistan. Obwohl es vor der sowjetischen Invasion geschrieben wurde, ist die Thematik nach wie vor aktuell.
- **Koran.** Übersetzung von Max Henning. Wiesbaden. Eine der am meisten genutzten Übersetzungen des Koran.
- Kraus, Willy (Hrsg.): **Afghanistan. Natur, Geschichte, Staat, Gesellschaft und Wirtschaft.** Tübingen und Basel 1972. Ein Sammelband, der viele hervorragende Aufsätze zu den unterschiedlichsten Forschungsgebieten in Afghanistan enthält. Die meisten Beiträge haben nichts von ihrer Aktualität verloren bzw. es haben zu späteren Zeitpunkten keine Forschungen in vielen Bereichen mehr stattfinden können.
- Noelle-Karimi, Christine; Schetter, Conrad u. Schlaginweit, Reinhard (Hrsg.): **Afghanistan – A country without state?** Schriftenreihe der Mediothek für Afghanistan, Band 2. Frankfurt a. M. 2002. Sammelband mit zahlreichen Beiträgen von Afghanistan-Kennern zu den Themen Staatsbildung und Aufbau politischer Strukturen in Afghanistan.
- Orywal, Erwin (Hrsg.): **Die ethnischen Gruppen Afghanistans: Fallstudien zur Gruppenidentität und Intergruppenbeziehungen.** Beihefte zum Tübinger Atlas des Vorderen Orients 70. Wiesbaden 1986. Sehr ausführlicher und guter Überblick über die verschiedenen ethnischen Gruppen Afghanistans.
- Papanek, Hannah: **Purdah: Seperate Worlds, and Symbolic Shelter.** Comparative Studies in Society and History, 15. Cambridge 1973. Sehr spannende Analyse des Purdah-Systems mit Geschlechtertrennung und Verbannung der Frau aus der Öffentlichkeit.
- Rashid, Ahmed: **Taliban: Afghanistans Gotteskrieger und der Dschihad.** München 2002. Die Entstehung der Taliban-Bewegung, die politischen Verflechtungen der beteiligten Länder und die pakistanische Einflussnahme auf die afghanische Politik – das Buch liest sich spannend wie ein Kriminalroman!

- Roy, Olivier: **Afghanistan: From Holy War to Civil War.** The Darwin Press. Princeton 1995. Sehr interessante und kenntnissreiche Analyse der politischen Geschehnisse in den Jahren des afghanischen Krieges.

- Schetter, Conrad: **Ethnizität und ethnische Konflikte in Afghanistan.** Bonn 2003. Interessante Analyse der ethnischen Konflikte in Afghanistan und der Entstehung und Bedeutung von Ethnizität für die weitere Entwicklung des Landes.

- Schetter, Conrad: **Kleine Geschichte Afghanistans.** Becksche Reihe. München 2004. Das Buch ist eine gut lesbare, knappe Einführung in die Geschichte Afghanistans, die trotzdem alle relevanten Daten und Ereignisse enthält und Zusammenhänge gut erklärt.

- Schimmel, Annemarie: **Der Islam. Eine Einführung.** Stuttgart 1991. Das kleine Reclam-Büchlein ist eine gut verständliche und kurze Einführung in den Islam. Alle wichtigen Aspekte sind berücksichtigt und gut lesbar dargestellt.

- Schimmel, Annemarie: **Mystische Dimensionen des Islam.** Köln 1992. Die Mystik als wichtiger Bestandteil der islamischen Religion – die Islamwissenschaftlerin *Schimmel* erklärt die Bedeutung der Sufik und ihrer Meister und bringt dem Leser philosophische Hintergründe und die Dichtkunst der Sufis näher.

- Shah, Idries: **Die Sufis.** Botschaft der Derwische, Weisheit der Magier. Eugen Diederichs Verlag, Köln 1986. Komplexe und kenntnisreiche Darstellung der Entwicklung der islamischen Mystik und ihrer Erscheinungsformen in verschiedenen Ländern.

- Shah, Idries: **Karawane der Träume.** Lehren und Legenden des Ostens. Wilhelm Heyne Verlag, München 1998. Schönes Lesebuch mit Geschichten von und über die islamischen Mystiker in Mittel- und Südasien.

- Steul, Willi: **Paschtunwali.** Ein Ehrenkodex und seine rechtliche Relevanz. Wiesbaden 1981. Gute und leicht verständliche Einführung in das Pashtunwali, den Ehrenkodex der Pashtunen in Pakistan und Afghanistan.

- Wieland-Karimi, Almut: **Islamische Mystik in Afghanistan.** Die strukturelle Einbindung der Sufik in die Gesellschaft. Stuttgart 1998. Komplexes und sehr informatives Werk über die verschiedenen Erscheinungsformen und die Entwicklung der islamischen Mystik in Afghanistan.

Reiseführer

- Dupree, Nancy Hatch: **An Historical Guide to Afghanistan.** The Afghan Tourist Organization, Kabul 1977. Das Standardwerk unter den Reiseführern Afghanistans der 1970er Jahre. Ausführliche Darstellungen der Sehenswürdigkeiten des Landes mit historischem Schwerpunkt. Das Buch wird erneut gedruckt und ist in Afghanistan erhältlich.

- Dupree, Nancy Hatch: **The Road to Balkh.** The Afghan Tourist Organization, Kabul 1967. Wie der „Historical Guide" ist auch dieser Reiseführer wieder in Afghanistan erhältlich. Trotz seines Alters und damit mangelnder Aktualität bietet er einen gründlichen Einblick in die historischen Sehenswürdigkeiten vor allem Nordafghanistans.
- Dupree, Nancy Hatch: **The Valley of Bamiyan.** 3rd Edition, Peshawar 2002. Dieser historische Reiseführer beschäftigt sich speziell mit dem zentralafghanischen Bamiyan und den historischen Zeugnissen der buddhistischen Epoche. Das Buch ist in Afghanistan erhältlich.
- Omrani, Bijan u. Leeming, Matthew: **Afghanistan – A Companion and Guide.** Odyssey Books & Guides, New York, Hong Kong 2005. Der einzige neuere Reiseführer Afghanistans, der zurzeit erhältlich ist. Das Buch enthält viele Hintergrundinformationen und Exkurse zu Politik, Gesellschaft und kulturellen Erscheinungen.

Belletristik und Reiseberichte

- Hussein, Khalid: **The Kite Runner.** Riverhead Books, New York 2003. Ein ergreifendes und beeindruckendes Buch, das vordergründig die Geschichte einer Freundschaft zwischen zwei sehr verschiedenen afghanischen Jungen beschreibt, gleichzeitig aber auch die Auswirkungen des Krieges auf die menschliche Psyche und die Spannungen zwischen ethnischen Gruppen in Afghanistan thematisiert.
- Kipling, Rudyard: **The Man Who Would Be King.** Oxford University Press, Oxford 1987. *Kiplings* Klassiker erzählt die Geschichte eines Mannes, den die Wirren des Lebens in das wilde Kafiristan verschlagen haben. Dort geht es um Leben und Tod und die Königswürde.
- Rahimi, Atiq: **Earth and Ashes.** Vintage, London 2003. Während der Autor mit düsteren Farben das Portrait eines alten Mannes und seinen Beziehungen zu Sohn und Enkelsohn zeichnet, wird dem Leser das erschreckende Ausmaß der Kriegstraumatisierung der afghanischen Bevölkerung deutlich.
- Seierstad, Asne: **The Bookseller of Kabul.** Virago Press, London 2004. Die Geschicke einer Unternehmerfamilie in Kabul – aus westlicher Sicht beobachtet.
- Shakib, Siba: **Nach Afghanistan kommt Gott nur noch zum Weinen – Die Geschichte der Shirin-Gol.** Bertelsmann Verlag, München 2001. Die ergreifende Geschichte einer afghanischen Frau, die in den Wirren

des afghanischen Krieges und im pakistanischen Exil versucht, sich selbst und ihre Familie am Leben zu halten.

- Shakib, Siba: **Samira and Samir.** The stunning story of love and freedom in Afghanistan. Century, London 2004. Das Buch führt in die Welt der großen Unterschiede zwischen Rollen und Möglichkeiten von afghanischen Männern und Frauen: *Samira* wird als Junge großgezogen und muss sich entscheiden, ob sie ihre wahre Identität aus Liebe zu einem jungen Mann preisgibt oder ihr freies und einsames Leben weiterführt.
- Von Hentig, Werner Otto: **Von Kabul nach Shanghai.** Bericht über die Afghanistan-Mission 1915/16 und die Rückkehr über das Dach der Welt und durch die Wüsten Chinas. Libelle Verlag, Regensburg 2003. Das Buch liest sich spannend wie eine Mischung aus Reisebericht und politischem Tagebuch. Für Liebhaber historischer Reiseliteratur (mit politischer Note) genau die richtige Wahl.
- Willemsen, Roger: **Afghanische Reise.** S. Fischer Verlag GmbH, Frankfurt am Main 2006. Kurz nach Kriegsende begleitet der Autor eine afghanische Freundin in ihre Heimat und schildert seine Begegnungen in einem sich wandelnden Land.

Bildbände

- Maeder, Herbert: **Afghanistan.** Walter-Verlag, Olten und Freiburg im Breisgau 1980. Fotos aus allen Regionen und Lebensbereichen Afghanistans. Mit Texten von verschiedenen Afghanistan-Kennern.
- Michaud, Roland und Sabrina: **Afghanistan. Karawanen, Basare, Reiterspiele im ‚Lande der Tataren'.** DuMont Buchverlag, Köln 1979. Wunderschöne Eindrücke aus einem außergewöhnlichen Land.
- Michaud, Roland und Sabrina: **Erinnerungen an Afghanistan.** DuMont Buchverlag. Köln 1981. Ein wehmütiger Rückblick auf ein oft besuchtes Land – fantastische Fotos!
- Zalmai: **Return, Afghanistan.** Aperture Foundation, UNHCR, New York 2004. Bilder aus dem zerstörten Afghanistan und viele interessante Porträts von Menschen aus allen Landesteilen.

Weitere Tipps

- **Afghanistan Research and Evaluation Unit (AREU).** The A to Z Guide to Afghanistan Assistance. 5. Aufl., Kabul 2005 (Druckversion). Alle Adressen und Kurzinformationen über die Wiederaufbau-Szene in Afghanistan, staatliche Strukturen, internationale Organisationen etc. finden sich in diesem Führer.

- **Scene Magazine,** Stadtführer für Kabul mit Reportagen, „Szenenachrichten", Adressen usw. Das Magazin ist erhältlich in Buchläden oder „auf der Straße" in Kabul, siehe auch: www.afghanscene.com
- Das Medien- und Kulturzentrum AINA in Kabul veröffentlicht die Kulturzeitschrift **„New Afghanistan/Les Nouvelles de Kaboul",** die für zwei US-Dollar im Zentrum selbst oder im Buchhandel in Afghanistan erworben werden kann. Auch die Bestellung per Internet ist möglich. Lutfullah.amani@ainaworld.org
- **„What's on in Kabul"** erscheint als monatlicher Newsletter und bietet Artikel über aktuelle Themen, außerdem kleine Reportagen, viel Werbung, eine Jobbörse und ein detailliertes Verzeichnis aller internationalen Restaurants in Kabul. *Steven William* ist der Ansprechpartner für den Bezug: Steven@ceretechs.com

Internettipps

- **www.afgha.com** – Aktuelle Artikel, Hintergründe und Nachrichtenarchiv
- **www.afghandaily.com** – Afghan Daily, virtuelle Zeitung
- **www.aims.org.af** – Afghanistan Information Management Service (AIMS), Statistiken und Karten
- **www.areu.org.af** – Afghanistan Research and Evaluation Unit (AREU), Publikationen zur aktuellen Situation in Afghanistan
- **www.afghanistans.com** – Afghanistans Website, Agenturmeldungen, Hintergrundberichte, Essays
- **www.ainaphoto.org** – Das Medien- und Kulturzentrum AINA bietet eine Webpage, auf der Einblick in seine umfangreiche Fotosammlung genommen werden kann. Einzelne Fotos und Poster können auch käuflich erworben werden.
- **www.ag-afghanistan.de** – Arbeitsgemeinschaft Afghanistan, umfangreiche Informationen und weitreichende Links
- **www.adb.org/Afghanistan** – Asian Development Bank, Berichte zur wirtschaftlichen Situation
- **www.bmz.de/de/laender/partnerlaender/afghanistan/zusammenarbeit.html** – Bundesministerium für wirtschaftliche Zusammenarbeit und Entwicklung (BMZ), offizielle Seite des BMZ mit Informationen zur Arbeit vor Ort
- **http://hrw.org/doc/?t=asia&c=afghan** – Human Rights Watch, Afghanistan; Informationen zur Menschenrechtssituation in Afghanistan
- **www.institute-for-afghan-studies.org** – Institute for Afghan Studies, politische Analysen

- **www.crisisgroup.org** – International Crisis Group, politische Analysen
- **www.jemb.org** – Joint Electoral Management Body (JEMB), Berichte und Wahlergebnisse
- **www.inwent.org/v-ez/lis/afghanistan** – Landesinformationsseite (LIS) Afghanistan (der V-EZ in Bad Honnef, InWent), Informationen zu Geografie, Staat, Politik und Kultur
- **www.kabulcaravan.com** – Online Travel Guide to Afghanistan, viele weiterführende Links
- **www.kabulguide.net** – Survival Guide to Kabul, Reisetipps für Kabul
- **www.swisspeace.org/fast/asia_afghanistan.htm** – Swisspeace – FAST Reports, Analysen zur politischen Lage
- **www.unama-afg.org** – United Nations Assistance Mission in Afghanistan, Offizielle Seite der UN in Afghanistan
- **www.unodc.org** – United Nations Office on Drugs and Crime, Berichte über Drogenproblematik

Bildnachweis

Die Kürzel an den Abbildungen stehen für folgende Fotografen. Wir bedanken uns für ihre freundliche Abdruckgenehmigung.

st	Susanne Thiel (die Autorin)
ha	Familie Aminalari
sj	Stephan Jandt

Umschlagfoto: Susanne Thiel

Kauderwelsch?
Kauderwelsch!

Die **Sprechführer der Reihe Kauder-welsch** helfen dem Reisenden, wirklich zu sprechen und die Leute zu verstehen. Wie wird das gemacht?

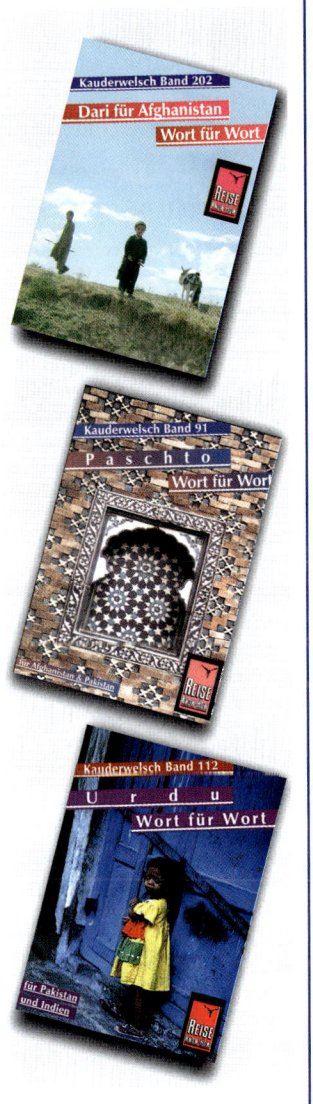

- Die **Grammatik** wird in einfacher Sprache so weit erklärt, dass es möglich wird, ohne viel Paukerei mit dem Sprechen zu beginnen, wenn auch nicht gerade druckreif.
- Alle Beispielsätze werden doppelt ins Deutsche übertragen: zum einen **Wort-für-Wort,** zum anderen in „ordentliches" Hochdeutsch. So wird das fremde Sprachsystem sehr gut durchschaubar. Ohne eine Wort-für-Wort-Übersetzung ist es so gut wie unmöglich, einzelne Wörter in einem Satz auszutauschen.
- Die **Autorinnen und Autoren** der Reihe sind Globetrotter, die die Sprache im Lande gelernt haben. Sie wissen daher genau, wie und was die Leute auf der Straße sprechen. Deren Ausdrucksweise ist häufig viel einfacher und direkter als z.B. die Sprache der Literatur. Außer der Sprache vermitteln die Autoren Verhaltenstipps und erklären Besonderheiten des Landes.
- **Jeder Band** hat 96 bis 160 Seiten. Zu jedem Titel ist ein begleitendes **Tonmaterial** erhältlich.
- **Kauderwelsch-Sprachführer** gibt es für rund 100 Sprachen in **mehr als 200 Bänden,** z.B.:

Dari für Afghanistan – Wort für Wort

Paschto für Afghanistan – Wort für Wort

Urdu für Pakistan – Wort für Wort

Punjabi (Indien) – Wort für Wort

REISE KNOW-HOW Verlag, Bielefeld

Die Reiseführer von Reis

now-How auf einen Blick

Edition RKH

Praxis

KulturSchock

Mit REISE KNOW-HOW ans Ziel

Die Landkarten des **world mapping project** bieten gute Orientierung – weltweit.

- Moderne Kartengrafik mit Höhenlinien, Höhenangaben und farbigen Höhenschichten
- GPS-Tauglichkeit durch eingezeichnete Längen- und Breitengrade und ab Maßstab 1:300.000 zusätzlich durch UTM-Markierungen
- Einheitlich klassifiziertes Straßennetz mit Entfernungsangaben
- Wichtige Sehenswürdigkeiten, herausragende Orientierungspunkte und Badestrände werden durch einprägsame Symbole dargestellt
- Der ausführliche Ortsindex ermöglicht das schnelle Finden des Zieles
- Wasser- und reißfestes Material
- Kein störender Pappumschlag, der das individuelle Falzen unterwegs und das Einstecken in die Jackentasche behindert

Derzeit sind über 180 Titel lieferbar (siehe www.reise-know-how.de), z. B.:

Afghanistan	**1:1.000.000**
Indien Nordwest	**1:1.300.000**
Iran	**1:1.500.000**
Zentralasien	**1:1.700.000**

world mapping project
REISE KNOW-HOW Verlag, Bielefeld

Register

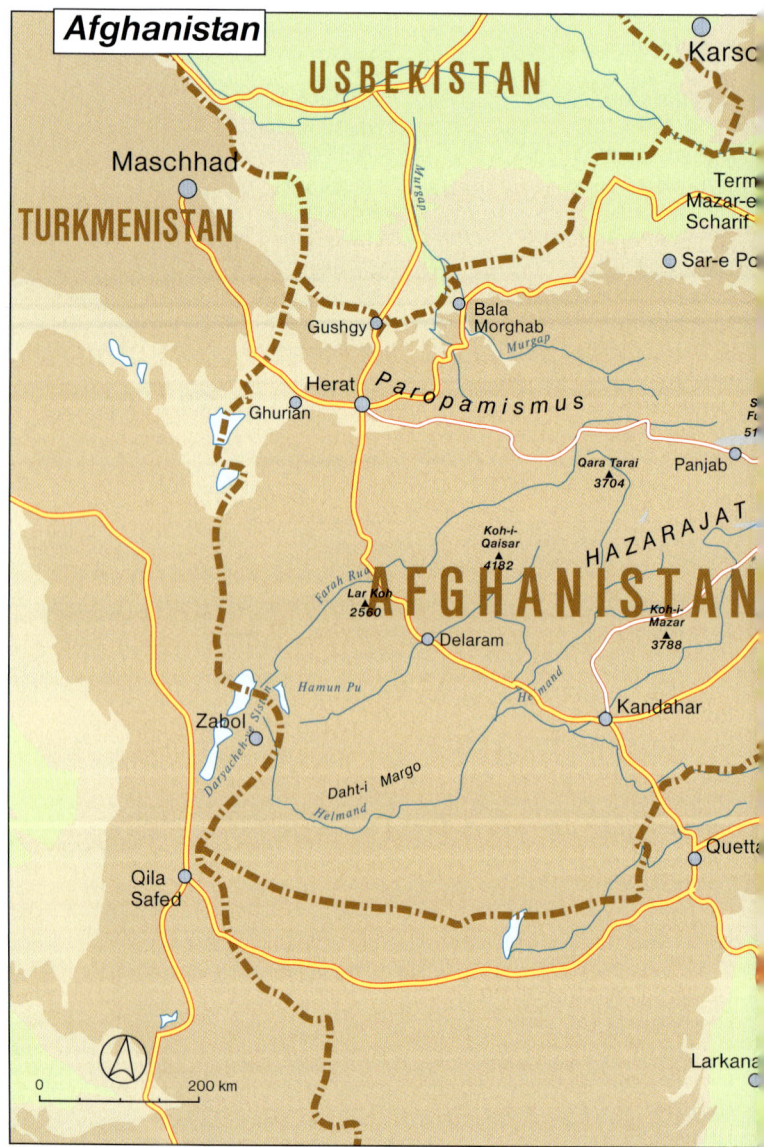

Afghanistan

USBEKISTAN

Karsc

Maschhad

TURKMENISTAN

Term
Mazar-e
Scharif

Sar-e Po

Gushgy

Bala
Morghab

Murgap

Herat

Paropamismus

Ghurian

Qara Tarai
3704

Panjab

Koh-i-
Qaisar
▲ 4182

HAZARAJAT

Farah Rud

AFGHANISTAN

Lar Koh
▲ 2560

Delaram

Koh-i-
Mazar
▲ 3788

Hamun Pu

Helmand

Kandahar

Zabol

Daryacheh Si

Daht-i Margo

Helmand

Quetta

Qila
Safed

Larkana

0   200 km

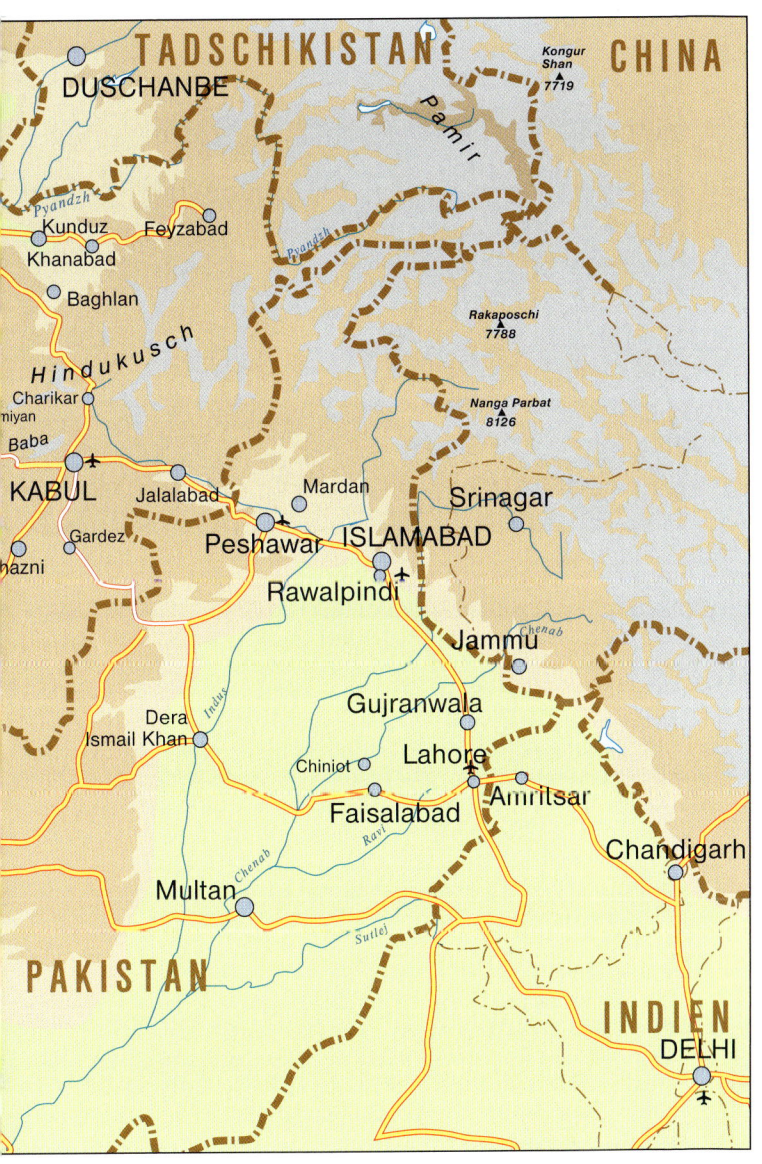

TADSCHIKISTAN

CHINA

DUSCHANBE

Kongur
Shan
7719

Pamir

Pyandzh

Kunduz   Feyzabad

Khanabad

Pyandzh

Baghlan

Rakaposchi
7788

Hindukusch

Charikar
niyan

Nanga Parbat
8126

Baba

KABUL

Jalalabad   Mardan   Srinagar

Gardez

Peshawar   ISLAMABAD

hazni

Rawalpindi

Jammu

Chenab

Gujranwala

Dera
Ismail Khan   Indus

Lahore

Chiniot   Amritsar

Faisalabad

Ravi

Chandigarh

Chenab

Multan

Sutlej

PAKISTAN

INDIEN

DELHI

Die Autorin

Susanne Thiel ist zurzeit als freie Gutachterin für Vorhaben der Entwicklungszusammenarbeit tätig (mit Schwerpunkt Süd- und Südostasien) und unterrichtet als Tutorin im Bereich „Landeskunde Afghanistans" für In-Went. Sie ist Autorin diverser Publikationen über Kultur und Gesellschaft Pakistans und Afghanistans. Die Autorin beschäftigte sich schon während ihres Ethnologiestudiums in Bonn und Köln mit der Region Südasien und spezialisierte sich in den 1980er Jahren auf Afghanistan und Pakistan. Viele Reisen und die Arbeit in unterschiedlichen Projekten der Entwicklungszusammenarbeit führten sie immer wieder in beide Länder. Von 2002 bis 2004 arbeitete sie für die GTZ (Deutsche Gesellschaft für Technische Zusammenarbeit) in Afghanistan in Projekten, die für den Wiederaufbau Afghanistans relevant sind.

Danksagung

Ich möchte meinen Freunden und Kollegen in Deutschland und Afghanistan für ihre Unterstützung und geduldigen Auskünfte danken und Monika, Hirbod und Dorothee für ihre großzügige Gastfreundschaft in Kabul. Besonderen Dank schulde ich Hirbod für die zur Verfügung gestellten Fotos und Conny und Stephan für viele Tipps und Ratschläge bezüglich des Manuskriptes. Vielen Dank!